LITTÉRATURE
en dialogues

Geneviève Baraona

CLE
INTERNATIONAL

Remerciements à Éric Bodner

Édition : Marie-Christine COUET-LANNES
Couverture et maquette intérieure : Jean-Pierre DELARUE
Mise en page : ALINÉA
Photo couverture : Juan GRIS, *Le livre*, (détail) 1913 – Musée d'Art moderne de la ville de Paris.
Ph. coll. Archives Larbor.

Littérature en dialogues, © CLE International, 2005, une adaptation de *Tout un roman*, © RFI, 2001.
ISBN 2-09-035218-3
N° Éditeur : 10221941 – Janvier 2016
Imprimé en France par SEPEC - 06801150196

La *LITTÉRATURE EN DIALOGUES* propose à des apprenants adultes et adolescents, de niveau intermédiaire, de découvrir des auteurs ainsi que leur œuvre. L'objectif de l'ouvrage est de transmettre « le plaisir du texte » par une mise en lecture vivante grâce à l'enregistrement des scènes que vous entendrez dans le CD inclus dans le livre.

La *LITTÉRATURE EN DIALOGUES* est divisée en 30 chapitres, choisis en fonction de leur intérêt culturel et discursif. La progression, non chronologique, respecte la complexité du sens des textes. On voit ainsi se côtoyer Pascal Quignard et Andrée Chédid, La Fontaine et Marguerite Yourcenar, Daniel Pennac et Réjean Ducharme, Chrétien de Troyes et Amadou Hampaté Bâ...

Chaque leçon se déroule sur quatre pages :

• **L'extrait de l'œuvre** et **la présentation de l'auteur**, sur la première page.

• Les **Explications**, sur la deuxième page, proposent des repérages d'éléments du discours (descriptif, informatif, narratif ou argumentatif), des principaux points grammaticaux et d'actes de parole (se situer, interroger, interpeller, ordonner, conseiller, critiquer...).

• Les **Activités**, sur les deux dernières pages, présentent des objectifs correspondant aux cinq compétences – compréhension et expression écrite et orale et compétence culturelle.

Comme l'indique le titre de la collection « en dialogues », elles vont s'attacher d'abord à développer la **compréhension de l'oral** : identification du contexte par l'environnement sonore, repérage des locuteurs, des lieux et des moments... On apprend à saisir le sens en développant des capacités d'anticipation, de mise en relation, de synthèse (fréquence des mots-clés, ordre d'écoute, sélection de termes, choix de résumés).

Les activités **de production orale** sont variées et ludiques : jeux de rôle sur les variations du dialogue et des niveaux de langue.

Pour ce qui concerne **la compréhension de l'écrit**, on privilégie une lecture globale avec repérage des personnages, des situations, des actions (typographie, temporalité, mots-clés).

En **production écrite**, on propose des jeux d'écriture et des réécritures, des dialogues (variation, reformulation).

Enfin, La rubrique **Culture** attire l'attention de l'auditeur/lecteur sur l'universalité des thèmes et la singularité des voix littéraires francophones.

Les corrigés, axés sur l'oral, proposent parfois des compléments aux textes (fables en argot).

La *LITTÉRATURE EN DIALOGUES* nous fait entendre les voix croisées des auteurs, des personnages et des acteurs. Enchantez-vous de ces voix !

SOMMAIRE

Belle du seigneur

BELLE DU SEIGNEUR

Solal : – Dis son nom. Son nom, vite !

Ariane : – Dietsch.

Solal : – Quelle nationalité ?

Ariane : – Allemand.

Solal : – C'est bien ma chance. Son prénom ?

Ariane : – Serge.

Solal : – Pourquoi, puisqu'il est allemand ?

Ariane : – Sa mère était russe.

Solal : – Tu es au courant de tout, je vois. Qu'est-ce qu'il fait ?

Ariane : – C'est le chef d'orchestre.

Solal : – Un chef d'orchestre.

Ariane : – Je ne comprends pas.

Solal : – Tu le défends déjà ?

Ariane : – Je ne comprends pas ce que vous voulez dire.

Solal : – Parce qu'à moi on dit vous ?

Ariane : – Je ne comprends pas ce que tu veux dire.

Solal : – Tu, comme à Dietsch ! Merci. Je vais t'expliquer, ma chérie. Pour toi, c'est le chef d'orchestre. Pour moi qui ne connais pas ce monsieur Verge, pardon Serge, ce n'est qu'un chef d'orchestre. Einstein, le physicien ! Freud, le psychanalyste !

Albert Cohen, *Belle du seigneur*, Folio, Gallimard, 1998, p. 781.

ALBERT COHEN

▶ Albert Cohen est né à Corfou, dans une famille juive d'origine grecque et vénitienne. Il n'a que cinq ans lorsque ses parents quittent l'île, fuyant la pauvreté et les pogroms, pour s'installer en France en 1900.
Sur les bancs de l'école, à Marseille, il se prend d'un amour immédiat pour la langue française qui n'est pas sa langue maternelle. Ses camarades de classe, en 6e, se moquent de lui : « *Toi*, lui disent-ils, *tu es étranger, tu ne pourras jamais écrire le français comme nous !* » Voilà pourtant un défi qu'il décide de relever et dans lequel il va mettre toute son énergie.

▶ À dix-sept ans, il est de santé fragile et ses parents l'envoient en Suisse faire une cure thermale. C'est là qu'il tombe amoureux d'une Genevoise, qui sera par la suite sa première femme.
Albert Cohen s'engage dans la carrière diplomatique et écrit très tôt des textes remarqués. *Solal* et *Mangeclous*, ses premiers romans, datent d'avant la Seconde Guerre mondiale. Ce n'est qu'à l'âge de cinquante ans que Cohen écrit l'essentiel de son œuvre, quand le haut fonctionnaire cède enfin la place à l'écrivain. Très perfectionniste, il a beaucoup écrit et peu publié : moins de dix titres qui s'ordonnent autour de deux thèmes. Le premier est centré sur la figure prestigieuse et païenne du héros Solal. L'autre veine est plus autobiographique.

▶ Ses admiratrices ont donc eu vite fait de l'identifier à son héros séducteur, Solal. Mais lui se défendait de lui ressembler : « *Je ne suis pas plus Solal que Stendhal n'était Julien Sorel* », répondait-il. Car, pour Albert Cohen, le sentiment amoureux tel qu'il est décrit par la plupart des romanciers est un monde faux, un monde de comédie. C'est pourquoi, sur plus de mille pages, dans *Belle du seigneur*, il s'attache à décrire le fiasco de la passion amoureuse.

Belle du seigneur

■ C'est la beauté d'Ariane et sa soumission à la passion qui donnent son titre au roman : « *Tu es belle* », lui dit Solal quand il la rencontre, et elle lui répond : « *Je suis la Belle du seigneur.* »

■ L'héroïne, Ariane Cassandre Corisande d'Auble, est issue de l'aristocratie genevoise. Elle a épousé sans amour Adrien Deume, petit bourgeois fonctionnaire de la Société des nations. Solal, lui, occupe un poste élevé dans cette même institution. C'est là qu'il rencontre la belle Ariane et la séduit. Tandis que le mari d'Ariane tente de se suicider, les deux héros s'enfuient. Mais leur amour est voué à l'échec.

■ La thèse d'Albert Cohen est qu'en Occident le sentiment amoureux a besoin d'être attisé par les obstacles et l'éloignement pour durer. C'est le sujet de l'extrait de ce roman : Solal, fou de jalousie, essaye de redonner un peu de vie à son amour en train d'agoniser. Il presse de questions Ariane qui vient de lui avouer avoir eu un amant.

EXPLICATIONS

Identifier et présenter quelqu'un

► Solal est le type même du jaloux, pour qui chaque mot a du sens. Pour demander l'identité de l'amant d'Ariane, il utilise des phrases courtes et sans verbe. Son discours est pressant :
– *Son nom ?*
– *Quelle nationalité ?*
– *Son prénom ?*

► Pour poser des questions dans une situation moins tendue, on peut utiliser les verbes **être**, **s'appeler**, des mots interrogatifs, ou encore l'inversion du sujet :
– Quel **est** son nom ?
– Comment **s'appelle**-t-il ?
– Comment est-ce qu'il **s'appelle** ?
– **Il s'appelle** comment ?
– De quelle nationalité **est-il** ?
– Quelle **est** sa nationalité ?
– Il **est** de quel pays ?
– Il vient d'où ?
– Quel **est** son prénom ?

► Pour connaître la profession de Serge, Solal utilise une formule courante : *Qu'est-ce qu'il fait ?*

On dit aussi :
– Quel est son métier ?
– Quelle est sa profession ?

Vous ou Tu

► Solal, jaloux, cherche des indices de la trahison d'Ariane dans son discours. Alors qu'il la tutoie, elle s'adresse à lui en disant **vous** :
– *Je ne comprends pas ce que **vous** voulez dire.*
– *Parce qu'à moi on dit **vous** ?*
– *Je ne comprends pas ce que **tu** veux dire.*
– ***Tu**, comme à Dietsh !*

► En français on utilise soit **tu** soit **vous** quand on s'adresse à quelqu'un. Pour simplifier, on dira qu'on emploie **vous** dans toutes les situations administratives, lieux publics, situations officielles, avec des personnes inconnues :
« Bonjour Madame, asseyez-**vous**, je **vous** en prie. »

Et on emploie **tu** en privé, dans toutes les situations amicales, familières, familiales, intimes :
« **Tu** vas bien, Frédo ? »

L'emploi de l'article

► Solal retient aussi qu'Ariane a parlé à Dietsch comme étant **le** chef d'orchestre et non pas **un** chef d'orchestre :
– *Qu'est-ce qu'il fait ?*
– *C'est **le** chef d'orchestre.*
– ***Un** chef d'orchestre !*
– *Je ne comprends pas.*

► En français, en général, on emploie l'article **un** pour compter, classer dans une catégorie. Un chef d'orchestre signifie alors un homme comme tant d'autres, faisant partie de la catégorie « chef d'orchestre ».

► On emploie l'article **le** ou **la** si l'être ou la chose comporte une particularité :
*… ce n'est qu'**un** chef d'orchestre. Einstein, **le** physicien ! Freud, **le** psychanalyste !*

Solal veut marquer la différence entre **un** chef d'orchestre, inconnu, et un chef d'orchestre célèbre.

« Le » désigne alors, de façon laudative, quelqu'un d'unique, d'admiré.

L'expression d'un état

Pour exprimer l'importance d'un fait dans sa durée, parler d'un état qui se prolonge, dans le passé, comme la nationalité, on utilise l'imparfait.
« Sa mère **était** russe. »

On utilise aussi ce temps quand on désire parler, au passé
– d'une situation, d'une localisation :
« À cette époque, ils **habitaient** Saint Pétersbourg… »
– du temps :
« Il y **neigeait** durant cinq mois… »
– du moment :
« **C'était** l'hiver la moitié du temps… »
– pour faire une description :
« Sur la façade de notre immeuble, il y **avait** des cariatides, grandes statues de femmes, qui **soutenaient** de leurs bras le balcon. »
C'est le temps de l'image qui se déroule dans la mémoire.

ACTIVITÉS

I. Compréhension orale

a Repérages

1. Il y a une ambiance sonore qui évoque pour vous :
- ❏ la ville
- ❏ la campagne
- ❏ la mer —
- ❏ la montagne

2. On entend :
- ❏ deux femmes
- ❏ une femme et un homme —
- ❏ deux hommes et une femme
- ❏ un homme, une femme et un récitant

b Compréhension globale

1. Dans quelle sorte de roman sommes-nous ?
- ❏ de science-fiction
- ❏ policier
- ❏ d'amour—
- ❏ fantastique

2. On entend combien de fois :

▶ *Allemand*
- ❏ 1 fois
- ❏ 2 fois —
- ❏ 3 fois
- ❏ plus de 3 fois

▶ *Chef d'orchestre*
- ❏ 1 fois
- ❏ 2 fois
- ❏ 3 fois
- ❏ plus de 3 fois   4

▶ *Je ne comprends pas*
- ❏ 1 fois
- ❏ 2 fois
- ❏ 3 fois —
- ❏ plus de 3 fois

3. Dans quel ordre entendez-vous ces noms ou prénoms ?
a) Freud – **b)** Serge – **c)** Dietsh – **d)** Einstein
1. … – **2.** … – **3.** … – **4.** …

4. Combien de professions différentes sont-elles nommées ?
- ❏ 2   ❏ 4
- ❏ 3—   ❏ 5

c Compréhension détaillée

1. Qui ?

a) D'après vous, les personnages qui parlent sont :
- ❏ un employeur et une employée
- ❏ un chef d'orchestre et un psychanalyste
- ❏ deux amoureux —

b) Dietsh est :
- ❏ le père de l'héroïne
- ❏ l'amant de l'héroïne —
- ❏ le frère de l'héroïne
- ❏ le mari de l'héroïne

c) Remplissez cette fiche à propos de Dietsh avec les informations que vous avez ou que vous supposez.

Nom : ....
Prénom : ....
Profession : ....
Âge : ....
Nationalité : ....
Langues parlées : ....

2. Quoi ?

a) Quels sentiments, dans ce passage, Solal éprouve-t-il ?
- ❏ de l'amour
- ❏ de la haine
- ❏ du mépris —
- ❏ de la jalousie

b) Faites des hypothèses
– Que reproche Solal à Ariane ?
– Pourquoi désire-t-il qu'Ariane le tutoie ?

II. Expression orale

❶ Variation

À la place de Dietsh, Ariane présente quelqu'un ayant un autre prénom, une autre nationalité, un autre métier.

❷ Jeu de rôle

Ariane interroge Solal sur ses relations à propos d'une femme dont elle veut connaître l'identité : par groupes de deux, jouez la scène.

III. Compréhension écrite

1 Lisez le texte. La colère de Solal monte ; montrez comment elle est marquée typographiquement (longueur des phrases, ellipses, interrogations, exclamations).

2 Citez les deux phrases de Solal où il attaque Ariane à propos des mots ou des tournures qu'elle utilise pour parler de lui (Solal) ou de Dietsh.

3 Faites des hypothèses : pourquoi Solal dit-il à Ariane : « *Tu le défends déjà ?* »
❏ Parce qu'elle parle de Dietsh en utilisant des mots d'amour.
❏ Parce qu'elle semble présenter Dietsh comme un grand homme.
❏ Parce qu'elle protège Dietsh qui est malade.

4 Explicitez la différence que fait Solal entre « **le** chef d'orchestre » et « **un** chef d'orchestre » ? Pourquoi cite-t-il, à la fin, Freud et Einstein ?

5 Relevez les arguments que Solal utilise pour accuser Ariane. D'après vous, est-ce cohérent ? pourquoi ?

6 À quoi sert le tutoiement ? Dans quels cas l'emploie-t-on ?

7 Dans la reprise suivante du dialogue, remplacez les expressions en gras par un équivalent choisi dans la liste suivante :
a) heureusement – **b)** malheureusement – **c)** bravo – **d)** c'est le destin – **e)** tu sais tout – **f)** tu téléphones partout – **g)** tu cours partout – **h)** tu es conscient(e) de tout.

  – *Quelle nationalité ?*
  – *Allemand.*
  – ***C'est bien ma chance****. Son prénom ?*
  – *Serge.*
  – *Pourquoi, puisqu'il est allemand ?*
  – *Sa mère était russe.*
  – ***Tu es au courant de tout****, je vois.*

8 Recopiez la phrase où Solal s'adresse à Ariane en utilisant une expression tendre pour la désigner. Que veut-il exprimer à travers ces mots ?

IV. Expression écrite

1 Transformez les phrases de Solal : il vouvoie Ariane.

2 Ariane raconte à une amie comment elle a rencontré Dietsh et elle lui explique de qui il s'agit (utilisez les temps du passé, passé composé et imparfait et parlez de la nationalité, de la profession et du caractère).

3 Écrivez le dialogue d'une scène de séduction entre deux étudiants : le jeune homme cherche à entrer en contact avec la jeune fille et se présente. Il parlent un français familier (négations incomplètes, élision des pronoms (**t'** pour « **tu** »), mots abrégés ou tronqués (**socio** pour « sociologie », **cité U** pour « cité universitaire »).

4 Écivez la suite du dialogue (100 mots maximum). Solal, furieux, s'approche d'Ariane et... / ou Ariane s'approche tendrement de Solal et... .

V. Culture

• Qui étaient Freud et Einstein ? Avez-vous déjà entendu parler d'eux ou lu quelque chose à leur sujet ?

• Selon les nationalités et les langues, les prénoms changent. Comprenez-vous bien les répliques :
  – *... Son prénom ?*
  – *Serge.*
  – *Pourquoi, puisqu'il est allemand ?*
  – *Sa mère était russe.*

• Pouvez-vous donner une explication à ces phrases ?

• Connaissez-vous l'équivalent de Jean en anglais, en allemand, en espagnol ?

• Citez des prénoms qui, traduits dans une autre langue, sont très différents :
☞ *Exemple* : Guillaume = William en anglais. D'autres ne sont pas traduits car trop spécifiques d'une culture : Dolores (en espagnol et qui, traduit, donne « Douleurs »).

DÉSERT

Journaliste : – On parle de vous, du mystère de Hawa. Qui est Hawa ?

Lalla : – Je ne m'appelle pas Hawa, quand je suis née je n'avais pas de nom, alors je m'appelais Bla Esm, ça veut dire Sans Nom.

Journaliste : – Alors, pourquoi Hawa ?

Lalla : – C'était le nom de ma mère, et je m'appelle Hawa, fille de Hawa, c'est tout.

Journaliste : – De quel pays êtes-vous venue ?

Lalla : – Le pays d'où je viens n'a pas de nom, comme moi.

Journaliste : – Où est-ce ?

Lalla : – C'est là où il n'y a plus rien, plus personne.

Journaliste : – Pourquoi êtes-vous ici ?

Lalla : – J'aime voyager.

Journaliste : – Qu'est-ce que vous aimez dans la vie ?

Lalla : – La vie.

Journaliste : – Manger ?

Lalla : – Les fruits.

Journaliste : – Votre couleur préférée ?

Lalla : – Le bleu.

Journaliste : – Votre pierre préférée ?

Lalla : – Les cailloux du chemin.

Journaliste : – La musique ?

Lalla : – Les berceuses.

Journaliste : – On dit que vous écrivez des poèmes ?

Lalla : – Non.

Journaliste : – Qu'est-ce que l'amour pour vous ?

Jean-Marie Gustave Le Clézio, *Désert*, Folio, Gallimard, 1998, p. 352-353.

JEAN-MARIE GUSTAVE LE CLÉZIO

▶ Trois initiales, « J.M.G. », précèdent le nom de Le Clézio, sur la page de garde de chaque livre. Elles inscrivent d'emblée l'auteur sous le signe de l'énigme.

▶ Le Clézio, né en 1940, est britannique par son père, d'une famille émigrée à l'île Maurice, et français par sa mère. Il restera toujours attaché à ses origines mêlées. À partir de 1975, il s'installe au Mexique, à Jacona, au pied du volcan, où il écrit et traduit des recueils de textes mayas en espagnol. Mais Le Clézio poursuit sa quête d'un univers vierge et se retrouve au Maroc. C'est là qu'en épousant Jemia, issue de la tribu nomade des hommes bleus, il a la révélation du désert. Dans ces espaces, il va trouver l'apaisement et pouvoir célébrer enfin un monde jugé trop mécaniste, contre lequel il s'était d'abord révolté.

▶ Le point de départ de son œuvre, c'est, en 1963, la parution de son premier livre, *Le Procès-Verbal*. Un ouvrage qui déconstruit le roman traditionnel et pose des questions sur le sens de l'écriture. Le Clézio n'a que 23 ans.
Ses autres romans de jeunesse sont écrits dans la révolte et mettent toujours en scène des personnages en conflit avec la société.
Dans les ouvrages suivants, comme *Le Chercheur d'or* ou *Onitsha*, au contraire, Le Clézio met en valeur le lien entre l'homme et le reste de l'univers. Il est frappé, en effet, par la simplicité ancestrale de certains peuples. Elle fait écho, selon lui, au silence de l'espace et du désert.

Désert

■ En 1980 paraît *Désert*, roman pour lequel il obtient un grand prix qui le fait connaître du grand public. Comme son titre l'indique, le livre est un hymne au désert, à un monde élémentaire des origines, dans lequel la distinction des genres et des formes n'existe plus. Tout comme l'homme qui se fond dans la nature, le style de Le Clézio entremêle récit, récitatif et poésie.

« Ils étaient les hommes et les femmes du sable, du vent, de la lumière, de la nuit. Ils étaient apparus comme dans un rêve, en haut d'une dune, comme s'ils étaient nés d'un ciel sans nuages, et qu'ils avaient dans leurs membres la dureté de l'espace. »

■ Ce sont ces hommes bleus, guerriers du désert saharien, que Lalla, la jeune héroïne, a pour ancêtres. Elle vit dans un bidonville, à l'orée du désert, près de la mer. La puissance de la nature et de ses légendes l'illumine en permanence.
Pourtant, pour échapper à un mariage forcé, elle s'exile à Marseille. Elle est si radieuse, malgré sa misère, qu'un journaliste, fasciné par sa beauté, ne cesse de la photographier. Elle devient mannequin. Mais elle n'oublie pas le sable des dunes et la force de son amour pour un jeune berger. Elle partira les retrouver.

■ Dans cet extrait, Lalla/Hawa est questionnée par une journaliste. Poursuivie par les photographes, elle se sent traquée et incomprise. Elle reste mystérieuse, habitée par sa nostalgie du retour au désert, sa passion.

EXPLICATIONS

Le style impersonnel

► Hawa, l'héroïne, ne désire pas parler, elle est assez mystérieuse. La journaliste insiste pour l'interroger et comme elle ne sait comment s'y prendre elle utilise un style impersonnel avec le pronom **on** et la troisième personne du singulier :

– *On parle de vous, du mystère de Hawa. Qui est Hawa ?*

► D'habitude on s'adresse directement à la personne, en utilisant le pronom **vous** ou **tu** :
– « *Qui êtes-vous ? Qui es-tu ?* »

Ici, la journaliste fait comme s'il s'agissait d'un personnage extérieur.

On trouve cette forme d'écriture dans les journaux, notamment dans les titres :

– « *Qui est le mystérieux assassin des vieilles dames du 12e arrondissement ?* »
– « *On parle de vos prouesses, de votre énergie. Mais dans la vie privée, qui est le véritable Zizou ?* »

Interroger

► Sur les lieux et l'origine.

Dans le texte, la journaliste interroge Lalla sur ses origines :

– *De quel pays êtes-vous venue ?*
– *Le pays d'où je viens n'a pas de nom, comme moi*, répond-elle en se dérobant.

La journaliste insiste et pose une deuxième question :

– *Où est-ce ?*
– *C'est là où il n'y a plus rien, plus personne*, répond Lalla.

Pour interroger sur le lieu, on utilise **où ?** :
– « *Où se trouve la ville où vous êtes né ?* »

► Pour chercher à savoir quelque chose, la journaliste demande :

– *Alors pourquoi Hawa ?*
– *Pourquoi êtes-vous ici ?*

► Lorsqu'on veut connaître les intentions d'une personne, on utilise **pourquoi** :

– « *Pourquoi étudiez-vous le français ?* »
– « *Pourquoi avez-vous choisi Montpellier pour faire vos études ?* »
– « *Pourquoi êtes-vous venu(e) en France ?* »

► Décrire ses goûts.

En général on utilise les verbes « aimer », « détester », « préférer ».

Ici, ces verbes ne sont pas utilisés car Lalla refuse de parler d'elle et de ce qu'elle aime. Elle refuse de répondre à des questions types.

La journaliste pose alors des questions plus personnelles, sur ses goûts :

– *Votre pierre préférée ?*
– *Les cailloux du chemin*, répond Lalla, fidèle à son goût de la nature et à son rejet de la ville.
– *La musique ?*
– *Les berceuses*, cette musique d'enfance, avoue Lalla.
– *On dit que vous écrivez des poèmes ?*
– *Non*, déclare Lalla.

Expliquer

► Dès le début, Hawa désire être claire. Elle ne répond pas à la question, mais s'explique.

Elle rétablit la vérité :
– *Je ne m'appelle pas…*

note les circonstances :
– *quand je suis née…*

évoque le moment :
– *alors je m'appelais…*

et fait preuve de pédagogie :
– *ça veut dire…*

Lorsqu'on veut que l'interlocuteur comprenne bien ce que l'on dit, on explique en utilisant l'expression **ça veut dire**.

– *Je m'appelle Sophie, en grec ça veut dire « sagesse ».*

ACTIVITÉS

I. Compréhension orale

a Repérages

1. D'après l'ambiance sonore, nous nous trouvons :
- ❑ dans le désert
- ❑ dans un hall d'hôtel
- ❑ dans une cour d'école

2. Ce dialogue est :
- ❑ une interview
- ❑ un échange interculturel
- ❑ un interrogatoire

b Compréhension globale

1. Combien de questions sont posées ?
- ❑ 3
- ❑ 8
- ❑ 12

2. Dans le texte, combien de fois entend-on Hawa ?
- ❑ 4
- ❑ 5
- ❑ 6

3. Est-ce qu'on entend le nom du pays d'où vient Hawa ?
- ❑ oui
- ❑ non

4. Dans quel ordre entend-on ces réponses :
a) Les cailloux – **b)** La vie – **c)** le bleu – **d)** les fruits – **e)** les berceuses
1. ... – **2.** ... – **3.** ... – **4.** ... – **5.** ...

5. Complétez les phrases avec les mots entendus.
- Le pays d'où je viens n'a pas de ...
- C'est là où il n'y a plus ... plus ...
- Qu'est-ce que vous aimez dans ...
- On dit que vous écrivez des ...
- Qu'est-ce que ... pour vous ?

6. Combien de fois Lalla utilise-t-elle, dans ses réponses :
a) la négation *ne... pas*
b) non

c Compréhension détaillée

1. Qui ?

a) Les deux personnages :
- ❑ sont de la même famille
- ❑ ne se connaissent pas
- ❑ sont deux amies

b) Lalla, quand elle est née, s'appelait :
- ❑ Hawa
- ❑ Bla Esm
- ❑ Personne

2. Quoi ?

a) Quelle musique Lalla aime-t-elle ?
- ❑ les chansons d'amour
- ❑ les berceuses
- ❑ le jazz

b) Elle aime :
- ❑ écrire
- ❑ voyager
- ❑ boire

c) Faites des hypothèses.
– D'après vous, quel est le pays d'où vient Lalla ?
– La femme qui interroge Lalla le fait-elle dans un but amical ?

II. Expression orale

❶ Le questionnaire dit « de Marcel Proust » sert à connaître quelqu'un.
Répondez à ces questions, et posez-les à votre tour à un(e) camarade.
- Quelle est la qualité que tu préfères chez une femme ? (un homme ?)
- Quel est ton principal défaut ?
- Quelle est ton occupation préférée ?
- Quelle est ta fleur préférée ?
- Quel est ton écrivain préféré ?
- Quel est ton roman ou ton poème préféré ?
- As-tu un héros dans la vie réelle ?
- Comment aimerais-tu mourir ?
- Quelle est ta devise ?

❷ Variation
Vous répondez autrement aux questions de la journaliste.

III. Compréhension écrite

1 Observez et lisez le texte.
Quelles sont les marques typographiques de cet échange ? (Relevez les signes de ponctuation les plus fréquents.)

2 Pourquoi Lalla utilise-t-elle des phrases sans verbe pour répondre ?
❏ Parce qu'elle ne sait pas bien parler français.
❏ Parce qu'elle n'a pas envie de répondre.
❏ Parce qu'elle répond à un test.

3 Qui est Hawa ?
❏ Une jeune fille, amie de Lalla.
❏ C'est aussi Lalla.
❏ Une journaliste.

4 À la question « *qu'est-ce que vous aimez dans la vie* » : « *la vie* » répond Lalla. Elle veut dire :
❏ qu'elle n'aime rien.
❏ qu'elle aime bien vivre avec le confort.
❏ qu'elle aime ce qui est vivant et naturel.

5 Répondez vrai ou faux.

	Vrai	Faux
a) Lalla s'appelle Hawa.	❏	❏
b) Le pays de Lalla s'appelle Bla Esm.	❏	❏
c) Lalla aime jouer.	❏	❏
d) Lalla écrit des contes.	❏	❏

6 Relevez les passages ou on apprend quelque chose sur la famille de Lalla.

7 Pouvez-vous décrire la personnalité de Lalla d'après les réponses qu'elle donne à la journaliste.

8 Faites des hypothèses.
a) Comment les réponses de Hawa concordent-elles avec le titre du roman ? Relevez les termes qui évoquent ce lieu.
b) Bla Esm, veut dire « sans nom » : en quelle langue ?

IV. Expression écrite

1 Faites une fiche concernant Lalla : ses origines, son pays, son âge, sa profession, ses goûts.

2 Écrivez en 60 mots une réponse à la question : « Qu'est-ce que l'amour pour vous ? »

3 Rétablissez le texte des questions et des réponses en rajoutant des verbes et éventuellement des compléments.
– *Qu'est-ce que vous aimez dans la vie ?*
– *La vie.*
– *Manger ?*
– *Les fruits.*
– *Votre couleur préférée ?*
– *Le bleu.*
– *Votre pierre préférée ?*
– *Les cailloux du chemin.*
– *La musique ?*
– *Les berceuses.*
– *On dit que vous écrivez des poèmes ?*
– *Non.*

V. Culture

• Est-ce que votre prénom est le même que celui de votre mère ou de votre père ?

• Y-a-t-il dans votre langue un mot, un nom, qui veut dire fils de ou fille de… ?

• Votre pays a-t-il changé de nom ? Citez ces noms si c'est le cas. Si vous pouvez, expliquez pourquoi ce changement en deux ou trois phrases simples.

• Pour vous, qu'évoque le voyage ? Pourriez-vous définir ce que c'est que « les gens du voyage » et, si oui, expliquer pourquoi la vision que la plupart des gens en ont n'est pas très positive ?

• Qu'évoque le bleu en France ? Et pour vous ? Y-a-t-il un ou plusieurs mots dans votre langue pour désigner cette couleur ?

• Y-a-t-il des chansons que l'on vous chantait lorsque vous étiez enfant ? Est-ce que vous pouvez citer des titres ?

LES CERFS-VOLANTS

Lila : – Allô ?

Ludo : – C'est moi…

Lila : – Ludo ! Mais comment…

Ludo : – Ne reste pas là où tu es. Pars tout de suite.

Lila : – Pourquoi ? Qu'est-ce qu'il y a ? Georg m'a dit…

Ludo : – Pars tout de suite… L'endroit est repéré… Ils seront là d'un moment à l'autre…

Lila : – Mais où veux-tu que j'aille ? Chez mes parents ?

Ludo : – Ah non, surtout pas… Attends… Tu as de l'argent ?

Lila : – Oui, Georg m'en a donné.

Ludo : – Tu vas quitter les lieux immédiatement, en laissant toutes tes affaires, sans attendre une seconde, tu vas louer une chambre à l'hôtel de l'Europe, 14, rue Rolin, c'est à côté de la place de la Contrescarpe. Je t'enverrai quelqu'un ce soir, il demandera Albertine et tu lui diras son nom, Rodrigue. Répète.

Lila : – Albertine. Rodrigue. Mais je ne peux pas partir comme ça, il y a tous mes livres d'art…

Ludo : – Tu laisses tout et tu pars ! Répète.

Lila : – Rodrigue. Albertine. Ludo…

Ludo : – Pars.

Lila : – J'ai failli réussir.

Ludo : – Pars !

Lila : – Je t'aime.

Romain Gary, *Les Cerfs-Volants*, Folio, Gallimard, 1986, p. 309-310.

ROMAIN GARY

▶ Romain Gary vient au monde en 1914 à Vilnius, dans une famille mi-juive mi-tartare. Il passe une partie de son enfance en Russie, avant de suivre sa mère en Pologne puis en France. De ses voyages, l'enfant garde une culture riche et variée et la pratique de trois langues : le russe, sa langue maternelle, le polonais et le français, ses langues d'adoption.

▶ Dans *La Promesse de l'aube*, Romain Gary raconte son enfance et fait le portrait de sa mère. Il se peint en enfant rieur et insouciant et évite de parler des souvenirs douloureux : l'absence du père, la misère et les pogroms, le tout sur fond de révolution russe et de guerre mondiale. En taisant le pire, il enjolive son passé et s'invente une enfance dorée.
Cette pudeur, ce goût du trompe-l'œil, se retrouvent tout au long de sa vie. On ne sait pas grand-chose, par exemple, de ses amours avec l'actrice américaine Jean Seberg, qu'il épouse en 1963, mais qui se suicidera quelques années plus tard. Il ne s'en remettra pas.

▶ Romain Gary est un personnage à facettes dont l'identité échappe : aviateur pendant la guerre et compagnon de la Libération, diplomate et cinéaste, grand voyageur et polyglotte, il hait le racisme et la misère et se bat pour les droits de l'homme et l'écologie.
Mais derrière l'homme public se cache un être désespéré pour qui seule l'écriture a du sens. À partir de 1974, un certain Émile Ajar publie quatre romans à succès et remporte même le prix Goncourt : ce sont des fictions à double titre puisqu'elles sont en fait écrites par Gary. On ne découvre ce dédoublement littéraire qu'un an après sa mort : l'écrivain s'est suicidé en 1980, d'une balle dans la tête.

▶ Reconnu dès 1945 avec *Éducation européenne*, qui lui vaut le prix des Critiques, Romain Gary acquiert une renommée mondiale avec *La Promesse de l'aube*. En 1965, il reçoit le prix Goncourt pour *Les Racines du ciel*, où il développe, comme dans *Chien blanc*, le thème de la lutte contre la haine raciale et religieuse et la destruction de la nature.

Les Cerfs-Volants

■ Ce roman est le dernier roman de Romain Gary. Il paraît en 1980, juste avant sa mort.
C'est l'histoire de Ludo, un petit garçon qui tombe amoureux à dix ans de Lila, une jeune Polonaise qui passe ses vacances en Normandie. Le tuteur de Ludo, l'oncle Ambroise Fleury, est surnommé « le facteur timbré » parce qu'il fabrique de merveilleux cerfs-volants connus dans le monde entier. Symboles de liberté et d'humanité, ces objets emblématiques vont aider Ludo à supporter la guerre. Il entre ensuite dans la Résistance et retrouve Lila, accusée de collaboration. Il la sauve et lui réapprend à vivre.

■ Dans cet extrait, l'action se passe à Paris. Lila est en danger : la Gestapo a découvert sa duplicité et son lieu de rendez-vous. Ludo arrive à lui téléphoner pour la prévenir. Il se trouve dans l'appartement d'un individu peu sûr. Il parle à voix basse pour ne pas se faire entendre et exhorte Lila à fuir.

EXPLICATIONS

Interroger sur le lieu

▶ Les noms de lieu sont ici essentiels (puisque changer de lieu signifie échapper au danger).
– *Ne reste pas là où tu es* (dans l'hôtel où tu habites), dit Ludo.
– *... l'endroit est repéré...*
– *Ils seront là. Tu vas quitter les lieux...* (où tu es actuellement, sous-entend Ludo).

▶ Lexique : dans le langage courant, « lieu », un peu moins employé que « là » et « endroit », désigne une localisation générale.

Ordonner

▶ L'impératif.

Ludo a peur pour Lila ; il cherche donc à la convaincre, et se fait pressant en lui donnant des ordres brefs et répétés à l'impératif :
– *Ne reste pas là, pars tout de suite ! Pars ! Répète !...*

▶ Le futur proche.

Ce temps peut aussi exprimer l'obligation, mais de façon moins péremptoire que l'impératif :
– *Tu vas quitter les lieux immédiatement. Tu vas louer une chambre,* explique Ludo.

On peut utiliser le futur proche par souci de clarté, pour bien expliquer quelque chose.

▶ Le futur est le temps du projet. Il peut aussi atténuer un ordre.

Ici, Ludo a conçu un plan à suivre par Lila. Il a surtout imaginé la rencontre qui aura lieu avec un émissaire qui dira un mot de passe :
– *Je **t'enverrrai** quelqu'un ce soir, il **demandera** Albertina et tu lui **diras** son nom, Rodrigue.*

Pour un trajet à suivre, un itinéraire, on utilise aussi ce temps :
– « *Tu passeras par la porte de Bercy puis tu prendra l'autoroute A4 et tu sortiras à Nogent. Ensuite, tu prendras le grand pont et tu suivras l'indication centre-ville.* »

L'expression du temps

▶ L'ordre de Ludo doit être exécuté immédiatement. Il utilise alors des mots comme :
– *Pars tout de suite... Ils seront là d'un moment à l'autre... Tu va quitter les lieux immédiatement... sans attendre une seconde...*

Dans le monde contemporain où les gens sont de plus en plus pressés, on utilise souvent des expressions qui marquent ce manque de temps :
« Je dois partir **immédiatement**, sinon je vais rater mon train. »
« Tu dois voir un docteur **sans attendre.** »
« Cette lettre doit être envoyée **sans délai** au P-DG. »

S'étonner, objecter

Quand on ignore une situation, on s'étonne. C'est le cas de Lila quand elle a Ludo au téléphone.

Elle dit :
*Mais comment... Qu'est-ce qu'il y a ?...
Mais où veux-tu que j'aille ?... Je ne peux pas partir comme ça !*

Elle utilise aussi le coordonnant, mais pour marquer son égarement :
– ***Mais** comment...*
– ***Mais** où veux-tu que j'aille ?*

En français, **« mais »** peut prendre une forme très forte d'objection :
« – Mange ta soupe !
– **Mais** elle est chaude !
– Il n'y a pas de **mais**, mange ! »

Exprimer l'accord, le désaccord

Quand Lalla propose à Ludo d'aller chez ses parents, il répond :
– *Ah non, surtout pas...*

Pour exprimer un désaccord total, on utilise des expressions comme **surtout pas**, **certainement pas**, **il n'en est pas question**, **c'est hors de question**.

ACTIVITÉS

I. Compréhension orale

a Repérages

1. Quel bruit entend-on avant le dialogue ?
- ❏ une machine à écrire
- ❏ un téléphone
- ❏ un réveil

2. Qui parle ?
- ❏ deux vieillards
- ❏ un homme et une femme
- ❏ un petit garçon et une petite fille

b Compréhension globale

1. En lisant ce texte, on éprouve un sentiment :
- ❏ de bien-être
- ❏ d'insécurité
- ❏ de volupté

2. Combien de fois entend-on « Pars » :
- ❏ 3
- ❏ 4
- ❏ 5

3. Barrez les noms propres que vous n'entendez pas.

Lulla – Rodrigue – Georg – Heinz – Albertine – Marcel – Juliette – Ludo

4. Reclassez les phrases suivantes dans l'ordre d'écoute :
a) J'ai failli réussir – **b)** Tu as de l'argent ? – **c)** C'est moi… – **d)** Je t'aime – **e)** Ils seront là d'un moment à l'autre…
1. … – **2.** … – **3.** … – **4.** … – **5.** …

c Compréhension détaillée

1. Qui ?

▶ Ludo est :
- ❏ l'amant de Lila
- ❏ le frère de Lila
- ❏ le chef de Lila

2. Où ?

a) Quels sont, dans les mots suivants, ceux qui désignent des lieux que l'on entend dans le texte :
- ❏ le coin
- ❏ l'endroit
- ❏ le carrefour
- ❏ la place
- ❏ là
- ❏ la rue
- ❏ la ville
- ❏ les lieux

b) Elle va louer une chambre à l'hôtel :
- ❏ de l'Amérique
- ❏ de l'Asie
- ❏ de l'Europe
- ❏ de la Russie

c) C'est à côté :
- ❏ de la place de l'Étoile
- ❏ du boulevard de l'Opéra
- ❏ de la place de la Contrescarpe
- ❏ de la rue de Charonne

d) C'est au :
- ❏ 18, rue de Stalingrad
- ❏ 14, rue Rolin
- ❏ 11, rue de Saxe

3. Quand ?

Dans cette liste, sélectionnez les expressions entendues qui signifient « rapidement » ?
- ❏ Pars tout de suite…
- ❏ Ils seront là d'un moment à l'autre…
- ❏ mais ils vont t'appeler plus tard.
- ❏ Tu vas quitter les lieux immédiatement…
- ❏ ils t'inquiéteront après.
- ❏ en laissant toutes tes affaires, sans attendre une seconde.

4. Faites des hypothèses.

Qu'est-ce qui menace Lila ?
- ❏ Ludo
- ❏ Georg
- ❏ la Gestapo

II. Expression orale

1 Jeu de rôle

Vous êtes Lila ; répondez à chaque phrase de Ludo.
a) *Ne reste pas là où tu es. Pars tout de suite.*
b) *Pars tout de suite… l'endroit est repéré… ils seront là d'une minute à l'autre.*

c) *Ah ! non, surtout pas... Attends... Tu as de l'argent ?*
d) *Tu vas quitter les lieux immédiatement, en laissant toutes tes affaires...*
e) *Tu laisses tout et tu pars ! Répète.*
f) *Pars !*
g) *Pars !*

❷ Variation

Ludo donne rendez-vous à Lila pour lui redire son amour.

III. Compréhension écrite

❶ Soulignez dans le dialogue tous les impératifs qui marquent l'inquiétude de Ludo.

❷ Dites si ces phrases sont vraies ou fausses.

	Vrai	Faux
a) Lila va chez ses parents.	☐	☐
b) Ils sont propriétaires d'un hôtel.	☐	☐
c) Il est situé près des Champs-Élysées.	☐	☐
d) Elle veut emporter des livres.	☐	☐

❸ Relevez les mots et expressions qui marquent l'hésitation de Lila.

❹ Qu'apprend-on sur Ludo ? Citez les phrases où l'on comprend :
– le rôle qu'il joue ;
– ses sentiments (inquiétude, amour)...

❺ Pourquoi Lila hésite-t-elle à partir ? Citez la phrase qui l'explique.

IV. Expression écrite

❶ Lila écrit sur un papier tout ce qu'elle doit faire après le coup de fil de Ludo : utilisez la première personne du singulier (Je...).

❷ Récrivez le dialogue à partir de : « C'est moi » jusqu'à : « Chez mes parents » en le transformant en discours indirect. (Utilisez : « Il lui dit que... de..., elle répond que... »)

❸ Lila raconte ce qui s'est passé : elle s'est enfuie et elle a retrouvé Rodrigue. Racontez la suite en 60 mots.

❹ C'est le lendemain : transformez ces phrases en utilisant le passé composé.
*Tu **vas quitter** les lieux.*
*Tu **vas louer** une chambre.*
*Je **t'enverrai** quelqu'un ce soir.*
*Il demandera **Albertine et** tu lui diras **son nom.***

V. Culture

• La place de la Contrescarpe se trouve au Quartier latin. Existe-t-il chez vous un quartier identifié comme estudiantin ?

• L'histoire se déroule durant la Seconde Guerre mondiale. Pour mettre fin à l'occupation allemande, certains Français entrent dans la Résistance. Dans cette organisation, on agit sous un autre nom. On utilise un pseudonyme pour cacher son identité. Jean Moulin, chef de tout un secteur de la Résistance, était connu sous le pseudo de Max. Dans les films d'espionnage, on peut avoir pour pseudonyme (ou pseudo) des numéros : James Bond, le plus célèbre, agent 007. Certains auteurs comme Apollinaire ont publié sous d'autres noms. Quel était le pseudonyme de Boris Vian et François Rabelais ?
Quel est le pseudo que vous choisiriez pour votre boîte aux lettres électronique ?

• Certains immigrés en France, pour échapper à la discrimination ou parce qu'ils pensent ainsi mieux s'intégrer, changent de nom.

Aprouvez-vous cette idée ?

Avez vous vécu des événements où il vous a fallu changer d'identité ?

MOHA LE FOU, MOHA LE SAGE

Gamin 1 : – Il faut le sortir de prison.

Gamin 2 : – Il n'est pas en prison mais à l'hôpital des fous.

Gamin 1 : – C'est la même chose.

Gamin 2 : – Donc c'est plus facile pour organiser l'évasion.

Gamin 1 : – Il suffit de corrompre les gardiens.

Gamin 2 : – Oui, je sais, ici on peut tout faire quand on a de l'argent. Il va falloir qu'on ramasse quelques billets.

Gamin 1 : – Voyons ce qu'on a dans le trésor…

Gamin 2 : – Quel trésor ?

Gamin 1 : – Le trésor de paix !

Gamin 2 : – Nous avons des objets, mais pas d'argent.

Gamin 1 : – On peut demander aux habitants des bidonvilles de se cotiser…

Gamin 2 : – Oui, mais il y a parmi eux des mouchards.

Gamin 1 : – Les mouchards ont peur de nous, alors…

Gamin 2 : – On va s'amuser. On va d'abord consulter l'arbre. Ensuite, on passe à l'action.

Tahar Ben Jelloun, *Moha le fou, Moha le sage*, Points Seuil, 1997, p. 93-94.

TAHAR BEN JELLOUN

▶ Tahar Ben Jelloun est un écrivain marocain de langue française né à Fès en 1944. Philosophe de formation, il fait d'abord du journalisme et dans les années 70 écrit dans la revue littéraire marocaine *Souffles*. Quelques années plus tard, en France, il suit des cours de psychologie sociale et exerce même comme psychothérapeute. Parallèlement, il collabore au journal *Le Monde* où il se spécialise dans la sociologie de la violence, en particulier la violence pratiquée contre les immigrés maghrébins.

▶ Tahar Ben Jelloun incarne l'intellectuel moderne du Maghreb, sorte de passeur de culture entre les deux rives de la Méditerranée. Inspirés par les mythes et légendes, ses poèmes mélangent poésie et prose. On y découvre un homme en quête de ses souvenirs et des villes de son enfance.

▶ Son premier roman-poème, *Harrouda*, emprunte son nom à la prostituée mythique des villes marocaines. Ben Jelloun invite à déchiffrer tous les signes qui s'inscrivent sur le corps des hommes et des villes : cicatrices, tatouages, graffitis apparaissent comme autant de traces qui dénoncent les censures traditionnelles, les manipulations et les blessures de la colonisation. De nombreux romans succèdent à *Harrouda*, toujours consacrés aux légendes, aux mythes et aux rites ancestraux maghrébins vus par des exclus de la parole, les enfants et les fous. *La Prière de l'absent*, publié en 1981, et *L'Enfant de sable*, en 1985, sont relativement conformes à un schéma d'écriture traditionnelle. *La Nuit sacrée*, qui reçoit le prix Goncourt en 1987, nous livre la suite du roman précédent, mais cette fois à travers une écriture éclatée.

Cette poétique de la discontinuité qui exalte l'égarement et se nourrit de fantasmes est portée à son paroxysme dans *Moha le fou, Moha le sage*.

Moha le fou, Moha le sage

■ Ce roman est construit à partir d'une figure typique de la société arabe, le fou.

■ Récit de l'errance et de l'exclusion, *Moha le fou, Moha le sage* se caractérise par une absence de repères chronologiques. Moha habite d'autres corps et traverse d'autres mémoires où la vie et la mort n'ont plus leur réalité traditionnelle.

Il faut savoir que, dans la mentalité maghrébine, le fou est doté d'une certaine sagesse. Aussi Moha, très écouté, parcourt librement la ville et côtoie des êtres qui vivent dans une misère profonde. Il attire aussi les enfants qui, livrés à eux-mêmes, sont séduits par sa parole non conventionnelle.

Et surtout, il a le pouvoir de pénétrer dans l'intimité de ceux qui refusent de reconnaître sa sagesse. C'est le cas du banquier prisonnier de ses techniques et de ses finances ou du psychiatre, enfermé dans un discours rigide, donc aliéné.

■ Dans l'extrait que nous étudions, Moha vient d'être enfermé dans un hôpital psychiatrique parce que tous les matins, devant l'entrée de la banque, il s'installait, tirait de sa poche des billets de banque et les déchirait. Les enfants miséreux de la ville que Moha hébergeait de temps en temps décident de lui porter secours. Ils se réunissent le soir même et tiennent conseil dans la cabane de Moha, sur la jetée.

EXPLICATIONS

Exprimer l'obligation

▶ L'idée essentielle est de faire sortir Moha, d'organiser son évasion, et pour que cette action aboutisse, les enfants ont la volonté d'agir méthodiquement. Ils utilisent donc des expressions et des verbes d'obligation.
- *Il faut le sortir de prison.*
- *Il suffit de corrompre les gardiens.*
- *Il va falloir qu'on ramasse quelques billets.*

▶ L'obligation se marque par **il faut + l'infinitif,** comme dans les proverbes :
« Il faut manger pour vivre et non vivre pour manger. »

Ou bien **il faut que** suivi du subjonctif :
- *Il faut qu'on trouve de l'argent.*

D'autres verbes, comme **devoir** et la locution **il est nécessaire de** suivis de l'infinitif, peuvent exprimer la même idée d'obligation. L'enfant pourrait dire sans pour autant changer le sens de la phrase :
- *On doit le sortir de prison.*
- *Il est nécessaire de corrompre les gardiens.*

L'enfant ajoute :
- *Il suffit de corrompre les gardiens.*

Il suffit de a le sens de **il faut seulement.**

Dans le cas où la volonté est exprimée directement, on utilise le verbe **vouloir** :
« Nous **voulons** le sortir de prison. »
« Nous **voulons** corrompre les gardiens. »

▶ Pour exprimer une volonté plus modérée, une possibilité, on se sert du verbe **pouvoir** :
« **On peut** corrompre les gardiens. »

ou des expressions suivantes :
« **Il est possible de** corrompre les gardiens. »
« **C'est faisable de** corrompre les gardiens. »

Quand la volonté diminue encore et n'est plus qu'un désir, on utilise l'expression :
Il est souhaitable de... *sortir Moha de prison, de corrompre les gardiens.*

Argumenter

▶ Les enfants construisent une véritable stratégie pour faire évader Moha. Ils édictent d'abord des règles :
- *Il suffit de corrompre les gardiens.*
- *On peut demander aux habitants des bidonvilles de se cotiser.*

Parmi les enfants, celui qui est apparemment le chef de bande parle avec autorité, écarte les objections et argumente :
- *Il n'est pas en prison mais à l'hôpital des fous.*
- *C'est la même chose.*
- *Donc c'est plus facile pour organiser l'évasion.*

▶ Pour argumenter, en français, on utilise :

Mais, pour exprimer une idée complémentaire :
- *Oui, mais il y a parmi eux des mouchards.*

Alors, pour exprimer une conclusion, une évidence :
- *Le mouchards ont peur de nous, alors...*

Donc, pour exprimer une conséquence logique :
- *Donc c'est plus facile pour organiser l'évasion.*

L'impersonnel

▶ Les enfants peuvent agir car ils forment une bande ; ils ne disent pas « nous », mais utilisent le pronom impersonnel **on** :
- *... on peut tout faire...*
- *On peut demander aux habitants...*
- *On va s'amuser...*
- *On va d'abord consulter l'arbre...*

▶ Le **on** collectif correspond aux verbes ou expressions impersonnels utilisés par les enfants :
- il faut / il suffit de
- c'est facile / c'est la même chose
- il y a

Ils réfléchissent à l'action et à la situation en général.

ACTIVITÉS

I. Compréhension orale

a Repérages

1. Combien de voix différentes entend-on ?
- ❏ 2
- ❏ 3
- ❏ 4

2. La scène se passe :
- ❏ dans une prison
- ❏ dans la rue
- ❏ dans la nature

b Compréhension globale

1. C'est la même personne qui dit :
– *C'est la même chose.*
– *Il suffit de corrompre les gardiens.*
– *Les mouchards ont peur de nous, alors…*
- ❏ Oui
- ❏ Non

2. On entend combien de fois les mots :

a) prison
- ❏ 1
- ❏ 2
- ❏ 3

b) évasion
- ❏ 1
- ❏ 2
- ❏ 3

c) argent
- ❏ 1
- ❏ 2
- ❏ 3

d) mouchard
- ❏ 1
- ❏ 2
- ❏ 3

3. Entourez tous les noms de lieux que vous entendez dans le dialogue.
prison – école – hôpital – banque – ville – maison – bidonville –

c Compréhension détaillée

1. Quoi ?

▸ Vrai ou faux ? Moha est en prison :

	Vrai	Faux
a) On va organiser son évasion.	❏	❏
b) On va payer le directeur de l'établissement.	❏	❏
c) Les enfants ont beaucoup d'argent.	❏	❏

▸ Choisissez la bonne réponse.

a) Les enfants veulent corrompre :
- ❏ les gardiens
- ❏ les habitants
- ❏ les mouchards

b) Les enfants vont d'abord :
- ❏ ramasser de l'argent
- ❏ jouer dans la cour
- ❏ consulter l'arbre

2. Comment ?

Remettez ces actions dans l'ordre d'écoute.
a) *On peut demander aux habitants des bidonvilles de se cotiser.*
b) *Ensuite on passe à l'action.*
c) *Il va falloir qu'on ramasse quelques billets.*
d) *On va s'amuser.*

1. … – **2.** … – **3.** … – **4.** …

3. Choisissez le bon résumé.
a) Les enfants veulent faire sortir Moha de prison et ils utilisent l'argent de leur trésor.
b) Les enfants veulent faire sortir Moha de l'hôpital et ils vont demander de l'argent aux habitants.

II. Expression orale

❶ Simulation

À la manière des enfants, et en vous inspirant de leur projet, imaginez cinq actions pour faire sortir quelqu'un de prison (utilisez : « d'abord », « ensuite », « alors », « donc », « enfin »).

❷ Jeu de rôle

Faites l'exercice numéro 1 puis, par groupes de deux, jouez la scène suivante : l'un propose des solutions pour sortir la personne de prison, l'autre n'est pas d'accord. Argumentez.

❸ L'arbre de la sagesse parle et donne de bons conseils aux enfants : vous êtes l'arbre.

III. Compréhension écrite

1 Lisez le texte. D'après vous, qui est le chef ? Relevez une phrase qui justifie votre choix.

2 Relevez deux arguments qui doivent servir à faire réussir le plan.

3 Faire des hypothèses.

a) Pourquoi les enfants veulent-ils faire évader Moha ?
- ❏ Parce qu'il est malade.
- ❏ Parce qu'il a été gentil avec eux.
- ❏ Pour gagner de l'argent.

b) Qui sont les mouchards ?
- ❏ les gardiens
- ❏ les habitants
- ❏ les fous

c) Que fait un mouchard ?
- ❏ Il attaque les gens pour les dévaliser.
- ❏ Il dénonce les gens à la police.
- ❏ Il envoie des cailloux sur les passants.

d) Quelle définition correspond à « bidonville » ?
- ❏ Ville en carton, construite pour le théâtre.
- ❏ Village à la campagne, où il y a beaucoup de vaches et de bidons de lait.
- ❏ Maison au toit de tôle sans eau ni électricité, à la périphérie des grosses villes industrielles.

4 Le projet des enfants vous semble-t-il réaliste ?
- ❏ oui
- ❏ non

Relevez les phrases du dialogue qui justifient votre opinion.

IV. Expression écrite

1 Complétez les phrases quand c'est possible, en choisissant parmi les formules suivantes : « c'est sûr », « à mon avis », « pour moi », « je crois », « il me semble ».
- *– C'est la même chose...*
- *– Donc c'est plus facile pour organiser l'évasion...*
- *– Quel trésor ?*
- *– Nous avons des objets mais pas d'argent...*
- *– Ensuite on passe à l'action...*

2 Finissez la phrase (en trouvant une bonne raison).
- « Les mouchards ont peur de nous, alors... »

3 Récrivez le début du dialogue depuis « Il faut le sortir de prison... » jusqu'à « corrompre les gardiens. » comme un récit à la troisième personne du singulier. Vous mettrez les verbes à l'imparfait et vous rajouterez ou supprimerez ce qui est nécessaire.
- « Il fallait le sortir de prison... »

4 Complétez le dialogue avec vos propres phrases et arguments.
- Ex. : – Il faut le sortir de prison.
- – En fait, il très malade : il est à l'hôpital...
- – C'est la même chose.
- – ...
- – Il suffit de corrompre les gardiens.
- – ...
- – Voyons ce qu'on a dans le trésor.
- – ...
- – Nous avons des objets, mais pas d'argent.
- – ...
- – Oui, mais il y a parmi eux des mouchards.
- – ...
- – On va s'amuser. On va d'abord consulter l'arbre, ensuite on passe à l'action.
- – ...

V. Culture

● D'après vous, cette scène se passe dans quel pays ?
Où se trouvent en général les bidonvilles ? Pourquoi ? Qui y habite ?

● **Le trésor de paix** peut nous renseigner sur l'âge des deux personnes qui parlent : d'habitude, qui parle de « course », de « chasse au trésor » ?

● Qui a écrit *l'Île au trésor* ?

● Connaissez-vous des organismes qui s'intéressent à la paix et la défendent ?

● Dans certains pays, on consulte les plantes ou les arbres et on leur attribue une grande sagesse. Quel est l'arbre de grande longévité sous lequel saint Louis, roi de France, rendait la justice ?
- ❏ l'orme
- ❏ le pin
- ❏ le chêne

● Croyez-vous en la médecine par les plantes ? Citez des aliments ou des boissons qui ont des vertus curatives.

L'ÉCUME DES JOURS

Le professeur : – Qui est malade ?

Colin : – Chloé.

Le professeur : – Ah !, ça me rappelle un air…

Colin : – Oui, c'est celui-là.

Le professeur : – Bon, allons-y. Vous auriez dû me le dire plus tôt. Qu'est-ce qu'elle a ?

Colin : – Je ne sais pas.

Le professeur : – Moi non plus, maintenant, je peux bien vous le dire.

Colin : – Mais vous allez le savoir ?

Le professeur : – Ça se peut. Encore faudrait-il que je l'examinasse…

Colin : – Mais venez donc…

Le professeur : – Mais oui…

Colin : – Faites attention en entrant… C'est rond.

Le professeur : – Oui, j'ai l'habitude ; elle est enceinte ?

Colin : – Mais non, vous êtes idiot… La chambre est ronde.

Le professeur : – Toute ronde ? Vous avez joué un disque d'Ellington, alors ?

Colin : – Oui.

Boris Vian, *L'Écume des jours*, 10-18, Union générale d'éditions, 1963, p. 90.

BORIS VIAN

▶ Destinée éclair que celle de l'écrivain Boris Vian. Né en 1920, il meurt à trente-neuf ans, en ayant gardé son âme d'enfant, comme la plupart des personnages qu'il a créés. Rejetant le travail, la puissance de l'argent, le mariage et les normes de la société, il se bat contre l'exploitation de l'homme par l'homme et ne croit qu'en la liberté créatrice.

Dans le Paris d'après-guerre, où le centre de la vie culturelle se situe à Saint-Germain-des-Prés avec les existentialistes Jean-Paul Sartre et Simone de Beauvoir et les jeunes « zazous », Boris Vian exerce d'abord ses talents de trompettiste de jazz, avant de se faire mieux connaître par quelques romans à scandale : le jeu, l'imaginaire et le rêve y sont rois.

▶ Cultivant son imagination et sa passion du savoir par la lecture d'auteurs aussi bien classiques, tels Diderot, Rabelais, Lewis Carroll, que modernes, comme Raymond Queneau, il fera figurer dans ses romans toutes les nouvelles tendances culturelles de l'époque, le jazz, le cinéma, la bande dessinée et la science-fiction.

Attaché à la recherche sur la parole et l'écriture, il invente un langage neuf, truffé de calembours, de contrepèteries et de néologismes. Dans cet univers, les objets sont « biologisés » : les fusils se mettent à germer, les vitres à repousser, les boutons de sonnette à mordre, les murs à se rapprocher.

▶ Il invente un monde à l'usage d'adolescents en rébellion contre le rationnel, la laideur, les ruines et la déchéance des adultes, un monde pour faire reculer la mort. Tous ses héros, Angel dans *L'Automne à Pékin*, l'Angel de *L'Arrache-Cœur* et Colin dans *L'Écume des jours*, meurent d'avoir dû confronter leur rêve au réel.

▶ Cinquante ans après sa mort, Boris Vian, le provocateur, l'insaisissable, demeure encore méconnu malgré ses multiples talents, ses pièces de théâtre, ses scénarios de films, sa maison de disques et son orchestre.

L'Écume des jours

■ Publié en 1947, ce roman a souvent été décrit comme *« le plus poignant roman d'amour contemporain »*. Mais il peut aussi se lire comme une allégorie de la condition de l'homme moderne. Dans ce livre, les sentiments sont peu à peu atteints d'une usure générale, et ne peuvent résister à la société capitaliste, au culte de l'argent, à l'aliénation.

■ Colin et Chloé s'aiment mais l'érosion lente de leur amour est symbolisée par la maladie de Chloé qui la mènera inéluctablement à la mort. Les deux personnages évoluent dans un monde à part, plein de poésie et de tendresse, où l'on pêche les anguilles dans les lavabos, où les souris jouent sur les carreaux et où les nénuphars poussent dans les poitrines. Dans cet extrait, la musique de jazz, magique, donne une forme ronde à la chambre de Colin et de Chloé.

EXPLICATIONS

Un monde illogique

► Le professeur Mangemanche incarne un univers fantaisiste. Dès que le professeur arrive, Colin s'aperçoit en effet très vite que l'homme, féru de jazz, ne connaît pas grand-chose à la médecine et qu'il est très peu intéressé par ses malades.

> – *Qu'est-ce qu'elle a ?*
> – *Je ne sais pas,* répond Colin.

Ces deux phrases marquent une logique nouvelle, renversée ; il est normal que Colin ne sache pas de quoi souffre Chloé, mais c'est moins normal pour le professeur qui avoue :

> – *Moi non plus, maintenant, je peux bien vous le dire.*

Pour Boris Vian, le travail n'a pas un caractère sacré. Dans ce roman, il fait même avouer au médecin que le travail est une chose infecte. Et Mangemanche, en bon porte-parole de l'auteur, s'enorgueillit de ne rien savoir.

> – *Mais vous allez le savoir,* dit Colin.
> – *Ça se peut. Encore faudrait-il que je l'examinasse,* répond le professeur.

Ça se peut est dit par le médecin sur un ton dubitatif, alors qu'il a été appelé en urgence. Cette expression renforce le ton condescendant de : **Encore faudrait-il...**
Loin de procéder à l'examen de la malade, Mangemanche pose ses conditions.

► Utilisation du subjonctif.
> – *Encore faudrait-il que je l'examinasse.*

L'emploi inattendu de l'imparfait du subjonctif rend la scène comique : elle rappelle les personnages de Molière et surtout le langage des médecins qu'il a beaucoup raillé.

Il faut, il faudrait, marquent l'obligation et se construisent avec le subjonctif. L'imparfait de ce mode, avec ses terminaisons en -asse, -isse ou -usse, a aujourd'hui une consonance comique et est souvent employé dans une intention de dérision. On ne dit plus : « Il aurait fallu que <u>tu avalasses</u> ce comprimé », mais : « Il aurait fallu <u>que tu avales</u> ce comprimé. »

Cette utilisation décalée du subjonctif dépayse le lecteur.

Un univers magique

► Le jazz est un procédé magique qui, en rythmant le monde intérieur des personnages, transforme les objets et l'environnement de façon insolite. Si le professeur accepte enfin d'examiner la jeune femme, c'est avant tout parce qu'elle s'appelle Chloé et que c'est le titre d'un air de jazz qu'il aime :

> – *Qui est malade ?*
> – *Chloé.*
> – *Ah ! Ça me rappelle un air !,*
> dit Magemanche.
> – *Oui, c'est celui-là,* répond Colin.

Cette dernière réplique signifie que les deux hommes ont pour référence commune : *Chloé*, un air de jazz connu. En effet, dès le début du roman, Colin écoute un morceau de jazz, arrangé par Duke Ellington, intitulé *Chloé*. Cet air restera son morceau fétiche après sa rencontre avec Chloé, qui deviendra sa femme.

► Puis le professeur trouve enfin une raison de soigner la patiente :
> – *Vous auriez dû me le dire plus tôt.*

Colin et Chloé vivent dans un univers magique : sous l'influence du jazz, la pièce s'est arrondie :
> – *Faites attention, c'est rond*, dit Colin au médecin qui entre enfin dans la chambre.
> – *Oui j'ai l'habitude ; elle est enceinte ?*
> – *Mais non, vous êtes idiot... La chambre est ronde.*
> – *Toute ronde ? Vous avez joué un disque d'Ellington alors ?*, réplique Mangemanche de façon entendue.

Exprimer l'inquiétude

► « Donc », rejeté en fin de phrase, constitue une invitation à faire quelque chose, dénote une impatience.

Le *Entrez donc* de Colin traduit son angoisse.

On trouve ces injonctions pressantes dans la vie courante :
> « Mais ne restez pas debout ! Asseyez-vous **donc** ! »
> « Je n'ose pas dire son nom !
> – Mais parle **donc** ! »

ACTIVITÉS

I. Compréhension orale

a Repérages

1. La musique que l'on entend est :
- ❑ du rock
- ❑ du jazz
- ❑ du reggae

2. On entend les voix de :
- ❑ de Colin et Chloé
- ❑ de Mangemanche et Colin
- ❑ de Mangemanche et Chloé

b Compréhension globale

1. De quelle sorte de littérature s'agit-il ?
- ❑ dramatique
- ❑ philosophique
- ❑ poétique

2. Écoutez l'intonation ; combien de phrases interrogatives entend-on ?
- ❑ 3
- ❑ 4
- ❑ 5
- ❑ 6

3. Combien identifiez-vous de noms propres de personnes ?
- ❑ 1
- ❑ 2
- ❑ 3

4. Combien de fois entend-on rond ou ronde ?
- ❑ 1
- ❑ 2
- ❑ 3

5. Dans quel ordre entend-on les mots suivants :
a) un air – **b)** la chambre – **c)** un disque – **d)** malade – **e)** Chloé

1. … – **2.** … – **3.** … – **4.** … – **5.** …

6. La situation semble :
- ❑ amusante
- ❑ angoissante
- ❑ ridicule

7. Faites des hypothèses. Les deux personnages :
- ❑ se voient pour la première fois.
- ❑ se connaissent déjà.
- ❑ sont de vieux amis.

c Compréhension détaillée

1. Qui ?

a) Qui est malade ?
- ❑ un ami cher de Colin
- ❑ sa femme
- ❑ on ne sait pas

b) Le docteur est
- ❑ violent
- ❑ distrait
- ❑ chaleureux
- ❑ indifférent

c) D'après vous, quel est le caractère de Colin ? Pour répondre, choisissez un ou des éléments dans chaque colonne et associez-les.

▶ Colin est :
1. Un jeune homme	**a.** inquiet
2. Un homme de 40 ans	**b.** bizarre
3. Un gamin	**c.** bavard
4. Un homme âgé	**d.** cynique

▶ Il aime :
5. le silence – 6. sa femme – 7. la musique – 8. sa fille – 9. la télévision – 10. son docteur

2. Où ?

a) Nous nous trouvons :
- ❑ dans l'appartement de Colin et Chloé.
- ❑ dans un cabinet médical.
- ❑ dans une boîte de jazz.

b) La personne à soigner se trouve :
- ❑ enfermée dans une chambre capitonnée
- ❑ dans sa chambre ronde
- ❑ dans un hôpital de forme ronde

3. Quoi ?

Le professeur
- ❑ sait de quoi souffre la malade.
- ❑ s'intéresse surtout au jazz.
- ❑ apporte des médicaments pour soigner la malade.

4. Dites si ces phrases sont vraies ou fausses.

	Vrai	Faux
a) Le docteur apprécie le rock.	❑	❑
b) Chloé est enceinte.	❑	❑
c) Colin aime l'humour du professeur.	❑	❑
d) Colin a passé un disque de D. Ellington.	❑	❑
e) Colin est malade.	❑	❑

II. Expression orale

❶ Le professeur Mangemanche s'occupe très bien de la malade : refaites le dialogue avec Colin en changeant toutes les répliques du professeur.

❷ Jeu de rôle

a) Le docteur entre dans le chambre et examine la malade. Il lui demande ce qu'elle a et elle répond en énonçant ses symptômes.

b) Quelle musique aimez-vous écouter ? (l'un aime le jazz ou le rap, l'autre préfère le classique.) Donnez vos raisons.

III. Compréhension écrite

❶ L'implicite.

a) Dans les deux dernières répliques, de quoi Mangemanche et Colin parlent-ils ?
– *Qui est malade ?*
– *Chloé.*
– *Ah ! Ça me rappelle un air…*
– *Oui, c'est celui-là.*

b) Colin explique que « la chambre est ronde ». Pourquoi Mangemanche répond-il :
– *Toute ronde ? Vous avez joué un disque d'Ellington, alors ?*

❷ Relevez toutes les formules qui marquent le doute ou l'hésitation dans ce dialogue.

❸ Soulignez les impératifs. Qui les utilise ? Pourquoi ?

❹ Mangemanche utilise un imparfait du subjonctif, « que je l'examinasse ». Pourquoi ? Quel est l'effet produit ?

❺ Analysez les réponses de Colin. Quel sentiment expriment-elles ?
Notez la phrase où il est particulièrement agacé par le professeur.

❻ Que pensez-vous de ce professeur ? Sélectionnez les indices du texte qui nous permettent d'en faire le portrait.

IV. Expression écrite

❶ Transformez le dialogue. Remplacez les expressions de doute ou d'approbation par des expressions équivalentes.
– *Oui, c'est celui-la…*
– *Bon, allons-y…*
– *Je ne sais pas…*
– *Ça se peut.*
– *Mais oui.*
– *Oui, j'ai l'habitude.*
– *Oui.*

❷ Terminez les répliques inachevées :
a) *Ah ! Ça me rappelle un air …*
b) *Encore faudrait-il que je l'examinasse …*
c) *Mais venez donc …*
d) *Mais oui,…*
e) *Faites attention en entrant, …*
f) *Oui, j'ai l'habitude ; elle est enceinte ? …*

❸ Écrivez la suite en imaginant que cette histoire d'amour finit bien comme dans les contes.

V. Culture

• Qui était Duke Ellington ? Avez-vous entendu parler de Sydney Bechet, de Miles Davis, de Keith Jarrett, de Michel Petrucciani ?

• De quel pays vient le jazz ? Connaissez-vous l'origine de cette musique ?

• Quelle est l'origine du rap ? Connaissez-vous son équivalent pour la danse ?

• Pour une urgence médicale, en France, on appelle le SAMU. Sinon, le médecin peut se déplacer à domicile, mais le tarif de la consultation est plus élevé qu'en cabinet.

Dans votre pays, les médecins se déplacent-ils chez les patients ?

• Connaissez-vous des pièces de Molière qui parlent de médecin et de malade ?

INDIA SONG

Anne-Marie Stretter : – Vous écrivez, je crois ?

Jeune Attaché : – J'ai cru pouvoir écrire. Avant. On vous l'a dit ?

Anne-Marie Stretter : – Oui, mais je l'aurais sans doute deviné… À la façon que vous avez de vous taire.

Jeune Attaché : – J'ai abandonné. Monsieur Stretter écrivait aussi ?

Anne-Marie Stretter : – Ça lui est arrivé aussi, oui. Et puis…

Jeune Attaché : – Et vous ?

Anne-Marie Stretter : – Je n'ai jamais essayé…

Jeune Attaché : – Vous trouvez que ce n'est pas la peine, n'est-ce pas ?

Anne-Marie Stretter : – C'est-à-dire… Oui, si vous voulez…

Jeune Attaché : – Vous faites de la musique.

Anne-Marie Stretter : – Parfois. Moins depuis quelques années…

Jeune Attaché : – Pourquoi ?

Anne-Marie Stretter : – C'est difficile à exprimer…

Jeune Attaché : – Dites-le-moi.

Anne-Marie Stretter : – Une certaine douleur… s'attache à la musique… depuis quelque temps… pour moi…

Marguerite Duras, *India Song*, L'imaginaire, Gallimard, 1991, p. 84-85.

MARGUERITE DURAS

▶ Toute sa vie, Marguerite Duras gardera la marque de son enfance passée en Indochine. *« Le Mékong auprès duquel j'ai dormi, j'ai joué, j'ai vécu, pendant dix ans de ma vie, il est resté »*, écrira-t-elle.

Née près de Saigon en 1914, elle habite longtemps Sadec, sur le fleuve Mékong, où sa mère, à la mort de son mari, est nommée institutrice. Marguerite n'a alors que quatre ans. Elle sera toujours déchirée entre l'amour pour sa mère, qui lui préfère son frère aîné, et son désespoir, sa haine de ne pas être la préférée. La violence de ces relations familiales, les lieux, la nature et les mœurs laisseront des traces indélébiles en elle.

Ruinée par l'acquisition de terres incultivables, la mère décide de rester tout de même au Vietnam alors que Marguerite opte pour le retour en France. Quand elle arrive à Paris, elle a dix-huit ans. Elle laisse derrière elle son adolescence et le souvenir de son jeune frère adoré, mort noyé là-bas et dont elle n'arrivera jamais à faire le deuil. En 1939, elle épouse Robert Antelme, auteur et philosophe, mais rencontre peu de temps après Dyonis Mascolo, lecteur chez Gallimard, dont elle aura un fils. Elle côtoie alors les intellectuels engagés de l'époque, et s'inscrit à son tour au parti communiste.

▶ Elle commence à publier ses premiers romans et entre dans la Résistance. Après la guerre, elle travaille un peu au ministère des Colonies, mais le succès littéraire lui permet très vite de vivre de sa plume, sans lui apporter véritablement la paix, qu'elle trouve plutôt dans l'alcool.

Ses dernières années sont adoucies par l'amour du jeune Yann Andréa. C'est lui qui l'assiste jusqu'à sa mort et veille, depuis, sur son héritage littéraire.

▶ L'écriture est pour elle, dès le début, un exutoire au désespoir qui l'habite. Aussi l'œuvre de Marguerite Duras est-elle considérable : romans, essais, pièces de théâtre, scénarios de films qu'elle tourne elle-même. Ses ouvrages les plus marquants sont *Moderato cantabile*, *Un Barrage contre le Pacifique* où elle raconte comment sa mère se bat pour sauver des terres envahies par l'eau, *Hiroshima mon amour* et *l'Amant*, qui se déroule au Vietnam et pour lequel elle reçoit le prix Goncourt en 1984, alors qu'elle a déjà soixante-dix ans.

India Song

■ Elle est à peu près au milieu de sa carrière quand elle publie *India Song*. Elle en fera, en 1975, un film d'une beauté étrange, à la musique lancinante et au succès controversé malgré un prix au Festival de Cannes.

■ C'est l'histoire d'un amour vécu aux Indes dans les années 30. Le vice-consul de France à Lahore, déclassé pour avoir tué un homme, est amoureux fou – il en perd littéralement la raison – d'Anne-Marie Stretter. La femme de l'ambassadeur de France à Calcutta fascine les hommes et traîne derrière elle de nombreux amants.

Lors d'un bal à l'ambassade, un jeune diplomate danse avec Anne-Marie Stretter. Il est amoureux, comme les autres, de cette femme triste qui parle avec une douceur déchirante. Il semble qu'une souffrance l'habite en permanence et qu'elle recherche l'oubli.

EXPLICATIONS

L'incertitude et les sous-entendus

▶ Les deux personnages ont des échanges troubles et inachevés : ils paraissent dissimuler un secret.

On le voit à la façon dont ils n'arrivent pas à terminer leurs phrases :
> – *Vous écrivez, je crois ?*
> – *J'ai cru pouvoir écrire. Avant.*

Puis le jeune homme demande :
> – *Monsieur Stretter écrivait aussi ?*
> – *Ça lui est arrivé aussi, oui. Et puis...*

▶ Dans une conversation, quand on veut ménager quelqu'un ou par déférence, on peut procéder par allusions, sans expliciter :
> – *Vous trouvez que ce n'est pas la peine... ?*

L'expression du doute

▶ Les adjectifs **certain** ou **quelque** sont utilisés pour exprimer l'imprécision :
> – *Une certaine douleur... s'attache à la musique... depuis quelque temps... pour moi...*

Ces paroles énigmatiques d'Anne-Marie Stretter nous font supposer qu'elle a vécu des épreuves douloureuses, mais lesquelles ?

▶ Temps passés et présents.

Le mélange des deux temps **croire + l'infinitif** et **le conditionnel** montre une confusion. Les tournures propres au doute dénotent l'état mental des deux personnages.
> – *J'ai cru pouvoir écrire.*
> – *Je l'aurais sans doute deviné...*

L'expression de la retenue

▶ Certaines expressions ont un sens restrictif dans le discours :
> – *Vous trouvez que **ce n'est pas la peine**, n'est-ce pas ?*
> – ***C'est-à-dire**...oui, **si vous voulez**.*

Si vous voulez est utilisé pour éluder la véritable réponse : cette expression est très utilisée aujourd'hui :
> « – Vous avez passé de bonnes vacances ?

> – **Si vous voulez** ; on a quand même eu des problèmes. »

Dans ce texte, **si vous voulez** a le même sens et la même tonalité que **c'est-à-dire**. On attend une explication qui ne vient pas.

L'expression **c'est-à-dire** ou **c'est-à-dire que** traduit à l'oral une restriction, un désaccord, mais qui se veut poli.
> « – Vous restez dîner, n'est-ce pas ?
> – **C'est-à-dire que**... on ne veut pas rentrer trop tard ce soir. »

Interroger

Malgré sa timidité, le jeune homme ose poser des questions à Anne-Marie Stretter dont il est amoureux :
> – *Et vous ?*
> – *Vous faites de la musique.*
> – *Pourquoi ?*
> – *Dites-le-moi.*

Pour créer une intimité avec cette femme, pour la pousser à s'exprimer, il ajoute à la fin de sa phrase : *n'est-ce pas ?*

On utilise **n'est-ce pas** ou **c'est cela** pour encourager quelqu'un à parler de lui ou à raconter.
On dira
– à un enfant :
> « Tu as fait une bêtise, **n'est-ce pas** ? »
– à quelqu'un qui n'a pas d'argent :
> « Tu ne viens pas à l'opéra parce que c'est trop cher, **c'est cela** ? »

Le temps passé

Le Jeune Attaché semble avoir déjà beaucoup vécu.
> – *J'ai cru pouvoir écrire. Avant.*
> – *J'ai abandonné...*

Il utilise le passé composé : tout est terminé, sans prolongement dans le présent.

Anne-Marie Stretter répond de la même façon :
> – *Ça lui est arrivé aussi, oui.*
> – *Je n'ai jamais essayé...*

Le Jeune Attaché et Anne-Marie Stretter parlent de moments révolus.

ACTIVITÉS

I. Compréhension orale

a Repérages

1. On entend des bruits qui évoquent :
   - ❑ une cour de récréation
   - ❑ un cocktail
   - ❑ un marché

2. Les personnes qui parlent sont
   - ❑ un jeune diplomate et une femme
   - ❑ un élève et un professeur
   - ❑ une mère et son fils

b Compréhension globale

1. Quels sont les noms propres que l'on entend ?
   - ❑ Cyrill
   - ❑ Marguerite
   - ❑ Monsieur Stretter
   - ❑ Madame Stretter

2. Combien de fois entend-on le mot musique ?
   - ❑ 1
   - ❑ 2
   - ❑ 3

3. Quels sont les mots que l'on n'entend pas ?
   - ❑ lettre
   - ❑ écrire
   - ❑ peine
   - ❑ tristesse
   - ❑ douleur
   - ❑ jours
   - ❑ années

4. Remettez les phrases dans l'ordre d'écoute.
   a) C'est difficile à exprimer –
   b) J'ai abandonné – c) J'ai cru pouvoir écrire – d) Je n'ai jamais essayé
   1. … – 2. … – 3. … – 4. …

c Compréhension détaillée

1. Qui ?
a) La femme qui parle est :
   - ❑ fatiguée
   - ❑ cruelle
   - ❑ joyeuse
b) Elle aime :
   - ❑ manger
   - ❑ écrire
   - ❑ danser
   - ❑ faire de la musique
c) Le jeune homme est :
   - ❑ impoli
   - ❑ timide
   - ❑ énervé

2. Quoi ?
a) Ce dialogue est
   - ❑ une rencontre de travail
   - ❑ une rencontre amoureuse
   - ❑ une rencontre artistique
b) Ils parlent de :
   - ❑ leurs examens
   - ❑ leurs goûts
   - ❑ leurs maladies

3. Choisissez le bon résumé.
   a) Les deux personnages se font quelques confidences sur leur vie ; la femme aime écrire et le jeune homme aussi ; lui est très bavard et elle aime se taire.
   b) Les deux personnages échangent quelques propos : le mari de la femme écrivait et le jeune homme aussi ; la femme aimait faire de la musique.

II. Expression orale

1 Répondez par deux ou trois phrases d'explication à la question que pose la femme au jeune homme : « Vous écrivez, je crois ? » Vous devez justifier votre réponse et ne jamais dire oui ou non.

2 Jeu de rôle

Transformez le dialogue : un garçon et sa petite amie se font des reproches (pas assez de nouvelles, peu de travail, mauvaises fréquentations…) et jouez-le :

a) en oral familier. Vous utiliserez le tutoiement, quelques expressions impolies, des mots qui marquent l'impatience (« Mais alors ! » « Eh bien ! » « Non mais ! » « Ça va pas ! » « Enfin ! Tu vas répondre ! ») et n'hésiterez pas à élider la négation ou les pronoms (« j'sais pas ! »).

b) en verlan.

III. Compréhension écrite

❶ Lisez le texte. L'échange est bref entre les deux personnages ; observez bien les répliques et recopiez celles qui sont particulièrement révélatrices, par leur forme, de l'émotion du Jeune Attaché durant ce dialogue.

❷ Y-a-il une différence entre les deux expressions suivantes : « j'écrivais » et « j'ai cru pouvoir écrire » ? Que montrent-elles ?
- ❏ Elles montrent toutes deux que le Jeune Attaché a toujours écrit.
- ❏ L'une des deux montre que le jeune Attaché n'a pas pu écrire.
- ❏ Elles montrent toutes deux que le jeune Attaché n'a jamais écrit.

❸ Relevez tous les mots qui indiquent le temps qui passe. Quel sens donnez-vous à ces marques dans le texte ?

❹ Les personnages ne sont pas sûrs d'eux : quelles sont les caractéristiques de cette indécision (relevez les indéfinis, les phrases inachevées, le lexique indiquant l'effort, la difficulté) ?

❺ Qu'expriment les points de suspension ?
- ❏ le non-dit
- ❏ la douleur
- ❏ l'indifférence

IV. Expression écrite

❶ Variation

Dans certaines situations, il vaut mieux ne pas dire la vérité. Ainsi, dans le petit dialogue suivant, Bernard fête son anniversaire et son ami David lui apporte un cadeau extrêmement kitsh, très laid...

D – J'ai acheté ce joli baromètre en coquillage à Biarritz, spécialement pour toi !
B – Ah oui ? ...
D – Ce sont des coquillages rares, tu vois !
B – Hum ! C'est vrai que c'est assez...
D – N'est-ce pas ! Vraiment, je l'ai trouvé tellement original ! J'espère qu'il te plaît !
B – Mais je... j'apprécie...
D – Qu'est-ce que tu en dis ?
B – Je... merci beaucoup ! J'ai du mal à exprimer mes... ma...

D – Tu le mettras où ?
B – Eh bien... je ne sais pas encore... à une place très...
D – Moi je le vois bien sur la tablette près de ton lit ; un air du large dès le matin non ?
B – Oui, oui, bien sûr, ainsi ce sera vraiment commencer la journée par... par...
D – Plus un mot ! Ce n'est rien, tu sais ! Un vrai ami sent juste ce qui fait le plus plaisir à l'autre, c'est tout !

Que dirait Bernard s'il exprimait ses véritables pensées ? Finissez les phrases de Bernard (vous pouvez ajouter des petites phrases courtes ou juste des mots ou des expressions dépréciatives, exprimant la contrariété).

❷ Anne-marie Stretter est très mystérieuse. Imaginez ce qui s'est passé il y a quelques années dans sa vie à partir de ses trois réponses aux questions du Jeune Attaché (de 60 à 100 mots).
- *Vous faites de la musique ?*
- ***Parfois. Moins depuis quelques années...***
- *Pourquoi ?*
- ***C'est difficile à exprimer***...
- *Dites-le-moi.*
- ***Une certaine douleur... s'attache à la musique... depuis quelque temps... pour moi...***

V. Culture

• Dans quel pays se trouvent les deux personnages ? Comment peut-on le savoir ? Que savez-vous sur ce pays ?

• Existe-t-il un pays qui vous fait rêver ? Pourquoi ? Comment le voyez-vous ?

• Où le Jeune Attaché travaille-t-il exactement ? Comment s'appellent les personnes qui représentent leur pays à l'étranger ?

• Si vous travailliez à l'étranger, aimeriez-vous retrouver tous les jours des gens de votre pays et de votre culture, parlant votre langue ? Apprendriez-vous la langue du pays d'accueil ?

• Dans le texte, ces personnages, qui vivent à l'étranger, ne sont pas des émigrés ; quelle est la différence entre expatrié et émigré ?

LE PETIT PRINCE

Le Petit Prince : – Comment peut-on posséder les étoiles ?

Le Businessman : – À qui sont-elles ?

Le Petit Prince : – Je ne sais pas. À personne.

Le Businessman : – Alors elles sont à moi, car j'y ai pensé le premier.

Le Petit Prince : – Ça suffit ?

Le Businessman : – Bien sûr. Quand tu trouves un diamant qui n'est à personne, il est à toi. Quand tu trouves une île qui n'est à personne, elle est à toi. Quand tu as une idée le premier, tu la fais breveter : elle est à toi. Et moi je possède les étoiles, puisque jamais personne avant moi n'a songé à les posséder.

Le Petit Prince : – Ça c'est vrai. Et qu'en fais-tu ?

Le Businessman : – Je les gère. Je les compte et je les recompte. C'est difficile. Mais je suis un homme sérieux !

Le Petit Prince : – Moi, si je possède un foulard, je puis le mettre autour de mon cou et l'emporter. Mais tu ne peux pas cueillir les étoiles !

Le Businessman : – Non, mais je puis les placer en banque.

Le Petit Prince : – Qu'est-ce que ça veut dire ?

Le Businessman : – Ça veut dire que j'écris sur un petit papier le nombre de mes étoiles. Et puis j'enferme à clef ce papier-là dans un tiroir.

Le Petit Prince : – Et c'est tout ?

Le Businessman : – Ça suffit !

Le Petit Prince : – Moi, je possède une fleur que j'arrose tous les jours. Je possède trois volcans que je ramone toutes les semaines. Car je ramone aussi celui qui est éteint. On ne sait jamais. C'est utile à mes volcans, et c'est utile à ma fleur, que je les possède. Mais tu n'es pas utile aux étoiles.

Saint-Exupéry, *Le Petit Prince*, Folio Junior, Gallimard, 1987, p. 48-49.

SAINT-EXUPÉRY

▶ Antoine de Saint-Exupéry est né en 1900 à Lyon. Orphelin de père à l'âge de quatre ans, il grandit en Provence, dans le sud de la France, et gardera toute sa vie une vive nostalgie de son enfance.

Il se révèle à la fois artiste et homme d'action. Alors qu'il fait ses études à l'École des beaux-arts, il commence à rêver de piloter un avion. Il profite de son service militaire pour passer son brevet de pilote et la première nouvelle qu'il publie s'intitule *L'Aviateur*.

Engagé comme pilote dans une compagnie aéronautique de courriers, Saint-Exupéry voyage beaucoup. En Mauritanie, il découvre le désert, et en Argentine, où il met en service les lignes postales aériennes, il rencontre l'amour. Elle s'appelle Consuelo, et c'est une artiste, à la fois écrivain, peintre et sculpteur. Ils se marient en 1931 mais leur entente ne durera pas.

▶ La vie de Saint-Exupéry est profondément perturbée par un accident qui aurait pu lui être fatal. Lors du raid New York-Punta Arenas, son avion s'écrase et il est grièvement blessé. Sa longue convalescence le plonge dans un sentiment profond de solitude et de dépression. Quand la Seconde Guerre mondiale survient, il sent renaître en lui un désir d'action et s'engage dans la Résistance. Le 31 juillet 1944, il décolle de Corse avec son avion pour une mission dont il ne reviendra pas. Suicide ou sabotage ? On ne le saura jamais, car son avion disparaît en Méditerranée. Il part ainsi rejoindre une autre planète, *« ce monde de souvenirs d'enfant qui me semblera toujours désespérément plus vrai que l'autre »*.

▶ C'est la vérité de l'enfance qu'il retrouve dans l'écriture. Fasciné par les grands espaces, le silence du désert et les tribus nomades, il publie *Courrier Sud*, puis *Vol de nuit*, qui s'inspirent de ses nombreux vols en Argentine.

Dans *Terre des hommes*, qu'il écrit pendant sa convalescence, il raconte la survie de son ami, le pilote Guillaumet, qu'il a sauvé en Argentine, ainsi que la disparition de Mermoz et sa traversée de l'Atlantique.

À la suite de nombreux reportages en Union soviétique, Saint-Exupéry rédige *Pilote de guerre* et commence *Citadelle*. Et c'est pendant l'été 1942 qu'il entreprend l'illustration de ce qui deviendra son œuvre phare, *Le Petit Prince*.

Le Petit Prince

■ Depuis des années, un petit personnage, une sorte d'image de lui-même enfant, habite l'imaginaire de Saint-Exupéry. En 1943, il se matérialise enfin au travers du Petit Prince, héros d'un livre destiné aux enfants. L'ouvrage a été traduit en 103 langues et il est l'un des plus lus de la planète.

■ Dans cette histoire, le Petit Prince fuit sa minuscule planète parce qu'il a des problèmes avec une fleur... Dans son périple d'étoile en étoile, il rencontre des gens très bizarres, des adultes qu'il ne comprend pas : un roi, un vaniteux, un buveur, un businessman et un allumeur de réverbères. Mais chaque fois qu'il est confronté à ces personnages, comme ici l'homme d'affaires, le Petit Prince se rend compte à quel point la relation avec sa précieuse fleur est essentielle.

EXPLICATIONS

Argumenter

► Le businessman développe ses arguments. Son langage a la sécheresse de la logique :

– *Alors elles sont à moi, car j'y ai pensé le premier,* dit-il en parlant des étoiles.

En français pour lier deux idées dont une dépend de l'autre, pour les articuler, on utilise des mots comme **alors** ou **donc**. Ils expriment la conséquence et en même temps insistent sur la déduction.

« Il y a des cendriers ici. **Alors**, on peut fumer dans le bureau ? »

– *Alors elles sont à moi,* dit le businessman, qui est très calculateur.

Se moquer, parodier

► Les pronoms toniques.

Saint-Exupéry se moque du businessman. L'homme d'affaires répète en effet de façon mécanique et infantile :

En parlant du diamant → **Il est à toi.**
En parlant de l'île → **Elle est à toi.**
En parlant de l'idée → **Elle est à toi.**

► Pour exprimer la possession, on peut employer cette expression, d'ailleurs très utilisée par les enfants : « **C'est à moi !** »

« Cette balle **est à moi** ! Je ne veux pas te la prêter ! »

– *Alors elles sont à moi,* dit le businessman en parlant des étoiles, puisque personne avant lui n'a songé à les revendiquer.

► Les adjectifs possessifs.

Les adjectifs possessifs, **mon**, **ton**, **son**, **mes**, **tes**, **ses**, expriment la possession comme **à** + les pronoms **moi**, **toi**, **soi**.

Dans ce dialogue on aurait alors :
Et pour les étoiles :

Elles sont à moi, → ce sont **mes** étoiles.
Pour le diamant :

Il est à toi, → c'est **ton** diamant.
Pour une île :

Elle est à toi, → c'est **ton** île.
Pour l'idée :

Elle est à toi, → c'est **ton** idée.

Demander des explications, poser des questions

► Apprendre et comprendre.

Le Petit Prince demande d'abord :
– *Comment posséder les étoiles ?*
– *Ça suffit ?*

Quand le businessman dit que les étoiles sont à lui parce qu'il y a pensé le premier, le Petit Prince voudrait en savoir plus :
– *Et qu'en fais-tu ?*
– *Qu'est-ce que ça veut dire ?*

► Questions et réponses.

Quand on demande des informations, on peut poser un certain nombre de questions simples :
« **Qui ?** » ou « **Qui est-ce ?** » pour connaître l'identité de quelqu'un.
« **Quoi ?** » ou « **Qu'est-ce que c'est ?** » pour connaître la nature de l'objet.
« **Où** » pour connaître le lieu, « **quand** » pour connaître le moment, « **comment** » pour la manière ou le moyen, « **pourquoi** » pour savoir la cause.

« Papa, **pourquoi** je dois me laver les mains avant de me mettre à table ? »

« **Qu'est-ce que ça veut dire ?** », est aussi très fréquent.

« Maman, anarchisme, **qu'est-ce que ça veut dire** ? »

À la question du Petit Prince :
– *Qu'est-ce que ça veut dire ?*

Le businessman reprend exactement les termes de la question pour répondre.

– *Ça veut dire que j'écris sur un petit papier le nombre de mes étoiles. Et puis j'enferme à clef ce papier-là dans un tiroir.*

Certaines questions appellent le type de réponse correspondante :
L'expression **parce que**, la plus commune, arrive en réponse à la question **pourquoi** :
– Je ne peux pas regarder la télévision papa, **pourquoi** ?
– **Parce que** tu dois te coucher tôt.

Déçu et révolté par les réponses de ce businessman à l'existence inutile et absurde, Le Petit Prince s'en va visiter d'autres planètes.

ACTIVITÉS

I. Compréhension orale

a Repérages

1. La musique ressemble à :
- ❏ une berceuse
- ❏ un hymne national
- ❏ une musique sidérale *astrale* —

2. On entend parler :
- ❏ un renard et un enfant
- ❏ un homme et un enfant —
- ❏ une rose et un enfant

b Compréhension globale

1. Dans quel ordre apparaissent ces mots pour la première fois ?
a) foulard – **b)** fleur – **c)** diamant –
d) étoile – **e)** banque – **f)** volcan – **g)** tiroir
1. d. – **2.** c. – **3.** a. –
4. e. – **5.** g. – **6.** b. – **7.** f.

2. De quel sujet parle-t-on ? Cocher une ou plusieurs cases : *le possession*
- ❏ de pauvreté
- ❏ de paix
- ❏ de pouvoir —
- ❏ de maladie
- ❏ d'amour
- ❏ de guerre
- ❏ de tremblement de terre
- ❏ d'amitié

3. Où ?
▶ Associez les éléments :
1. les étoiles — **a)** autour du cou
2. le foulard — **b)** dans le tiroir
3. le papier — **c)** dans la banque
4. les volcans — **d)** sur la petite planète

4. Quoi ?
Sélectionnez les verbes d'action que vous entendez.
▶ Le businessman
- ❏ calcule
- ❏ rame
- ❏ rêve
- ❏ compte
- ❏ écrit *écris*
- ❏ possède
- ❏ dort

c Compréhension détaillée

1. Complétez les phrases avec les groupes de mots suivants entendus : *Bien sûr – Ça c'est vrai – le premier – il est à toi – C'est difficile – Ça veut dire que – Comment peut-on – Je ne sais pas.*
a) … posséder les étoiles ?
b) … . À personne.
c) … . Quand tu trouves un diamant qui n'est à personne, … .
d) Quand tu as une idée … .
e) … . Et qu'en fais-tu ?
f) Je les compte et je les recompte.
g) … j'écris sur un petit papier le nombre de mes étoiles.

2. Laquelle de ces phrases est celle que vous entendez ?
- ❏ quand tu as une idée le premier, tu peux la prêter.
- ❏ quand tu as une idée le premier tu la fais prospérer.
- ❏ quand tu as une idée le premier, tu la fais breveter.

3. Remettez les éléments suivants dans l'ordre pour reconstituer le sens de la phrase entendue.
a) et l'emporter – **b)** Mais tu ne peux pas –
c) Moi, si je possède – **d)** autour de mon cou
– **e)** cueillir les étoiles – **f)** un foulard –
g) je puis le mettre.
1. c. – **2.** f. – **3.** g. –
4. d. – **5.** e. – **6.** b. – **7.** e.

4. Mettez les phrases suivantes dans l'ordre d'écoute.
a) C'est utile à mes volcans, et c'est utile à ma fleur, que je les possède.
b) Je possède trois volcans que je ramone toutes les semaines.
c) On ne sait jamais.
d) Moi, je possède une fleur que j'arrose tous les jours.
e) Mais tu n'es pas utile aux étoiles.
f) Car je ramone aussi celui qui est éteint.
1. d. – **2.** b. – **3.** f. –
4. c. – **5.** a. – **6.** e.

II. Expression orale

1 a) Le Petit Prince n'est pas du tout d'accord avec le businessman. À chaque fois, il trouve une bonne raison de le contredire à propos de la possession des étoiles. Jouez cette nouvelle scène entre le Businessman et le Petit Prince.

b) Répondez à toutes les questions du Petit Prince, mais différemment du businessman.
Exemple : – Comment peut-on posséder les étoiles ?
– Ce n'est pas difficile, on...

2 Vous parlez à un ami d'une plante ou d'une fleur que vous aimez beaucoup et vous dites comment vous en prenez soin.

III. Compréhension écrite

1 Relevez dans le texte combien de fois le businessman dit « je ». 9

2 Relevez la phrase où le businessman explique pourquoi il possède les étoiles.
puisque jamais ....

3 Comment le businessman peut-il posséder des étoiles ? Ses phrases sont répétitives :

a) Relevez les différentes étapes de sa démonstration avec les actions à accomplir successivement. *gérer compter recompter les placer en banque*
b) À la fin de l'opération, que met-il dans son tiroir ? *un petit papier*

4 Relever le vocabulaire

• Le Petit Prince utilise les verbes **arroser, cueillir,** et les noms **étoile, île, fleur, volcan**

• Le Businessman utilise les verbes **posséder, breveter, gérer, compter, placer, enfermer,** et les noms **argent, diamant, banque, papier.**

Comment ces mots définissent-ils respectivement les deux personnages ?

5 Pourquoi le Petit Prince dit-il au businessman qu'il n'est pas utile aux étoiles ?
❑ Parce qu'il veut rester sur une île.
❑ Parce qu'il ne s'en occupe pas.
❑ Parce qu'il préfère les roses.

6 Observez le texte. Le businessman parle beaucoup au début. Pourquoi le temps de parole du Petit Prince est-il beaucoup plus long dans la dernière phrase ? A-t-il été convaincu par la démonstration du businessman ?

IV. Expression écrite

1 Pour votre anniversaire, on vous dit qu'on vous offre une planète (une étoile, tout là-haut dans le ciel) qui va porter votre nom : dites ce que vous allez faire avec et exprimez vos sentiments.

2 La fleur se plaint d'avoir été abandonnée par le Petit Prince, sur une toute petite planète où elle est seule. Écrivez le monologue de la fleur.

3 Vous écrivez une lettre à un oncle qui est banquier : vous critiquez son choix professionnel, avec des arguments, et justifiez votre façon de vivre, bohème.

V. Culture

• Il y a un grand Salon en France où l'on fait breveter les bonnes idées avec un concours où l'on gagne des prix : le concours Lépine.
Que veut dire « système D » ?
Donnez un exemple d'une idée utile.

• Peut-on voir de votre pays l'étoile du Berger ? *Venus*

• Quelles sont les planètes du système solaire ? Les a-t-on toutes explorées ?

• Y-a-t-il des différences entre Planète, Comète, Étoile, Étoile filante ?

• Le premier homme à avoir voyagé dans l'espace était de quel pays ?
❑ Chine
❑ États-Unis
❑ Union soviétique

• Que pensez-vous de l'image de businessman qui nous est donnée ici ? Cette image est-elle aussi négative dans votre pays ?
Pourquoi une telle critique ?

• Le Petit Prince est paraît-il le livre le plus lu et le plus traduit dans le monde avec la Bible. Cet extrait vous permet-il d'expliquer pourquoi ?

W ou le Souvenir d'enfance

W OU LE SOUVENIR D'ENFANCE

Otto Apfelstahl : – Je ne fume que le cigare, et encore, seulement après mon repas du soir.

Gaspard Winckler : – Êtes-vous médecin ?

Otto Apfelstahl : – En quoi le fait que je ne fume le cigare qu'après mon repas du soir vous conduit-il à penser que je puisse être médecin ?

Gaspard Winckler : – Parce que c'est une des questions que je me pose à votre sujet depuis que j'ai reçu votre lettre.

Otto Apfelstahl : – Vous en posez-vous beaucoup d'autres ?

Gaspard Winckler : – Quelques autres, oui.

Otto Apfelstahl : – Lesquelles ?

Gaspard Winckler : – Eh bien, par exemple, que me voulez-vous ?

Otto Apfelstahl : – Voilà en effet une question qui s'impose. Désirez-vous que j'y réponde tout de suite ?

Gaspard Winckler : – Je vous en serais très reconnaissant.

Otto Apfelstahl : – Puis-je auparavant vous poser une question ?

Gaspard Winckler : – Je vous en prie.

Otto Apfelstahl : – Vous êtes-vous demandé ce qu'il était advenu de l'individu qui vous a donné votre nom ?

Gaspard Winckler : – Pardon ?

Georges Perec, *W ou le Souvenir d'enfance*, Denoël, 1992, p. 29.

GEORGES PEREC

▶ George Perec, fils de Juifs polonais émigrés en France, perd ses parents pendant la Seconde Guerre mondiale. Il est adopté par une de ses tantes paternelles qui, cinq ans plus tard, en 1945, le fait venir à Paris, C'est là que le jeune homme, étudiant en lettres, puis en psychosociologie, écrit de nombreux romans, sans toutefois les publier.

Perec souffre, depuis son jeune âge, d'une profonde dépression, qu'il combat en entamant une psychanalyse. Les voyages qu'il fait au cours de son service militaire l'aident également à trouver un certain équilibre. En 1960, il se marie et occupe un poste de documentaliste au CNRS qu'il quitte quelques années plus tard, le succès venu, pour vivre de sa plume.

À quarante-six ans, Georges Perec meurt d'un cancer du poumon, laissant une œuvre inachevée mais forte.

▶ Il reste en effet l'un des écrivains les plus importants et les plus originaux de la littérature de la seconde partie du XXᵉ siècle. L'un de ses premiers livres, *Les Choses*, écrit en 1965, pose le problème des valeurs dans la société de consommation et révèle une tendance stylistique obsessionnelle à l'énumération, aux listes d'objets sans fin et aux descriptions méticuleuses de lieux. L'ouvrage est couronné d'un grand prix littéraire. D'autres œuvres comme *Quel petit vélo à guidon chromé* jouent sur les formes répétitives et le ton de la moquerie.

Ces jeux sont annonciateurs de *La Disparition*, roman écrit entièrement sans la lettre « e », voyelle la plus fréquente de la langue française, puis de son contraire, *Les Revenentes*, écrit sans utiliser d'autre voyelle que le « e ».

Ces explorations aboutissent à *La Vie mode d'emploi*, magistrale mise en scène de la vie des habitants d'un immeuble parisien. Perec a travaillé dix ans pour écrire ces quatre-vingt-dix-neuf chapitres où foisonnent êtres et objets, liés par des formes d'activités ludiques construites comme un puzzle ou un jeu d'échecs. Le livre reçoit le prix Médicis en 1978, l'une des plus hautes distinctions françaises avec le Goncourt.

L'autre veine, plus autobiographique, évoque des souvenirs dans *Je me souviens*, des rêves dans *La Boutique obscure*, et des lieux familiers dans *Espèces d'espaces*. Georges Perec y répète son interrogation fondamentale sur le sens de l'existence.

W ou le Souvenir d'enfance

■ Son œuvre la plus marquante est peut-être *W ou le souvenir d'enfance*. Georges Perec y mêle fiction et autobiographie, combinant ainsi l'invention et la mémoire : l'étrange histoire d'une société isolée dans l'île de *W.*, – qui se développe selon des normes olympiques – alterne avec une reconstitution de l'enfance de l'auteur et la disparition de ses parents pendant la guerre. Le tout évoque la folie meurtrière des camps de concentration nazis.

■ Cet extrait met en scène le héros, Gaspard Winkler, déserteur et réfugié dans une ville d'Allemagne. Il a reçu une lettre mystérieuse d'un certain Otto Apfelstahl, lui donnant rendez-vous dans un hôtel. Il redoute d'être découvert et reconnu mais, surmontant sa peur, décide d'aller au rendez-vous.

Les deux hommes se retrouvent au bar de l'hôtel. Gaspard et l'inconnu s'évitent dans leurs questions.

EXPLICATIONS

Interroger, demander des éclaircissements

► Le style du texte correspond à une forme d'interrogatoire construit sur des rapports de force à travers le dialogue. Aucun des interlocuteurs n'accepte de se dévoiler. Gaspard demande à Otto :

– Êtes-vous médecin ?

Otto réplique sans vraiment répondre à Gaspard qui ignore son identité :

– Voilà une question qui s'impose. Désirez-vous que j'y réponde tout de suite ?

► Les questions.
À la question finale d'Otto :

– Vous êtes-vous demandé ce qu'il était advenu de l'individu qui vous a donné votre nom ?

Gaspard ne peut s'empêcher d'exprimer sa surprise et s'exclame :

– Pardon ?

Ce mot bref illustre l'étonnement, c'est un appel à éclaircissements.

« – J'ai le regret de vous annoncer que voue êtes licencié.
– **Pardon** ? »

Pardon peut être aussi une invitation à répéter un propos :

« – Vous pouvez me donner du feu s'il vous plaît ?
– **Pardon ?** C'est à moi que vous parlez ? »

Pardon équivaut alors à « Je n'ai pas entendu ».
Pardon peut exprimer l'extrême surprise et même la colère :

« – Je trouve vraiment que tu dépenses trop pour tes fringues !
– **Pardon ?** »

Mais le sens propre de « pardon » est : **demander pardon / s'excuser.**

« J'étais furieux, mais je ne voulais pas te faire pleurer ! **Pardon**, mon amour ! »

Exprimer la restriction et la réserve

► La négation réductrice.

Otto laisse planer le mystère tout au long du dialogue, en indiquant des limites, dès qu'il parle de sa vie :

– Je ne fume que le cigare, et encore après mon repas du soir, déclare-t-il comme entrée en matière.

Ne... que, et **encore**, expriment une double restriction, selon l'action et la situation :

« – Un peu de café ?
– Merci, je **ne** bois **que** du thé...
et **encore** si j'ai très soif ! »
« – Je **ne** lis **que** *Le Monde diplomatique*, et **encore** pas tous les mois ! »

Et encore précise davantage les limites :

« – Je **n'**écoute **que** de la musique baroque, et **encore**, que du Haendel ! »

► Les énoncés explicatifs.

Dans le dialogue de Perec, les deux hommes sont prudents et réservés.

– En quoi le fait que je ne fume le cigare qu'après mon repas du soir vous conduit-il à penser que je puisse être médecin ? demande Otto.
– Parce que c'est une des questions que je me pose à votre sujet depuis que j'ai reçu votre lettre, répond Gaspard.

L'accumulation de subordonnées successives et trop explicatives alourdit le discours et le rend finalement peu clair.

► Et plus loin, quand Gaspard demande :

– Que me voulez-vous ?
– Voilà en effet une question qui s'impose, répond Otto, en faisant un froid commentaire au lieu de répondre.

Par ce jeu de non-réponses, nous n'apprenons rien sur l'identité des personnages ou sur les raisons de leur rencontre.

► Les mots **quelques, autres, lesquelles** entretiennent cette incertitude :

– Parce que c'est une des questions que je me pose à votre sujet, dit Gaspard.
*– Vous en posez-vous **beaucoup d'autres** ?* demande Otto.
*– **Quelques autres**,* oui, répond Gaspard.

L'indéfini est par définition utile quand on ne veut pas donner de précisions :

« – Je suis abonné à **quelques** mensuels, des magazines scientifiques.
– Mais lesquels ?
– Eh bien, *Science et Avenir* et **quelques autres**. »

ACTIVITÉS

I. Compréhension orale

a Repérages

1. D'après vous, nous nous trouvons :
- ❏ en prison
- ❏ dans un hôtel-restaurant
- ❏ dehors

b Compréhension globale

1. Qui sont ces hommes ?

L'un des deux est sans doute :
- ❏ buraliste
- ❏ médecin
- ❏ serveur

2. Pourquoi les deux hommes se rencontrent-ils ?
- ❏ pour se soigner.
- ❏ pour parler de leur famille.
- ❏ pour se passer des documents secrets.

3. Combien de questions entendez-vous ?
- ❏ 4
- ❏ 5
- ❏ 6
- ❏ 7
- ❏ 8
- ❏ 9

4. Replacez ces phrases dans l'ordre d'écoute.
a) Je vous en prie. – **b)** Lesquelles ? –
c) Pardon ? – **d)** Je vous en serais très reconnaissant. – **e)** que me voulez-vous ? –
f) Vous en posez-vous beaucoup d'autres ?

1. … – **2.** … – **3.** … – **4.** … – **5.** … – **6.** …

5. Combien de fois entendez-vous :

a) le mot « question »
- ❏ 1
- ❏ 2
- ❏ 3
- ❏ 4
- ❏ 5

b) le mot « lettre »
- ❏ 1
- ❏ 2
- ❏ 3

c Compréhension détaillée

1. Dites si ces phrases sont vraies ou fausses.

	Vrai	Faux	On ne sait pas
a) L'un des deux hommes ne sait pas pourquoi on lui a fixé rendez-vous.	❏	❏	❏
b) Ils sont à la recherche d'un enfant.	❏	❏	❏
c) L'un des deux hommes porte un pseudonyme.	❏	❏	❏
d) L'un des deux hommes est très nerveux.	❏	❏	❏
e) On comprend que l'un des deux hommes est un assassin.	❏	❏	❏

2. Qu'entendez-vous ? Choisissez la bonne phrase.

a) ❏ Je ne fume que le cigare, et encore, c'est seulement après, dans le noir.
❏ Je ne fume que le cigare, et encore, seulement après mon repas du soir.

b) ❏ Voilà en effet une question que je pose.
❏ Voilà en effet une question qui s'impose.

c) ❏ ce qu'il était devenu, l'individu qui vous a donné votre nom ?
❏ ce qu'il était advenu de l'individu qui vous a donné votre nom ?

3. Choisissez, dans la liste suivante, les mots entendus pour compléter les phrases.
a) chirurgien – indien – médecin – pharmacien
b) à votre avis – à votre santé – à vos amours – à vos marques – à votre sujet
c) par hasard – par fortune – par exemple – par amitié
d) très vite – sans suite – immédiatement – tout de suite
e) avant – enfin – en avant – auparavant – en venant

a) Êtes-vous … ?
b) c'est une des questions que je me pose ….
c) Eh bien … que me voulez-vous ?
d) Désirez-vous que j'y réponde … ?
e) Puis-je … vous poser une question ?

II. Expression orale

Jeu de rôle
Vous êtes en face de quelqu'un qui veut vous connaître, mais vous ne désirez donner aucune information sur vous : à toutes les questions que l'on vous pose, vous arrivez à éluder ou à poser vous-même des questions en guise de réponses.

Variante
Quelqu'un vous pose des questions et vous ne devez jamais répondre par oui ou par non.

III. Compréhension écrite

1 Quelles sont les tournures de style qui peuvent nous aider à comprendre de quelle nature est l'échange entre Otto et Gaspard ?
- ❏ le questionnement
- ❏ le discours impersonnel
- ❏ les formules de politesse

Citez les phrases qui correspondent à ce que vous avez coché ci-dessus.

2 Qu'apprend-on sur Otto ?
- ❏ Des informations sur sa profession.
- ❏ Des information sur son caractère.
- ❏ Des informations sur sa vie familiale.
- ❏ Presque rien.

3 Recopiez :

a) la phrase qui nous fait comprendre que c'est Otto qui désirait voir Gaspard et pas le contraire ;

b) la phrase qui nous fait deviner le sujet de la rencontre entre Otto et Gaspard.

4 Remplacez l'expression en gras par le terme équivalent.

a) En quoi ce fait **vous conduit-il** à penser que je puisse être médecin ?
- ❏ vous porte-t-il
- ❏ vous tourne-t-il
- ❏ vous assure-t-il

b) Que me voulez-vous ?
- ❏ Que souhaiteriez-vous ?
- ❏ Qu'attendez-vous de moi ?
- ❏ Pourquoi m'attaquer ?

c) L'individu qui vous a donné votre nom.
- ❏ le gangster
- ❏ la personne
- ❏ l'autorité

IV. Expression écrite

1 Simplifier.

Transformez les phrases suivantes en supprimant **que.** Faites deux ou trois phrases courtes à la place ; utilisez des verbes plus simples de construction.

a) « En quoi **le fait que** je **ne** fume le cigare **qu'**après mon repas du soir vous conduit-**il à penser que je puisse** être médecin ? »

b) « **Parce que** c'est une des questions **que** je me pose à votre sujet **depuis que** j'ai reçu votre lettre. »

c) « Vous êtes-vous demandé **ce qu'il** était advenu de l'individu **qui** vous a donné votre nom ? »

2 Registre de langue.

Dans le dialogue, remplacez les formules trop polies et écrites de l'échange par un langage plus parlé et direct.

3 Expliquez la phrase « Vous êtes-vous demandé ce qu'il était advenu de l'individu qui vous a donné votre nom ? »

Écrivez la suite : Otto raconte à Gaspard tout ce qu'il sait de la vie de cet homme (100 mots).

V. Culture

• Otto dit :
Vous êtes-vous demandé ce qu'il était advenu de l'individu qui vous a donné votre nom ?

Quel est l'individu qui nous donne son nom, en général ? Qu'est-ce qui est pratiqué dans votre pays ? Portez-vous deux noms ?

• George Perec faisait partie de l'Oulipo, « Ouvroir de littérature potentielle ». Ce groupe fut créé en 1956 par François le Lyonnais et Raymond Queneau connu surtout pour ses *Exercices de style* et *Zazie dans le métro*.

Voici un exercice appelé « La contrainte du prisonnier » : amusez-vous à écrire un petit texte (une courte lettre à votre petit[e] ami[e]) avec un alphabet restreint, en éliminant toutes les lettres à hampe ou à jambe : b, d, f, g, h, j, k, l, p, q, t, y, z.
Il vous reste pour écrire : **a, c, e, i, m, n, o, r, s, u, v, w, x.**

LA LEÇON

Le professeur : – Continuons, continuons, dites quand même !

L'élève : – En français ?

Le professeur : – En français.

L'élève : – Euh… que je dise en français : les roses de ma grand-mère… sont… ?

Le professeur : – Aussi jaunes que mon grand-père qui était asiatique…

L'élève : – Eh bien, on dira, en français, je crois : les roses… de ma… comment dit-on grand-mère, en français ?

Le professeur : – En français ? Grand-mère.

L'élève : – Les roses de ma grand-mère sont aussi… jaunes, en français, ça se dit jaunes ?

Le professeur : – Oui, évidemment !

L'élève : – Sont aussi jaunes que mon grand-père quand il se mettait en colère.

Le professeur : – Non… qui était a…

L'élève : – siatique… J'ai mal aux dents.

Le professeur : – C'est cela.

L'élève : – J'ai mal…

Le professeur : – Aux dents… tant pis… Continuons ! À présent, traduisez la même phrase en espagnol, puis en néo-espagnol…

L'élève : – En espagnol ce sera : les roses de ma grand-mère sont aussi jaunes que mon grand-père qui était asiatique.

Le professeur : – Non. C'est faux.

L'élève : – Et en néo-espagnol : les roses de ma grand-mère sont aussi jaunes que mon grand-père qui était asiatique.

Le professeur : – C'est faux. C'est faux. C'est faux. Vous avez fait l'inverse, vous avez pris l'espagnol pour du néo-espagnol, et le néo-espagnol pour de l'espagnol… Ah ! Non, c'est le contraire…

Eugène Ionesco, *La Leçon*, Folio, Gallimard, 1972, p. 127-128-129.

EUGÈNE IONESCO

▶ Roumain par son père et Français par sa mère, Eugène Ionesco naît en Roumanie en 1909, mais passe son enfance à Paris. Après le divorce de ses parents, il rentre avec son père à Bucarest où il étudie la littérature française. C'est à l'université qu'il rencontre sa femme, étudiante en philosophie, et qu'il publie divers écrits. Il se situe dans l'avant-garde roumaine. Mais Ionesco supporte mal le régime politique roumain et choisit bientôt de retourner en France, sa seconde patrie.

À Paris, il fait la connaissance des surréalistes et fréquente ses compatriotes Cioran et Mircea Eliade. Rencontres qui vont influencer son œuvre littéraire et théâtrale de façon décisive.

Élu à l'Académie française en 1970, il disparaît en 1994, laissant l'image d'un homme obsédé par la solitude et la fatalité de la mort.

▶ Comme certains de ses contemporains auteurs de théâtre, Ionesco choisit d'être un écrivain de langue française. Mais sa dramaturgie est marquée par les souffrances d'une adolescence partagée entre deux pays. Le théâtre est pour lui un moyen privilégié d'exprimer ces contradictions et de mettre en évidence les incohérences humaines.

Dans les années 50, ses premières pièces, *La Cantatrice chauve* et *La Leçon*, s'en prennent sur un mode grinçant à la société et à son langage. Il traque les stéréotypes conformistes, l'absurde et la non-communication.

On retrouve ce sentiment d'extrême solitude dans d'autres pièces. Avec les années, ce sentiment s'enracine et, dans *Rhinocéros*, Ionesco conclut que les hommes ne sont que des monstres les uns pour les autres.

Dans ses dernières pièces, *La Soif et la Faim* et *Le roi se meurt*, il ne met plus en scène que de pauvres ébauches de héros se débattant face au triomphe du néant absolu.

La Leçon

■ *La Leçon* est un drame absurde, comme l'indique le sous-titre, « *Comment un professeur, atroce, sadique, s'y prend pour tuer une à une toutes ses malheureuses élèves* ».

On y voit un professeur dominer totalement par la parole l'une de ses élèves.

Il lui inflige une leçon de linguistique comparée des langues néo-espagnoles, inventées par Ionesco. Un torrent de paroles, où alternent science véritable et incohérence, s'abat sur l'élève. Le professeur lui demande de répéter une phrase, toujours la même, dans toutes les langues.

EXPLICATIONS

Demander confirmation

► Le ton dominant de cette scène est l'humour mêlé à la cruauté.

L'élève, qui sent monter la fureur de son professeur, perd ses moyens. Elle ne sait plus dans quelle langue il faut s'exprimer.

– *Euh... que je dise en français : les roses de ma grand-mère... sont... ?*

De fait, cette phrase est un raccourci pour :

– ***Vous voulez que*** *je dise en français : les roses de ma grand-mère sont... ?*

► **Que + le subjonctif** a valeur de demande de confirmation.

On peut dire par exemple :

« **Que je fasse** dix minutes de gymnastique en me levant ? C'est cela que vous voulez, docteur ? »

Dans le cas de l'élève, le désarroi et l'étonnement dominent et elle ne peut terminer sa phrase :

– *Euh, que je dise en français : les roses de ma grand-mère... sont... ?*

► Très perturbée, elle utilise aussi des phrases et des tournures qui montrent son indécision :

– *Eh bien, on dira, en français, je crois : les roses... de ma... comment dit-on... [...] jaunes en français, ça se dit jaunes ?*

Quand on manque de confiance en soi, pour commencer ses phrases, on utilise généralement des interjections :

« **Eh bien** » ou « **Ah mais...** »

On peut aussi utiliser des futurs pour exprimer la prudence : « **On dira** ».

Enfin, des périphrases interrogatives de confirmation : « **Ça se dit comme ça ?** ».

Exprimer l'impatience

Utilisant sans cesse des impératifs, le professeur devient très nerveux et adopte un ton péremptoire.

– *Continuons, continuons,* dit-il, désireux de faire avancer le plus rapidement possible la leçon.

– *... dites quand même,* ordonne-t-il ensuite, à seule fin de contrôler l'élève.

– *... tant pis !... À présent, traduisez...,* s'exclame-t-il pour pousser l'élève à accomplir de nouvelles tâches.

Ce « traduisez » constitue le nœud du dialogue : la phrase qui est alors donnée à traduire est totalement absurde et intraduisible puisqu'il s'agit déjà de français.

Les roses de ma grand-mère sont aussi jaunes que mon grand-père qui était asiatique.

► Tout au long du dialogue, on constate l'autoritarisme du professeur :

– *Les roses de ma grand-mère... sont...*

– *Aussi jaunes que mon grand-père qui était asiatique,* complète immédiatement le professeur.

– *Comment dit-on grand-mère, en français ?* demande timidement l'élève.

– *En français ? Grand-mère,* reprend le professeur d'un ton méprisant suscité par l'ignorance de l'élève.

► Dans la vie courante, on reprend souvent la fin d'une phrase quand la réponse est trop évidente :

« – Quelle est la capitale de la France, déjà ?

– La capitale de la France ? Paris. », dira avec condescendance la personne interrogée.

De même, l'élève de Ionesco demande :

– *... jaunes en français, ça se dit jaunes ?*

– *Oui, évidemment !,* réplique impatiemment le professeur.

► « **Évidemment** » est l'expression d'une opinion. On pourrait tout aussi bien utiliser une autre expression :

« – Jaunes, en français, ça se dit jaunes ? »

Et le professeur pourrait répondre :

« – **Bien sûr**, vous ne savez pas ? »

Exprimer la douleur, la peur

L'élève, qui s'est trompée, est épuisée. Elle supporte mal toutes ces pressions et se plaint :

– *J'ai mal aux dents.*

Ce mal aux dents traduit l'emprise physique du professeur sur l'élève : elle subit une leçon de linguistique et son mal est en relation avec la bouche, le langage, la parole. Et elle répète sans pouvoir rien articuler d'autre :

– *siatique... j'ai mal aux dents. / J'ai mal.*

ACTIVITÉS

I. Compréhension orale

a Repérages

1. On entend :
- ❏ un violon
- ❏ un piano
- ❏ une flûte

2. Les deux personnes qui parlent sont :
- ❏ deux enfants
- ❏ un père et sa fille
- ❏ un professeur et son élève

b Compréhension globale

1. Quel est le sujet du dialogue :
- ❏ la connaissance des fleurs.
- ❏ la connaissance de certaines langues.
- ❏ la connaissance de l'Asie.
- ❏ la connaissance de certaines maladies.

2. Dans quel ordre apparaissent ces mots pour la première fois ?
a) espagnol – **b)** asiatique – **c)** grand-mère – **d)** français – **e)** grand-père – **f)** néo-espagnol

1. … – **2.** … – **3.** … – **4.** … – **5.** … – **6.** …

3. Combien de fois entendez-vous :

a) rose
- ❏ 2
- ❏ 3
- ❏ 4
- ❏ 5
- ❏ 6

b) jaune
- ❏ 2
- ❏ 3
- ❏ 4
- ❏ 5
- ❏ 6

c) dents
- ❏ 1
- ❏ 2
- ❏ 3
- ❏ 4

4. En combien de langues l'élève doit-elle traduire la phrase ?
- ❏ 1
- ❏ 2

- ❏ 3
- ❏ 4
- ❏ 5

c Compréhension détaillée

1. Dites si ces phrases sont vraies ou fausses.

	Vrai	Faux
a) La jeune fille doit répéter une phrase en français.	❏	❏
b) Elle doit traduire la phrase en néo-zélandais.	❏	❏
c) Elle ne connaît que l'espagnol.	❏	❏
d) L'élève souffre de mal de tête.	❏	❏
e) L'homme est très impatient.	❏	❏

2. Remettez ces phrases dans l'ordre d'écoute.
a) Oui, évidemment ! – **b)** Euh… que je dise en français – **c)** Non. C'est faux – **d)** J'ai mal – **e)** En français. – **f)** C'est cela – **g)** C'est faux. C'est faux. C'est faux. – **h)** En français ? Grand-mère

1. … – **2.** … – **3.** … – **4.** … – **5.** … – **6.** … – **7.** … – **8.** …

3. Choisissez le mot qui convient.

a) Eh bien, on ⬚traduira dira⬚, en français, je crois.

b) Les roses de ma grand-mère sont ⬚très aussi⬚ … jaunes.

c) … mon grand-père, quand il ⬚se mettait se montait⬚ en colère.

d) ⬚Maintenant À présent⬚ traduisez ⬚la même cette⬚ phrase en espagnol.

e) En espagnol ⬚ce sera ça donnera⬚ : les roses de ma grand-mère.

f) Vous avez fait ⬚le contraire l'inverse⬚.

II. Expression orale

l Variation

Le professeur donne sa leçon de langue étrangère à l'élève. Il lui fait répéter la phrase. L'élève se révolte et tourne le professeur en ridicule.

III. Compréhension écrite

❶ Relevez dans le texte les phrases qui montrent que :

– le professeur est :
  a) furieux
  b) impatient

– l'élève
  a) hésitante

❷ Relevez tous les impératifs du texte. Que nous apprennent-ils sur le professeur ?

❸ Recopiez la phrase que l'élève a à traduire et le nom des langues dans lesquelles elle doit faire la traduction.

❹ La façon de s'exprimer de l'élève et du professeur change au cours du dialogue.
Relevez les phrases qui montrent le désintérêt progressif de l'élève.

❺ Qu'indiquent les répétitions des mots et des phrases :
  a) pour l'élève – **b)** pour le professeur
  ❏ de la fatigue
  ❏ de la pédagogie
  ❏ de l'obsession
  ❏ de la logique

❻ Est-ce que le professeur est content de son élève ? Pourquoi ?

IV. Expression écrite

❶ Complétez toutes les phrases inachevées de l'élève.

❷ Changez le temps de certains verbes et rajoutez des formules de politesse afin de faire du professeur quelqu'un d'aimable et d'encourageant.

❸ L'élève n'est pas contente. Elle écrit une lettre au proviseur pour se plaindre du professeur et du contenu de son cours.

❹ Le professeur rentre chez lui, déprimé. Il pense qu'il va cesser d'enseigner, car ce métier est trop difficile et il n'obtient que peu de résultats. Écrivez le monologue.

V. Culture

• Comment avez-vous appris les langues étrangères ? Pensez-vous que la répétition est la clé de l'apprentissage ?
« Répétez : les roses de ma grand-mère sont aussi jaunes que mon grand-père qui était asiatique. » Comprenez-vous la phrase ? Que pensez-vous de cet exemple ?

• Certaines langues, comme le néo-espagnol dans le texte de Ionesco, ne sont pas naturelles. Ainsi, on a créé l'espéranto. Connaissez-vous cette langue ? Pourrait-elle servir de langue internationale ?

• Au XIXe siècle, comme on le voit dans certains romans, ce sont des précepteurs ou répétiteurs (professeurs à domicile) qui donnent des cours aux enfants dans les familles aisées.

En France, l'école est publique et obligatoire jusqu'à 16 ans. Si l'élève ne peut suivre les cours en classe, il peut s'inscrire aux cours à distance du CNED (Centre national d'enseignement à distance).

L'école primaire dure cinq ans. Puis l'élève entre au collège pour quatre ans jusqu'à la 3e. Ensuite il va au lycée durant trois ans et passe le baccalauréat qui marque la fin des études secondaires.

Dans les programmes, l'accent est mis sur la culture générale mais au lycée on peut choisir entre : lettres, économie et sciences.

• Chez vous, comment s'organise la scolarité, et quelles sont les disciplines abordées ?

LE MALADE IMAGINAIRE

Argan : – Ah ! ma femme, approchez.

Béline : – Qu'avez-vous, mon pauvre mari ?

Argan : – Venez-vous-en ici à mon secours.

Béline : – Qu'est-ce que c'est donc qu'il y a, mon petit fils ?

Argan : – Ma mie !

Béline : – Mon ami !

Argan : – On vient de me mettre en colère !

Béline : – Hélas ! Pauvre petit mari ! Comment donc, mon ami ?

Argan : – Votre coquine de Toinette est devenue plus insolente que jamais.

Béline : – Ne vous passionnez donc point.

Argan : – Elle m'a fait enrager, ma mie.

Béline : – Doucement, mon fils.

Argan : – Elle a contrecarré, une heure durant, les choses que je veux faire.

Béline : – Là, là, tout doux !

Argan : – Et a eu l'effronterie de me dire que je ne suis point malade.

Béline : – C'est une impertinente.

Argan : – Vous savez, mon cœur, ce qui en est.

Béline : – Oui, mon cœur ; elle a eu tort.

Argan : – M'amour, cette coquine-là me fera mourir.

Béline : – Éh, là ! éh, là !

Argan : – Elle est cause de toute la bile que je fais.

Béline : – Ne vous fâchez point tant.

Molière, *Le Malade imaginaire*, Classique Larousse, 1965, p. 50-51.

MOLIÈRE

▶ Jean-Baptiste Poquelin, dit Molière, est né en 1622. En tant qu'aîné de la famille, il aurait dû être « tapissier et valet de chambre du roi », tout comme son père. Mais, très tôt, il fait la connaissance des Béjart, une famille originale et passionnée de théâtre. Avec eux, il fonde l'Illustre-Théâtre et prend le nom de Molière sous lequel il deviendra célèbre. Dès lors, Il vit avec la talentueuse Madeleine Béjart et parcourt la France avec sa troupe. De retour à Paris, avec une solide réputation de comique, il commence à écrire lui-même. Il crée avec beaucoup de succès un personnage de valet moqueur et intelligent nommé Scapin. C'est ainsi qu'il ne tarde pas à faire la conquête du roi Louis XIV et de la Cour. Sa troupe s'installe au Palais-Royal : c'est la consécration. À cette époque faste, il épouse la jeune Armande Béjart, de vingt ans sa cadette et sœur de Madeleine, a-t-on dit. Molière ne cesse d'écrire mais, à partir de 1666, certaines de ses pièces, jugées trop critiques, sont interdites par le roi. C'est le début d'une période noire qui le laisse affaibli.

▶ En 1673, lors de la quatrième représentation du *Malade imaginaire*, dont il incarne lui-même le personnage principal, il succombe sur scène à une hémorragie pulmonaire. La profession de comédien étant frappée d'excommunication, il est enterré de nuit, à la sauvette, sans sacrement.

▶ Quelques années plus tard, le roi fait fusionner l'ancienne troupe de Molière avec celle de l'hôtel de Bourgogne, sa rivale, pour fonder ce qui devient La Comédie-Française. Par ce geste, il rend un hommage posthume au grand homme de théâtre.

▶ Molière a toujours mêlé musique et danse à son théâtre, mais c'est par le rire que son génie rend le mieux la vérité de la nature humaine. Cela est particulièrement vrai dans *Les Précieuses ridicules*. Dans *L'École des femmes*, sa première œuvre maîtresse, il traite de l'éducation des femmes, de leur droit au savoir et de l'amour extra-conjugal. La pièce suivante, *Le Tartuffe ou l'Imposteur*, met en scène un dévot hypocrite, un homme qui se prétend très attaché à la religion et à ses pratiques. Après cinq ans de représentations, la pièce est interdite. Dans les deux chefs-d'œuvre suivants que sont *Dom Juan* et *Le Misanthrope*, Molière pose alors la question de la vérité de soi sur scène. Mais ces pièces, trop pessimistes, sont aussi interdites par le roi.

Le Malade imaginaire

■ Dans *Le Malade imaginaire*, le personnage principal s'appelle Argan. Il est persuadé d'être malade, alors qu'il jouit d'une excellente santé. Béline, la femme d'Argan, encourage les travers de son mari. Dans cet extrait, on voit comment elle s'y prend pour enfoncer son mari dans sa maladie imaginaire. Celui-ci s'est fâché avec sa servante Toinette et il cherche un réconfort auprès de sa femme.

EXPLICATIONS

La négation

Au XVIIᵉ siècle, on utilise beaucoup **point**, à la place de **pas**, dans la forme négative.

*Ne vous passionnez donc **point**,* dit Béline pour : « **Ne** vous passionnez donc **pas.** »
Et aussi *Ne vous fâchez **point*** pour : « **Ne** vous fâchez **pas.** »

Tout comme Argan, qui dit :
– *Et a eu l'effronterie de me dire que je **ne** suis **point** malade.*

Plaindre / Se plaindre

► Béline, hypocrite, plaint son mari pour lui plaire et utilise sans sincérité des mots tendres :
– *Mon pauvre mari*
– *... mon petit fils*
– *Pauvre petit mari !*

L'adjectif **pauvre** mis devant le nom exprime l'affection et la pitié :
« Ce **pauvre** enfant ! Il doit aller à l'école même un lundi de Pentecôte ! »
« Mon **pauvre** petit chat ! Tu es tout mouillé ! »

Il en est de même du mot **petit**, qui exprime tendresse et affection :
« Enfin de retour dans notre **petite** maison ! »

► Argan utilise toutes les expressions de la plainte en commençant par un appel à l'aide :
– *Venez-vous en ici a mon secours.*

On emploie l'expression **au secours** quand on est agressé ou dans une situation désespérée.

Puis Argan accuse en employant des termes de plus en plus forts qui le transforment en une victime en danger de mort.
– *On vient de me mettre en colère !*
– *Elle m'a fait enrager...*
– *Elle a contrecarré...*
– *Et a eu l'effronterie...*
– *Cette coquine-là me fera mourir.*

Enfin Argan ajoute :
– *Elle est cause de toute la bile que je fais.*

Souvent les personnes qui se plaignent cherchent un responsable à leurs maux. Argan aurait pu dire : « C'est de sa faute. »

Flatter et déprécier

► Minauder.

Dans le dialogue de Molière, l'accumulation des mots tendres, qui les vide de leur sens, produit un effet comique.
– *Mon petit fils... mon ami... Mon cœur,* s'écrie Béline.
– *Ma mie... mon cœur... m'amour,* répond en écho Argan.

La façon de communiquer de Béline avec son mari ressemble davantage à une relation de mère à enfant que d'épouse à mari :
– *Qu'est-ce que c'est donc qu'il y a, mon petit fils ?*
– *Doucement, mon fils.*

Plus loin, elle prend le même genre d'attitude en utilisant des interjections consolatrices :
– *Hélas !*
– *Là, là, tout doux !*
– *Eh là ! Eh là !*

► Termes affectueux et / ou dépréciatifs.

Pour exprimer l'affection, on donne souvent aussi des noms d'animaux à ses enfants, surtout quand ils sont petits :
« Ma puce, mon chaton, mon canard, mon lapin, mon poussin... »

De façon familière, l'homme peut appeler sa femme (ou sa partenaire) :
« mon oiseau des îles », « ma poule », « ma cocotte ».

Les mots, selon le contexte social ou la situation de communication, peuvent avoir un sens très péjoratif et exprimer le mépris :
« Cette fille-là ! Ce n'est qu'une **poule de luxe**. »
« Méfie-toi de cette **souris** ! »

ACTIVITÉS

I. Compréhension orale

a Repérages

1. Avant le début du dialogue, on entend :
❑ trois sonneries
❑ plusieurs coups
❑ un sifflement

2. Les personnes qui parlent sont :
❑ une servante et son maître
❑ une mère et son fils
❑ un mari et sa femme

3. De quel sujet parlent-ils ?
❑ d'école
❑ de maladie
❑ de nourriture
❑ d'enterrement

b Compréhension globale

1. Combien de fois entendez-vous :

– mon ami
❑ 1
❑ 2
❑ 3

– mon cœur
❑ 1
❑ 2
❑ 3

– coquine
❑ 1
❑ 2
❑ 3

2. Dans quel ordre entendez-vous :
a) eh, là ! eh, là ! – **b)** Ah ! – **c)** Là, là – **d)** Hélas !

1. … – 2. … – 3. … – 4. …

3. Dans combien de phrases Argan parle-t-il de Toinette ?
❑ 2   ❑ 5
❑ 3   ❑ 6
❑ 4   ❑ 7

c Compréhension détaillée

1. De qui ou à qui parle-t-on dans ces phrases ? Attribuez-les aux personnes correspondantes :
1. Argan, **2.** Béline, **3.** Toinette

	A. de qui	**B.** à qui
a) *On vient de me mettre en colère.*	……	……
b) *Mon ami.*	……	……
c) *Elle m'a fait enrager…*	……	……
d) *M'amour…*	……	……
e) *Elle a eu tort.*	……	……
f) *Vous savez, mon cœur…*	……	……
g) *C'est une impertinente.*	……	……
h) *Ne vous donc fâchez point.*	……	……

2. Retrouvez la cause. Pourquoi Argan est-il furieux ?
❑ Parce que sa femme n'est pas venue le soigner.
❑ Parce que sa femme veut le quitter.
❑ Parce que sa servante lui a manqué de respect.
❑ Parce que sa servante lui a dit qu'il n'était pas malade.

3. Faites des hypothèses. Pourquoi sa femme est-elle gentille avec lui ?
❑ Parce qu'elle l'aime.
❑ Parce qu'il va mourir bientôt.
❑ Parce qu'elle veut son argent.

4. Remettez ces mots dans l'ordre d'écoute :
a) mourir – **b)** secours – **c)** bile – **d)** malade – **e)** mari

1. … – 2. … – 3. … – 4. … – 5. …

5. Dites si ces phrases sont vraies ou fausses :

	Vrai	Faux	On ne sait pas
a) Argan est vraiment malade.	❑	❑	❑
b) Toinette est vraiment insolente.	❑	❑	❑
c) Béline est vraiment hypocrite.	❑	❑	❑

II. Expression orale

❶ Jeu de rôle

Vous êtes un malade imaginaire et vous vous plaignez tout le temps. Un ami vient vous voir pour prendre de vos nouvelles : à chacune de ses questions, vous répondrez en trouvant toujours quelque chose d'autre qui ne va pas (et n'oubliez pas les expressions de la plainte !).

❷ Variation

Vous êtes furieux(-se) et transformez les répliques affectueuses de Béline en répliques peu amicales et impatientes.

III. Compréhension écrite

❶ Béline joue un rôle de modérateur envers son mari : relevez toutes les phrases où elle tente de le calmer.

❷ À quel acte de parole ces phrases correspondent-elles ?
   a) – *Elle m'a fait enrager...*
   b) – *Elle a contrecarré [...] les choses que je veux faire.*
   c) – *Et a eu l'effronterie de me dire...*
   d) – *Elle est cause de toute la bile que je fais.*

   flatter – accuser – se méfier – se plaindre

❸ Remplacez le vocabulaire ou les tournures très littéraires ci-dessous (en gras) par des mots ou des tournures en langue standard choisis dans la liste suivante :
a) Que se passe-t-il ? – **b)** Qu'est-ce qu'il y a ? – **c)** où va-t-on ? – **d)** aidez-moi – **e)** Elle s'est opposée aux – **f)** elle a permis – **g)** elle a cassé – **h)** pendant une heure – **i)** depuis longtemps – **j)** il y a une heure

   a) – *Venez-vous en ici à mon secours.*
   b) – *Qu'est-ce que c'est donc qu'il y a, mon petit fils ?*
   c) – *Elle a contrecarré, une heure durant, les choses que je veux faire.*

IV. Expression écrite

❶ Dans ce dialogue, certaines tournures sont affectueuses : mon ami, mon petit fils, mon fils et ma mie, m'amour (aujourd'hui désuètes). Remplacez ces mots, dans les phrases ci-dessous, par d'autres ayant le même sens, aussi affectueux mais plus usités (vous pouvez exagérer, donner des noms d'animaux...).
   a) – *Qu'est-ce donc qu'il y a, **mon petit fils** ?*
   b) – *Ma mie.*
   c) – *Mon ami.*
   d) – *Comment donc, **mon ami** ?*
   e) – *Elle m'a fait enrager, **ma mie**.*
   f) – *Doucement, **mon fils**.*
   g) – *M'amour, cette coquine-là me fera mourir.*

❷ D'après les propos d'Argan, faites le portrait de Toinette.

❸ Argan écrit un mot à sa servante pour la congédier, en récapitulant tout ce qu'elle a fait contre lui (suivez les arguments du texte) : vous écrirez à la deuxième personne du pluriel et vous emploierez au moins une fois la négation « **ne... point** » au lieu de « **ne... pas** ».

V. Culture

• Savez-vous comment est mort Molière ? Ses pièces sont-elles traduites dans votre pays ?

•   – *Votre coquine de Toinette est devenue plus insolente que jamais.*
Comprenez-vous cette phrase ? Que remet-elle en cause ? Quelle doit être l'attitude d'une bonne servante envers ses maîtres ?

• Aujourd'hui, de nombreuses personnes de la classe moyenne ont une « femme de ménage ». Comment appelle-t-on les personnes qui servent et habitent sur place, dans la maison des maîtres ? Est-ce courant en France ? Chez vous ?

• Quelle guerre a eu lieu pour l'abolition de l'esclavage ? Quelle population formait les serviteurs des planteurs et des grands propriétaires, dans ce pays ?

L'ENFANT MULTIPLE

Le forain : – Tu fais partie d'une bande ?

Omar-Jo : – Moi, je ne fais partie de rien.

Le forain : – Si je t'emploie, il faut quand même que je sache d'où tu viens !

Omar-Jo : – Je ne te demande pas d'où tu viens. Un homme qui aime son manège, je n'ai pas besoin de savoir d'où il vient. Il est de ma famille.

Le forain : – De ta famille ? Où est-ce que tu vas chercher ça ?

Omar-Jo : – Pas la famille du sang, mais l'autre. Parfois ça compte beaucoup plus. On peut la choisir.

Le forain : – Tu veux dire que tu m'as choisi ?

Omar-Jo : – Oui, maintenant je te choisis !

Le forain : – Il faudrait que ce soit réciproque, tu ne penses pas ?

Omar-Jo : – Ça le sera.

Le forain : – Très flatté de votre choix. Sincèrement, très sincèrement, je vous en remercie, jeune homme !

Andrée Chédid, *L'Enfant multiple*, J'ai lu, Flammarion, 1989, p. 56-57.

ANDRÉE CHÉDID

▶ Andrée Chédid est née en 1920, au Caire, en Égypte, de parents libanais. Depuis l'âge de vingt-six ans, elle habite Paris, qu'elle a toujours aimé et où elle ne se considère pas comme une exilée. Le petit appartement vide où elle vit seule symbolise bien son univers dénué de fioritures et de frivolité. Pour elle, en effet, l'appartenance à un milieu, à une ville ou à une société est aliénante, les coutumes et la tradition sont des entraves. C'est en soi qu'on porte ses racines. Elle ne vit, par conséquent, que pour l'écriture. C'est sa véritable patrie. Elle a choisi de s'exprimer en français alors que ses premiers textes ont été écrits en anglais. Comme beaucoup de Libanais, elle est devenue bilingue par amour de la France.

▶ De son travail d'écriture, elle dit encore : « *Écrire, c'est très dur, avec de grandes fenêtres de joie… Les sujets que je choisis sont en général marqués par la tragédie et par l'espérance. Je veux garder les yeux ouverts sur les souffrances, le malheur, la cruauté du monde. Mais aussi sur la lumière, sur la beauté, sur tout ce qui nous aide à nous dépasser, à mieux vivre, à parier sur l'avenir.* » Andrée Chédid écrit depuis l'âge de dix-huit ans : de la poésie, du roman et du théâtre. Son œuvre est influencée par le théâtre classique grec et, dans son travail, elle pose la question de la place de l'individu dans la ville. Pendant dix ans, elle n'a écrit que de la poésie : vingt recueils de poèmes au total. Tous ses écrits sont marqués par une passion des mots, une connaissance parfaite de la langue française et un style simple et direct. De nombreuses distinctions lui ont été attribuées, couronnant les qualités remarquables de pensée, d'esprit d'indépendance et de style de ses ouvrages.

Dans ses premiers romans, Andrée Chédid s'inspire de l'histoire d'Égypte. Par la suite, elle s'intéresse à la vie des hommes simples, dans *Le Sommeil délivré* notamment, ou encore *Le Sixième Jour* et *L'Autre*, deux romans qui ont été adaptés au cinéma. Le drame libanais n'est pas pour autant oublié : *La Maison sans racines* et *L'Enfant multiple* y font tous deux référence.

L'Enfant multiple

■ *L'Enfant multiple*, qui nous intéresse ici, publié en 1991, raconte l'histoire d'Omar-Jo, né de l'amour d'un musulman et d'une chrétienne et devenu orphelin. Dans l'attentat qui coûte la vie à ses parents, il perd un bras et quitte le Liban pour venir vivre à Paris avec un oncle et une tante. Il va s'attacher à recréer une patrie en se rapprochant des saltimbanques, ces hommes du cirque marginaux.

■ *L'Enfant multiple* est une parabole sur le refus de l'exclusion, un hymne poétique au respect des cultures et des différences.

Dans cet extrait, nous faisons connaissance avec Maxime, le forain, dont les affaires vont mal. Un jour, dans son manège, il découvre Omar-Jo qui, amoureux de la vie des forains, le supplie de le prendre gratuitement à son service. Mais l'homme reste méfiant devant ce petit étranger. La scène se passe à Paris, place Saint-Jacques, au bas de la célèbre tour.

EXPLICATIONS

Les mots et les tournures de la méfiance

Le ton de l'enfant et celui du forain sont bien différents.

L'enfant est calme et sûr de lui, le forain est très énervé. Le discours du forain, agressif, se traduit par un vocabulaire et des tournures particulières :

– *Tu fais partie d'une bande ?*

« **Faire partie d'une bande** » a une connotation négative. **Bande** sous-entend : bande de voyous, de gangsters, d'un groupe organisé prêt à attaquer ou à piller.

– *Si je t'emploie, il faut quand même que je sache d'où tu viens.*

Cette phrase souligne la suspicion du forain. D'abord par l'emploi du **il faut** d'obligation auquel s'ajoute l'expression restrictive **quand même**.

– ***Il faut quand même** que je sache d'où tu viens !*

Le forain ne veut pas savoir d'où vient Omar-Jo par curiosité, mais bien par méfiance. À ses yeux, Omar-Jo est, d'emblée, suspect.

– *Un homme qui aime son manège, je n'ai pas besoin de savoir d'où il vient. Il est de ma famille.*

– *De ta famille ? Où est-ce que tu vas chercher ça ?*

L'exclamation « *Où est-ce que tu vas chercher ça ?* » est assez méprisante. Elle équivaut à : « **Mais tu es fou ! Tu dis n'importe quoi !** »

Et en langue plus familière : « **Ça va pas, non ?** »

De même, quand le forain répond à l'enfant :

– *Tu veux dire que tu m'as choisi ?*

Il exprime son **incrédulité** parce qu'il est soupçonneux. Il pourrait aussi utiliser les phrases suivantes :

« Quoi ? » « J'ai bien compris ? » « Alors c'est vrai, tu m'as choisi ? »

Exprimer l'ironie

Omar-Jo insiste auprès du forain pour que celui-ci l'emploie. Le forain ne sait plus que penser, et pour ne pas perdre la face, il passe du mépris amusé à l'ironie :

– *Très flatté de votre choix. Sincèrement, très sincèrement, je vous en remercie, jeune homme !*

L'ironie est un procédé qui permet de dire le contraire de ce que les mots expriment, uniquement avec une différence de ton. Comme dans les exemples suivants :

– « Alors, je ne suis pas invité à cet anniversaire ? Ravi, vous m'en voyez vraiment ravi ! »

Ou encore :

– « Ma chambre, cette petite pièce sans fenêtre ? Sincèrement, merci ! »

Exprimer la confiance

Dans son discours, le forain exprime sa crainte de l'inconnu et le rejet de l'autre, sentiments à la base de tout racisme. Au contraire, les paroles d'Omar-Jo manifestent sa confiance. L'enfant n'a pas peur d'exprimer directement ce qu'il ressent, de façon très posée et raisonnable :

– *Un homme qui aime son manège, je n'ai pas besoin de savoir d'où il vient. Il est de ma famille.*

Il met en valeur le caractère du forain avec l'expression **Un homme qui** en tête de phrase. La formule normale serait :

– « Je n'ai pas besoin de savoir d'où vient **un homme qui** aime son manège. »

Quand on veut insister sur la qualité d'une personne ou d'une chose, on met la formule en début de phrase. Au lieu d'« **un homme qui** », on peut trouver également **une personne qui,** ou bien encore **quelqu'un qui** :

– « **Quelqu'un qui** est si riche ! Comment peut-il être malheureux ? »

Omar-Jo, après avoir fait ainsi l'éloge du forain, continue :

– *Oui, maintenant je te choisis !*

Cette affirmation lui donne de l'autorité. Ses paroles sont davantage celles d'un adulte que celles d'un enfant.

À travers ce dialogue entre Omar-Jo et le forain, Andrée Chédid pose la question de l'exil loin de sa terre d'origine et de la perception de l'autre comme étranger.

ACTIVITÉS

I. Compréhension orale

a Repérages

1. On entend :
- ❏ une sirène
- ❏ une sonnette de bicyclette
- ❏ une musique de manège

2. Les deux personnes se parlent :
- ❏ amoureusement
- ❏ assez rudement
- ❏ très méchamment

b Compréhension globale

1. Où la scène se déroule-t-elle ?
- ❏ dans un zoo
- ❏ dans la rue
- ❏ dans un grand magasin

2. La personne avec qui le jeune garçon parle est :
- ❏ son patron
- ❏ son père
- ❏ son frère

3. Quel est le métier de celui qui parle avec le jeune garçon ?
- ❏ professeur
- ❏ médecin
- ❏ forain

4. Combien de fois entend-on : **a)** « vient » – **b)** « choisis / choisir » :
- ❏ 2
- ❏ 3
- ❏ 4
- ❏ 5

c Compréhension détaillée

1. Dans cette liste, quels sont les mots entendus ? groupe, bande, fratrie, famille, société, père, homme, jeune-homme.

2. Dites si ces phrases sont vraies ou fausse.

	Vrai	Faux
a) L'adolescent fait partie d'une bande.	❏	❏
b) On sait d'où il vient.	❏	❏
c) L'homme, lui, a un manège, qu'il aime beaucoup.	❏	❏
d) La vraie famille est celle que l'on choisit.	❏	❏
e) C'est l'homme qui désire que l'adolescent travaille avec lui.	❏	❏

3. Remettez les phrases dans l'ordre d'écoute.
- **a)** Tu veux dire que tu m'as choisi ?
- **b)** Tu fais partie d'une bande ?
- **c)** Très flatté de votre choix.
- **d)** De ta famille ?

1. ... – **2.** ... – **3.** ... – **4.** ...

4. Écoutez et entourez le mot entendu qui convient.
- **a)** Il faut quand même que je cache | je sache d'où tu viens.
- **b)** Où est-ce que tu vas chercher | cerner ça ?
- **c)** Pas la famille du rang | sang , mais l'autre.
- **d)** Parfois ça tombe | compte beaucoup plus.
- **e)** Je vous en prie | remercie .

5. La dernière phrase est prononcée de façon
- – comique
- – tragique
- – ironique

II. Expression orale

❶ Remplacez, dans le dialogue, le tutoiement par le vouvoiement.

❷ Les réponses aux questions ne sont pas simples ; ce ne sont pas les réponses attendues. Remplacez-les par des réponses directes avec explications : oui ou non, parce que...

❸ À la première et à la deuxième question, l'adolescent répond en racontant d'où il vient (parlez de son pays d'origine, imaginez son voyage et pourquoi aujourd'hui il fait cette demande).

❹ Changez la dernière réplique de l'homme : il répond carrément qu'il n'est pas intéressé et il se met en colère contre l'adolescent.

III. Compréhension écrite

1 D'après la lecture, vous diriez que :

a) Omar-Jo est :
- ❏ insolent
- ❏ sûr de lui
- ❏ énervé

b) et que le forain est :
- ❏ méfiant
- ❏ ravi
- ❏ brutal

2 Recopiez la réplique où Omar-Jo exprime sa conception des relations.

3 Relevez les arguments de Omar-Jo pour convaincre le forain.
Pourquoi est-ce inattendu ?

4 Faites des hypothèses.

a) Pourquoi Omar-Jo dit-il « Un homme qui aime son manège, je n'ai pas besoin de savoir d'où il vient » ?
- ❏ Parce que l'homme voyage partout avec son manège.
- ❏ Parce que cet homme aime son travail et les enfants.
- ❏ Parce que tous les gens qui ont des manèges viennent d'un même pays.

b) Pourquoi le forain passe-t-il du tutoiement au vouvoiement, dans la dernière phrase ?
- ❏ Parce qu'il reconnaît l'expérience d'Omar-Jo.
- ❏ Pour se moquer de lui.
- ❏ Parce qu'il veut montrer de la distance.

5 Choisissez le bon résumé.
- **a)** Omar-Jo a une grande expérience de travail sur des manèges ; il aimerait être embauché mais il a peur de déplaire au forain.
- **b)** Omar-Jo choisit de travailler avec ce forain qu'il considère comme un membre de sa famille.
- **c)** Le forain choisit Omar-Jo car il connaît la famille d'où il vient.

IV. Expression écrite

1 Remplacez toutes les répliques d'Omar-Jo par leur contraire ou par des phrases négatives.

2 Transformez ce dialogue en narration et racontez cette rencontre.

3 « Il faudrait que ce soit réciproque, tu ne penses pas ? » De quoi parle le forain ? Êtes-vous d'accord avec lui ? Dites pourquoi.

V Culture

• Aujourd'hui, la foire du Trône reste une grande foire de Paris, avec toutes sortes d'attractions, des stands avec des lots à gagner et des autos-tamponneuses ; elle prend place sur le cours de Vincennes, à l'est de Paris.
On trouve aussi encore des manèges en France dans de petites fêtes foraines ; à Paris, ce sont souvent de vieux manèges avec des chevaux de bois : quand les enfants attrapent le pompon, ils gagnent un tour de manège gratuit.
Êtes-vous déjà monté sur un manège, sur une grande roue, ou dans un « train fantôme » ?
Aimez-vous les parcs d'attractions ?
Amèneriez-vous vos enfants au parc Astérix ou à Disneyland ?

• *« Tu fais partie d'une bande ? »*, demande le forain.
Trouvez-vous nécessaire de faire partie de quelque chose, un parti politique, un syndicat, une association ?

• Omar-Jo parle de la famille qui n'est pas de sang ; pouvez-vous expliquer de quoi il s'agit ?

• Savez-vous quelle est la différence entre « le droit du sang » et le « droit du sol » pour l'acquisition de la nationalité dans le pays d'accueil où l'on naît ? Pouvez-vous citer des pays où chacun de ces systèmes est pratiqué ?

• Sous l'Ancien Régime, les rois se mariaient entre eux pour garder la pureté de leur sang royal, « le sang bleu », comme on l'appelait. Quel était le danger de ces mariages consanguins ?

LE PETIT BLEU DE LA CÔTE OUEST

Alphonsine Raguse : – Vous n'êtes pas d'ici. Vous êtes parisien.

Gerfaut : – D'origine. Vous ne me croiriez pas si je vous racontais comment j'ai atterri ici.

Alphonsine Raguse : – Essayez toujours.

Gerfaut : – C'est très simple. Jusqu'à l'été dernier, j'étais cadre moyen dans une boîte, à Paris. J'ai pris mes vacances et deux hommes ont essayé à deux reprises de m'assassiner, pour une raison que j'ignore. Deux hommes que je ne connais pas ; à ce moment-là, j'ai abandonné ma femme et mes enfants et, au lieu de prévenir la police, je me suis enfui au hasard. Je me suis retrouvé dans un wagon de marchandises qui traversait les Alpes. Un vagabond m'a assommé à coups de marteau et jeté du train. Je me suis cassé le pied, c'est pour ça que je boite. Votre père… votre grand-père m'a recueilli et soigné. Et voilà. C'est la pure vérité.

Alphonsine Raguse : – Buvez encore un pot.

Gerfaut : – Si je vous disais que c'est une trace de balle, tenez, cette touffe blanche.

Alphonsine Raguse : – Oui, oui, vous êtes un aventurier.

Gerfaut : – Non. Vous ne comprenez pas. Non, pas du tout. Je suis le contraire.

Alphonsine Raguse : – Qu'est-ce que c'est, le contraire ?

Gerfaut : – Un type qui ne veut pas d'aventures.

Alphonsine Raguse : – Vous ne voulez pas d'aventures ? Vous êtes heureux, vous ne voulez pas d'aventures ?

Gerfaut : – Une aventure avec vous. Excusez-moi, ce n'est pas ce que je voulais dire ; je suis confus.

Jean-Patrick Manchette, *Le Petit Bleu de la côte Ouest*, Série noire,
NRF, Gallimard, 1996, p. 122-123-124.

JEAN-PATRICK MANCHETTE

▶ Jean-Patrick Manchette est un écrivain français né en 1942. Il a d'abord été professeur de français en Grande-Bretagne avant de publier, à l'âge de vingt-neuf ans, son premier livre, édité dans la « Série noire », la plus célèbre collection de romans policiers. Il écrit beaucoup, publie bientôt un roman policier par an et la presse le désigne comme le chef de file du nouveau « polar » français. Articles de presse, scénarios, adaptations cinématographiques, bandes dessinées, pièces de théâtre, traductions, pendant quelques années Manchette n'arrête pas d'écrire.

▶ En 1960, épuisé et déçu par un monde qu'il juge absurde, il décide de quitter la scène littéraire et le monde superficiel des stars : « *La prétention littéraire m'a toujours dégoûté* », déclare-t-il dans un entretien au journal *Libération*. Pendant dix ans, il observe une période de silence médiatique qui ne l'empêche pas d'écrire : une chronique régulière dans la revue *Polar*, des romans d'espionnage et la traduction des livres de son ami américain Ross Thomas, ancien des services secrets. La politique internationale de l'après-guerre le passionne. Et pour mieux se documenter sur cette période, Manchette voyage à Cuba où il fait des photos et prend des notes. Mais le cancer le ronge déjà et il meurt prématurément en 1995, à cinquante-trois ans.

▶ En 1971, dès *L'Affaire N'Gustro*, qui le fait connaître, Jean-Patrick Manchette traite de la corruption des milieux politiques et de leurs relations avec les truands. Un an plus tard, *Ô dingos, ô châteaux* lui vaut le grand prix de littérature policière. Mais il obtient son plus grand succès avec *Nada*, qui raconte l'histoire d'un groupe terroriste éliminé par les policiers.

Le Petit Bleu de la côte Ouest

■ *Le Petit Bleu de la côte Ouest* développe jusqu'à l'extrême un stéréotype des années 1970 : le malaise des jeunes bourgeois dans la société de consommation et leur fuite vers un mode de vie écologique.

■ Gerfaut, le héros, est un cadre dynamique apparemment bien inséré dans la vie et féru de jazz *West Coast*, d'où le titre du roman. Un jour, entraîné dans une machination criminelle, il prend goût à ce nouveau mode de vie. Il oublie sa vie passée et adopte le comportement du héros que la situation l'oblige à devenir. Depuis qu'il a sauvé un homme accidenté sur la route, Gerfaut a des ennuis : il est poursuivi par des tueurs et attaqué par un vagabond qui le jette d'un train. Il se casse le pied et un inconnu le recueille et le soigne. Dans cet extrait, il explique à la jeune Alphonsine comment il est devenu un héros malgré lui. La scène se passe dans une maison à l'écart d'un petit village de montagne, en plein hiver, dans les Alpes.

EXPLICATIONS

Raconter

Gerfaut est sous le choc des derniers événements, qu'il raconte comme des aventures inattendues. Mais il résume d'abord le calme de sa vie précédente, routinière :

– *J'étais* cadre moyen dans une boîte à Paris.

Il utilise un **imparfait** pour bien indiquer que ce fait durait depuis un certain temps. Mais très vite il utilise le **passé composé**.

L'accumulation des passés composés indique que les actions étaient brèves et successives. En français, on utilise ce temps de l'indicatif lorsque l'on veut insister sur la ponctualité, l'achèvement.

Communiquer avec difficulté

► Glissements de sens.

Gerfaut a du mal à se faire comprendre et à comprendre ce qui lui arrive. Cela provoque une situation de quiproquo où on le prend pour quelqu'un qu'il n'est pas :

– *Oui, oui, vous êtes **un aventurier**.*
– *Non, pas du tout. Je suis le contraire.*
– *Qu'est-ce que c'est, le contraire ?*
– ***Un type qui ne veut pas d'aventures**.*

En effet, en français, le mot **aventurier** a d'abord un sens plutôt dépréciatif. À l'origine, il désignait un **corsaire** ou un **pirate**, et finalement, un **pillard**.

Ensuite, il a pris le sens de **personne qui cherche l'aventure par goût du risque** ou de **personne qui vit d'intrigues**.

Ainsi on peut dire, dans le deuxième sens :

« Jack London était un **aventurier** qui écrivait et voyageait dans le monde entier. »

Et encore :

« Ma fille, épouser ce type qui n'a aucun travail fixe, cet **aventurier** ? Jamais ! »

Mais ici, il s'agit de l'aventurier qui aime les événements imprévisibles.

C'est dans ce dernier sens que la jeune fille emploie ce mot. Mais Gerfaut est formel : toute cette histoire est fortuite.

– *Vous ne voulez pas d'aventures ? Vous êtes heureux, vous ne voulez pas d'aventures ?,* s'écrie Alphonsine.

Le jeu de mots sur **aventure** montre à la fois la confusion dans laquelle se trouve Gerfaut et sa

normalité. Il est juste capable d'une **aventure amoureuse** et non de parcourir le monde en quête de sensations fortes.

Avoir une aventure a un sens bien précis de rencontre éphémère et sexuelle avec un partenaire de passage :

« J'ai rencontré une femme pendant le congrès… superbe ! Une belle **aventure** d'un soir ! »

► Exprimer la confusion.

L'emploi répétitif du pronom personnel sujet **je** indique que Gerfaut essaye de se réapproprier une identité éclatée.

En effet, il ne sait plus très bien qui il est. Son discours porte les marques de cette confusion. Il se trompe :

– *Votre père… votre grand-père,* bégaie-t-il.

Il a du mal à s'exprimer :

– *Excusez-moi, ce n'est pas ce que je voulais dire.*

Il s'est fait mal comprendre :

– *Non. Vous ne me comprenez pas. Non, pas du tout. Je suis le contraire,* rectifie-t-il quand Alphonsine lui dit qu'il est un aventurier, et il se défend de cette mauvaise interprétation. Gerfaut n'est pas clair. Il faudrait dire :

– Non. Vous comprenez à l'envers. **Vous vous trompez complètement**.

Il y a un problème de communication.

► Exprimer l'incertitude.

Gerfaut est incrédule face à un destin qui ne lui ressemble pas. Il est déstabilisé. Il utilise un mode, **le conditionnel**, qui traduit son état :

– *Vous **ne me croiriez pas** si je vous racontais comment j'ai atterri ici.*

En français, on utilise généralement le **mode conditionnel** pour traduire une hypothèse, pour signifier une réalité qui échappe.

On dit aujourd'hui, par exemple :

« Tu aurais peur si je t'embrassais… »

Ou bien :

« Nous danserions ensemble si tu aimais le tango. »

On sent qu'il reste un très faible espoir pour que la personne ose embrasser ou finisse par aimer le tango. La réalisation dans les deux cas reste très peu probable.

ACTIVITÉS

I. Compréhension orale

a Repérages

1. Nous sommes dans :
- ❏ un roman de science-fiction
- ❏ un roman policier
- ❏ un conte

2. Nous nous trouvons :
- ❏ sur une plage
- ❏ dans une maison
- ❏ dans un train

3. Dans quel ordre apparaissent ces mots :
a) un aventurier – **b)** parisien – **c)** les Alpes –
d) la police – **e)** votre père – **f)** Paris

1. … – **2.** … – **3.** … – **4.** … – **5.** … – **6.** …

b Compréhension globale

1. De qui s'agit-il ?
Associez les termes :

a) un vagabond	**1.** Le héros
b) un cadre moyen	**2.** un agresseur
c) un grand-père	**3.** du fugitif
d) deux hommes	**4.** des assassins
e) la femme et les enfants	**5.** celui de la jeune femme qui parle

2. Quand ?
Remettez les événements dans l'ordre.
- **a)** Il a été recueilli et soigné.
- **b)** Il s'est enfui au hasard.
- **c)** Il a pris ses vacances.
- **d)** Il s'est cassé le pied.
- **e)** Un vagabond l'a assommé.

1. … – **2.** … – **3.** … – **4.** … – **5.** …

c Compréhension détaillée

1. Choisissez parmi les deux phrases proposées celle qui convient.

a) Le héros passe des vacances tranquilles :
- ❏ parce qu'il se repose de son travail de policier.
- ❏ parce qu'il est un Français moyen.

b) On essaye de l'assassiner :
- ❏ parce qu'il a dévalisé une banque.
- ❏ il ne sait pas pourquoi.

c) Il laisse sa femme et ses enfants :
- ❏ parce qu'il ne les aime pas.
- ❏ parce qu'il a peur.

d) Il se casse le pied :
- ❏ parce qu'il court trop vite.
- ❏ parce qu'il tombe d'un train.

e) Il a une touffe de cheveux blancs :
- ❏ parce qu'il est vieux.
- ❏ parce qu'une balle les lui a brûlés.

2. Choisissez les expressions entendues.

a) J'étais cadre
- ❏ depuis l'été dernier.
- ❏ jusqu'à l'été dernier.

b) Ils ont essayé de m'assassiner
- ❏ plusieurs fois.
- ❏ à deux reprises.

c) J'ai abandonné ma femme
- ❏ alors
- ❏ à ce moment-là

d) Je me suis enfui
- ❏ au lieu de prévenir la police.
- ❏ pour prévenir la police.

e) Je me suis cassé le pied,
- ❏ aussi, je boite.
- ❏ c'est pour ça que je boite.

3. Choisissez le temps que vous avez entendu.
a) Si je vous dis disais que c'est une trace de balle.
b) Vous êtes seriez un aventurier.
c) Non. Vous ne comprenez comprendrez pas.
d) Vous ne voulez voudriez pas d'aventure.
e) Ce n'est pas ce que je veux voulais dire.

II. Expression orale

❶ Variation

Vous racontez un fait divers : une personne qui était en vacances avec sa famille a disparu ; vous faites des hypothèses sur sa disparition : utilisez un lexique de polar (pistolets, armes, meurtre, etc).

❷ Continuez le dialogue

La jeune fille répond à l'homme qu'elle est très intéressée par son histoire et elle lui pose de nombreuses questions qui le concernent.

❸ Changez de ton

Racontez à peu près la même histoire que celle du héros mais sur un ton moqueur, comme s'il s'agissait d'une blague. Utilisez, tout au long de votre récit, des exclamations comme : « Tu te rends compte ! » « Je t'assure ! » « Mais si ! » « Il fallait le voir pour le croire », etc.

III. Compréhension écrite

❶ Il s'agit de quel type de discours ?
- ❑ une description
- ❑ une narration
- ❑ une argumentation

❷ Observez et lisez le dialogue.
Vous vous rendez compte que :
- ❑ il s'agit surtout du récit de l'histoire de Gerfaut.
- ❑ il s'agit d'un dialogue amoureux entre Gerfaut et Alphonsine Raguse.
- ❑ il s'agit d'un échange verbal entre une jeune hôtelière et son client.

❸ Relevez, dans le texte, tous les mots-clés ayant trait au roman policier.

❹ Remplacez les expressions en gras par des expressions de sens équivalent.
« A. R. – Vous **n'êtes pas d'ici**.
G. – ... Vous ne me croiriez pas si je vous racontais comment **j'ai atterri** ici.
– ... j'étais cadre moyen dans **une boîte**, à Paris.
– **Buvez** encore **un pot**.
– **Un type** qui ne veut pas d'aventures. »

❺ Quels sont, dans le texte, les deux sens du mot **aventure**.
a) Vous ne voulez pas **d'aventures** – b) **une aventure** avec vous.

❻ Relevez, dans l'ordre, toutes les actions successives exprimées au passé composé dans le récit de Gerfaut depuis « J'ai pris mes vacances... » jusqu'à « recueilli et soigné. ».

❼ Recopiez les mots ou expressions exprimant l'encouragement ou l'approbation de la part d'Alphonsine.

IV. Expression écrite

❶ Dans le récit de Gerfaut, remplacez la première personne du singulier par la deuxième personne du pluriel, depuis « Jusqu'à l'été dernier » jusqu'à « Et voilà ».

❷ Dans le même récit, rajoutez trois événements qui peuvent être cohérents avec l'histoire racontée.

❸ Imaginer.
Faites la description physique et morale de Gerfaut (précisez ses goûts, ses passe-temps, ses obsessions).

❹ Imaginez la fin de la phrase de Gerfaut : « Si je vous disais que... »

V. Culture

• Gerfaut n'est pas du coin, il est parisien ; qu'est-ce qui peut distinguer quelqu'un qui n'est pas de la région ? Pouvez-vous savoir, dans votre pays, de quelle région sont les personnes qui vous parlent ?

• Un « cadre moyen » en France, d'après vous, touche quel salaire mensuel ?
Quel serait l'équivalent chez vous (comme profession et en salaire) ?

• En France, les salariés ont cinq semaines de congés payés. Et dans votre pays ?

• Dans les Alpes, et dans toutes les régions de France, on trouve des gîtes : ce sont des maisons particulières ou des auberges très agréables, moins chères que les hôtels (louées aux touristes, aux vacanciers). En avez-vous fait l'expérience ?

• La jeune fille propose « un pot » à Gerfaut. Pourquoi ?
Dans votre pays, propose-t-on à boire à quelqu'un quand il arrive ? Y a-t-il des lieux, où, traditionnellement on prend des « pots » ?

DJINN

Djinn : – Vous voyez, c'est une photo de vous, dans quelques années.

Simon Lecœur : – Elle fait donc partie, elle aussi, de la mémoire anormale de Jean, et de mon avenir ?

Djinn : – Bien entendu, comme tout le reste ici.

Simon Lecœur : – Sauf vous ?

Djinn : – Oui, c'est exact. Parce que Jean mélange les temps. C'est cela qui dérègle les choses et les rend peu compréhensibles.

Simon Lecœur : – Vous disiez tout à l'heure que je viendrai ici dans quelques jours. Pourquoi ? Que viendrais-je donc y faire ?

Djinn : – Vous ramènerez dans vos bras un petit garçon blessé, évidemment, un petit garçon qui doit, d'ailleurs, être votre fils.

Simon Lecœur : – Jean est mon fils ?

Djinn : – Il « sera » votre fils, comme le prouve cette dédicace sur la photographie. Et vous aurez aussi une petite fille, qui s'appellera Marie.

Simon Lecœur : – Vous voyez bien que c'est impossible ! Je ne peux pas avoir, la semaine prochaine, un enfant de huit ans, qui n'est pas encore né aujourd'hui, et que vous auriez néanmoins connu, vous, il y a plus de deux années !

Djinn : – Vous raisonnez vraiment comme un Français : positiviste et cartésien…

Alain Robbe-Grillet, *Djinn*, Minuit, 1981, p. 118.

ALAIN ROBBE-GRILLET

▶ Alain Robbe-Grillet est né en 1922 en Bretagne, dans l'ouest de la France. Il fait des études supérieures à Paris et devient ingénieur agronome. L'étude des produits tropicaux le conduit à faire de longs séjours au Maroc, en Guinée, à la Guadeloupe et à la Martinique.
Mais des problèmes de santé le contraignent à rentrer. C'est sur le bateau qui le ramène en France qu'il commence à écrire. Ce premier roman sera publié plus tard sous le titre *Les Gommes*. Il démissionne de son poste et commence une carrière littéraire mouvementée.

▶ Robbe-Grillet s'insurge, dans toute son œuvre, contre le poids des idéologies et de l'ordre absolu. Aussi décide-t-il de distinguer radicalement l'homme privé de l'écrivain et de refuser une littérature militante au service d'une action politique révolutionnaire. *« Le citoyen doit agir dans la société, et le créateur dans l'œuvre et l'œuvre agira plus tard dans la société. »* Tel est le credo qu'il énonce dans les années 1970 pour expliquer son approche de l'écriture.
Robbe-Grillet devient un théoricien du courant littéraire du « nouveau roman ». Il remet en question les structures classiques et le roman réaliste à la Balzac en inventant des récits qui ne sont pas des histoires. On parle, à propos de son style, « d'école du regard », car il décrit minutieusement les lieux et les choses. Dans ses premiers romans, *Le Voyeur* ou *La Jalousie*, il n'est question que du regard passionnel et des images mentales d'un personnage, décrit de l'intérieur et à travers ce qu'il voit.

▶ En 1961, *L'Année dernière à Marienbad* sort au cinéma, réalisé par Alain Resnais, et Robbe-Grillet commence à mener une double carrière de cinéaste et de romancier. Ses films empruntent à la littérature policière et érotique, mais avec une technique particulière – la simultanéité – qui brouille le sens. Avec *Romanesques*, Robbe-Grillet écrit dans les années 80 une trilogie autobiographique où les jeux de miroirs entremêlent récit et souvenir.

Djinn

■ *Djinn* est né d'une commande : celle d'une université américaine qui désirait un texte pour initier les étudiants aux difficultés de la langue française. L'ouvrage est donc d'abord publié aux États-Unis, en 1981, accompagné d'exercices sur la langue. Il s'agit d'un texte qui tient à la fois du conte fantastique et du roman policier. Dès le premier chapitre, le héros, Simon Lecœur, fait des rencontres insolites, dont celle de la mystérieuse Djinn. Il doit accomplir une mission pour une organisation secrète dont il ne sait pas grand-chose. Comme dans tous les romans de Robbe-Grillet, le lecteur se sent désorienté en suivant un personnage qui perd ses repères temporels. Il navigue dans un labyrinthe invraisemblable, entre rêve, délire et imagination.

■ Dans cet extrait, nous entendons parler de Jean, un petit garçon à la mémoire anormale : il est capable de se rappeler ce qui n'est pas encore arrivé. Le père de l'enfant, Simon Lecœur, se retrouve face à Djinn, cette jeune femme mystérieuse qui semble connaître toute l'histoire, passée et à venir. On pénètre dans un univers de science-fiction.

EXPLICATIONS

Expliquer

Djinn est en quelque sorte un personnage de science-fiction qui voyage aussi bien dans le passé que dans l'avenir. Elle explique à Simon ce qui est en train de lui arriver et qu'il comprend mal :

> – *Vous voyez, c'est une photo de vous, dans quelques années.*

Pour expliquer quelque chose et présenter une situation, on peut utiliser le verbe **voir** : « Vous voyez... »

On peut dire aussi : **Vous comprenez...**

Exprimer la cause

Djinn essaie de faire comprendre à Simon pourquoi il est dans cette situation étrange.

> – *Parce que Jean mélange les temps. C'est cela qui dérègle les choses et les rend peu compréhensibles.*

► Pour exprimer la cause en français, on utilise **parce que**. Cette locution marque souvent la réponse à une demande d'explication formulée avec **pourquoi**. (Ce n'est pas le cas ici pour Simon qui demande :

> – *Elle* [cette photo] *fait donc partie, elle aussi, de la mémoire anormale de Jean et de mon avenir ?*)

Ici, **parce que** est utilisé essentiellement pour donner un explication complète :

Les choses sont déréglées :

> – *Parce que Jean mélange les temps.*

► **Comme** peut remplacer **parce que,** mais s'utilise en début de phrase.

> « **Comme** Jean mélange les temps, les choses sont déréglées. »

On dit dans la vie courante :

> « Je me couvre **parce qu'il** fait froid. »

Ou encore :

> « **Comme** il fait froid, je me couvre. »

► On utilise également **puisque** pour exprimer la cause, lorsqu'il s'agit d'une cause évidente :

> « C'est **parce que** Jean mélange les temps que les choses sont déréglées. »

Cette phrase équivaut à :

> « **Puisque** Jean mélange les temps, les choses sont déréglées. »

L'expression du futur

Dans ce texte, nous avons affaire à un monde bizarre où les temps sont bouleversés, comme dans le conte ou la science-fiction. L'avenir de Simon est inscrit, décidé, puisque la photo de lui qu'il voit dans la chambre est déjà vieille :

> – *Vous voyez, c'est une photo de vous,* **dans quelques années**, déclare Djinn.

Après, c'est Simon qui demande :

> – *Vous disiez tout à l'heure que je viendrai ici* **dans** *quelques jours.*

► **Dans quelques années**, **dans quelques jours** signifient dans un temps futur.

En effet, **dans**, ici, marque la postériorité :

> « J'ai 20 ans. **Dans** quinze ans, j'aurai 35 ans. »

Dans est en général, dans cet emploi, suivi d'une unité de temps : un nombre de minutes, de semaines, de mois ou d'années.

> – *Vous voyez, c'est une photo de vous, dans* **quelques années**, déclare Djinn.
> – *Vous disiez tout à l'heure que je viendrai ici dans* **quelques jours**, dit Simon Lecœur.

Avec **dans**, on utilise toujours le futur de l'indicatif ou le présent avec valeur de futur immédiat :

> – *...* **je viendrai** *ici dans quelques jours*, dit Simon.

Dans la vie courante, on peut dire :

> « Nous **aurons** les résultats des élections **dans** une semaine. »

Ou bien encore :

> « Je **pars dans** cinq minutes. »

► Le texte de Robbe-Grillet se déroule dans la probabilité d'un futur qui fonctionne comme un destin. Djinn parle du futur comme une astrologue qui vous annonce votre avenir :

> – *Vous* **ramènerez** *dans vos bras un petit garçon blessé* (...) *Il* **sera** *votre fils* (...) *Et vous* **aurez** *aussi une petite fille, qui* **s'appellera** *Marie.*

Le futur prend ici une dimension effrayante. Simon le cartésien perd ses repères, il ne comprend plus le déroulement du temps. Il a déjà basculé, sans le savoir, dans l'univers du rêve qu'aime à développer Robbe-Grillet.

ACTIVITÉS

I. Compréhension orale

a Repérages

1. La musique est :
- ❑ étrange
- ❑ joyeuse
- ❑ morne

2. Il s'agit :
- ❑ d'un dialogue intime et familial.
- ❑ d'un dialogue entre deux étrangers.
- ❑ d'un dialogue entre un modèle et un photographe.

3. Dans quel ordre entendez-vous ces mots et prénoms :
a) un Français – **b)** Marie – **c)** un enfant – **d)** Jean – **e)** un petit garçon – **f)** une petite fille

1. … – 2. … – 3. … – 4. … – 5. … – 6. …

b Compréhension globale

1. Il s'agit d'un roman :
- ❑ d'aventures
- ❑ policier
- ❑ de science-fiction

2. Où nous trouvons-nous ?
- ❑ dans un hôpital
- ❑ dans la rue
- ❑ on ne sait pas

3. De qui s'agit-il ?
a) Qui est sur la photo ?
- ❑ Jean
- ❑ Marie
- ❑ L'homme qui parle à la femme

b) Jean est :
- ❑ le fils de la femme qui parle.
- ❑ le fils de l'homme qui parle.
- ❑ l'homme qui parle quand il était petit.

4. Combien de fois entend-on :
a) fils
- ❑ 1
- ❑ 2
- ❑ 3
- ❑ 4

b) année
- ❑ 1
- ❑ 2
- ❑ 3

c Compréhension détaillée

1. Parmi ces mots et expressions clés, quels sont ceux que vous n'entendez pas ?

dans quelques jours – dans quelques années – dans quelque temps – dans un an – la nostalgie – la mémoire – mon futur – mon avenir – ma carrière – aujourd'hui – bientôt – demain – tout à l'heure – le mois prochain – la semaine prochaine – hier – il y a deux jours – la semaine dernière – il y a deux années

2. Dites si ces phrases sont vraies ou fausses.

	Vrai	Faux
a) Jean a une mémoire spéciale.	❑	❑
b) Il confond les temps.	❑	❑
c) Le héros portera une petite fille blessée.	❑	❑
d) Sur la photographie, il y a une signature.	❑	❑
e) Le petit garçon est âgé de 12 ans.	❑	❑
f) Le héros trouve toute cette histoire peu crédible.	❑	❑

3. Quels sont les temps des verbes entendus ?
a) je viens / je viendrai ici – **b)** vous rameniez / ramènerez dans vos bras – **c)** il serait / sera votre fils – **d)** vous avez eu / aurez aussi une petite fille – **e)** elle s'appelle / s'appellera Marie – **f)** que vous auriez / avez connu

II. Expression orale

1 Expliquez

Vous êtes diseuse / diseur de bonne aventure : vous lisez l'avenir des gens qui viennent vous voir dans les lignes de la main.

2 Imaginez

La jeune femme dit : « Vous ramènerez dans vos bras un petit garçon blessé… un petit garçon qui doit d'ailleurs être votre fils… et vous aurez aussi une petite fille ». Vous expliquerez pourquoi et comment le petit garçon est blessé et vous direz ce qui est arrivé à la petite fille.

III. Compréhension écrite

❶ Mettez les phrases dans les colonnes correspondantes.
1. Vous voyez – **2.** Elle fait partie de mon avenir ? – **3.** Bien entendu – **4.** Sauf vous ? – **5.** Parce que Jean mélange les temps – **6.** C'est cela qui dérègle les choses – **7.** Pourquoi ? – **8.** Évidemment – **9.** Jean est mon fils ? – **10.** Comme le prouve – **11.** C'est impossible – **12.** Vous raisonnez vraiment comme un Français

A Exprimer le doute, l'étonnement	B Exprimer les causes, l'évidence
....	....
....	....
....	....
....	....
....	....
....	....

❷ Relevez tous les mots (verbes, expressions) qui indiquent le futur.

❸ Djinn, la jeune femme qui parle à Simon Lecœur, symbolise :
❑ l'amour
❑ le destin
❑ la guerre

❹ De nombreux termes exprmiment l'anomalie ou la confusion. Relevez-les et expliquez le sens qu'ils donnent au dialogue.

❺ Choisissez le bon résumé.
a) Djinn raconte à Simon Lecœur ce qui va lui arriver ; elle voit dans l'avenir et le temps est accéléré.
b) Djinn voit dans le passé et prévient Simon Lecœur de ce qui est arrivé à ses enfants ; elle est magicienne.
c) Djinn menace Simon Lecœur. S'il ne donne pas les renseignements voulus, son fils sera enlevé.

IV. Expression écrite

❶ Remplacez les expressions suivantes par des expressions de même sens.
a) bien entendu ...... – **b)** c'est exact ...... – **c)** peu compréhensibles ...... – **d)** évidemment ...... – **e)** d'ailleurs ...... – **f)** néanmoins ...... – **g)** vraiment ......

❷ Transformez toutes les questions de Simon Lecœur en discours indirect (à la troisième personne du singulier).
Il demande...

❸ Remplacez les futurs dans le texte par des passés composés.

❹ Djinn continue à argumenter et adresse d'autres reproches à Simon Lecœur : « Vous raisonnez vraiment comme un Français : positiviste et cartésien... » Poursuivez son discours.

V. Culture

• Djinn, la jeune femme mystérieuse, est américaine et reproche à Simon Lecœur d'être trop français, « positiviste et cartésien ». Savez-vous à quelles personnes font référence ces deux adjectifs ?

• Quel est l'opposé de cartésien ? Djinn incarne-t-elle cet opposé ?

• Que signifie son nom ?

• On dit que, selon les pays, il existe des comportements spécifiques.

D'après vous, existe-t-il des façons de penser ou des comportements différents selon les pays ? Quelle est l'origine des stéréotypes, comme par exemple celui du Français : baguette de pain et béret ?

Pourriez-vous citer des personnages de chez vous, ou des phrases servant de référence à ces visions « stéréotypées » ?

LES SOLEILS DES INDÉPENDANCES

Le marabout : – Dis-moi, que vois-tu dans la calebasse d'eau ? Regarde fort ! fort ! que vois-tu ?

Salimata : – Un coq, un gros coq battant des ailes, qui chante, chante…

Le marabout : – Regarde toujours ; regarde plus fort !

Salimata : – On apporte un mouton blanc, c'est un bélier. Hé ! Hé ! Hé ! parti, le mouton. Des visages, des visages grimaçants ! Des masques de diable. Hé ! Hé ! Hé ! Le noir, le rouge, la boue des marigots, le sable fin et doux. Hé ! Hé ! Hé ! tout a disparu. Plus rien. Rien. Tout a fui.

Le marabout : – Regarde toujours.

Salimata : – Rien de rien. De l'eau, rien que de l'eau.

Le marabout : – Vraiment ! Vraiment rien ! bon, bien ainsi !… La tromperie dit : demain dans le sac ou après le marigot ; mais jamais : le voilà ; alors que la vérité montre et présente, et les commentaires sont sans raison.

Salimata : – Juste et complet. J'ai bien vu le coq rouge et le mouton blanc.

Le marabout : – C'est ta bouche qui vient de dire à toi-même tes sacrifices. Mes conseils se limiteront à te recommander de tuer immédiatement un sacrifice…

Ahmadou Kourouma, *Les Soleils des indépendances*, Points Seuil, Seuil, 1970, p. 69-70.

AHMADOU KOUROUMA

▶ L'écrivain Amadou Kourouma est né en 1927, dans l'extrême nord de la Côte d'Ivoire, dans une famille Malinké. Mais c'est à Bamako, au Mali, qu'il fait ses études. Il sert ensuite dans l'armée française pendant la guerre d'Indochine, avant d'étudier les mathématiques à Paris et à Lyon. Il retourne en Côte d'Ivoire après l'indépendance, en 1960, avec une « épouse française » et de solides convictions communistes. Mais le président Houphouët-Boigny voit en lui un rebelle et le met à l'écart. C'est en exil, en Algérie, qu'il se met à écrire et dénonce le système de son pays. En 1969, c'est le grand pardon : Kourouma rentre en Côte d'Ivoire où il publie, cinq ans plus tard, *Le Diseur de vérité*, une pièce de théâtre considérée comme révolutionnaire.

▶ Sa carrière de directeur d'une compagnie d'assurances internationale le mène partout sur le continent africain. Ses voyages lui donnent une image précise de l'Afrique postcoloniale qu'il va dépeindre dans ses livres. Ce n'est qu'en 1994, à l'âge de la retraite, à Abidjan, qu'il devient écrivain à plein-temps. Il reçoit le prix Médicis en 2000 pour *Allah n'est pas obligé*. Dans ce livre, qui trace une histoire de l'Afrique sans complaisance, Kourouma raconte l'épopée d'un « enfant soldat » engagé dans une guerre tribale au Nigeria… Son ouvrage précédent, *En attendant le vote des bêtes sauvages*, dont le titre est une allusion critique au processus de démocratisation en Afrique, était déjà une féroce satire des chefs de juntes militaires africaines.

Les Soleils des indépendances

■ C'est à quarante-quatre ans que Kourouma écrit son premier roman, *Les Soleils des indépendances*. Le manuscrit obtient un prix de l'université de Montréal, mais, jugé trop provocateur et critique envers le régime ivoirien, il ne peut être alors publié. Le livre paraît enfin en France en 1970, et établit d'emblée l'auteur comme l'un des écrivains africains majeurs.

■ Le personnage principal est Fama, héritier d'une vieille dynastie Malinké. Il se trouve écarté du pouvoir par les bouleversements politiques et sociaux de l'Afrique moderne et réduit à une semi-mendicité. Il rumine son destin de laissé-pour-compte des indépendances, dans une langue calquée sur la phraséologie et le rythme de la pensée Malinké : *« Né dans l'or, le manger, l'honneur et les femmes ! Éduqué pour préférer l'or à l'or, pour choisir le manger parmi d'autres et coucher sa favorite parmi cent épouses ! Qu'était-il devenu ? Un charognard ! »*

■ Dans cet extrait, Salimata, l'épouse de Fama, se plaint d'être stérile et de vivre une période néfaste. Elle va voir son ami, le marabout Hadj Abdoulaye, qu'elle séduit pour qu'il détourne le mauvais sort. Abdoulaye est maître en sorcellerie, sait pénétrer dans l'invisible et use de trois pratiques : le traçage de signes sur sable fin, le jet de cauris et la lecture du Coran avec observation d'une calebasse d'eau.

EXPLICATIONS

Donner des ordres

Salimata vient consulter le Marabout car elle veut guérir de sa stérilité. Aussi est-elle prête à exécuter tous les ordres que celui-ci lui donnera. Car le Marabout, investi d'un pouvoir particulier, est là pour commander, puis faire des révélations.

– *Dis-moi, que vois-tu dans la calebasse d'eau ? Regarde fort ! fort ! que vois-tu ?* demande le Marabout.

– *Regarde toujours ; regarde plus fort !*

– *Regarde toujours*, dit-il encore.

Il utilise l'impératif, à la deuxième personne du singulier, car Salimata et le Marabout se connaissent bien.

Dans ce texte, les impératifs sont suivis d'un adverbe de manière, ce qui donne plus d'intensité à l'action :

– *Regarde **fort** ! (...) Regarde **toujours** ; regarde **plus fort** !*

Décrire

► Le participe présent.

Revenons aux visions de Salimata. À force de regarder, Salimata voit apparaître quelque chose.

– *Que vois-tu ?* demande le Marabout.

– *Un coq, un gros coq battant des ailes, qui chante, chante...* répond Salimata, dont la vision se précise.

Elle utilise le participe présent pour décrire : « ***battant** des ailes* », dit-elle.

En français, le participe présent est un outil de description : il montre l'action en train de se faire, ce qui ajoute du réalisme. Salimata voit en effet le coq en train de battre des ailes.

Pour décrire un tableau, on peut aussi utiliser le participe présent :

« Je vois, au premier plan, un homme **fumant** une pipe. »

► La proposition relative.

Elle est un outil de description qui permet d'ajouter des précisions sur la situation, l'action.

Ici, il s'agit d'abord de décrire l'action du coq :

– ***Qui** chante, chante...* dit Salimata.

► L'adjectif qualificatif.

Pour décrire le coq, et ensuite le mouton, Salimata en précise la forme et la couleur : *Un coq, un **gros** coq* et *On apporte un mouton **blanc***.

En décrivant ainsi ces apparitions dans l'eau, Salimata les rend très vivantes. Sa vision est claire et précise : *C'est un bélier*, affirme-t-elle.

Exprimer l'émotion par des phrases nominales et des interjections

Hypnotisée par la vision des animaux, Salimata ne s'exprime bientôt plus que par des exclamations et des phrases sans verbe (nominales), ce qui rend les images encore plus fortes :

– *Hé ! Hé ! Hé ! parti, le mouton. Des visages, des visages grimaçants ! Des masques de diable. Hé ! Hé ! Hé ! Le noir, le rouge, la boue des marigots, le sable fin et doux. Hé ! Hé ! Hé !*

Aux animaux succèdent les masques effrayants, puis des couleurs, un paysage marécageux, avant l'apaisement final et la disparition de la vision.

Les phrases non verbales insistent sur la forte impression sensorielle, l'absence d'action, l'apparition.

La prédiction

Alors que ses visions ont disparu, après cette impressionnante expérience, le Marabout énonce à Salimata ce qu'elle aura à faire :

– *Mes conseils **se limiteront** à te recommander de tuer immédiatement un sacrifice.*

Les astrologues qui prédisent l'avenir emploient le futur :

« Vous **rencontrerez** un riche médecin. »

« Vous **aurez** beaucoup d'argent. »

Dans le dialogue de Kourouma, le Marabout préconise un sacrifice afin d'éloigner les maléfices.

Par son style cinématographique, Kourouma nous fait littéralement vivre une scène rituelle où le quotidien et le mythe sont mêlés.

ACTIVITÉS

I. Compréhension orale

a Repérages

1. L'ambiance sonore évoque :
- ❏ la nature
- ❏ un aéroport
- ❏ une usine

2. On entend :
- ❏ un professeur et une élève
- ❏ un docteur et une malade
- ❏ un sorcier et une consultante

b Compréhension globale

1. Dans quel ordre apparaissent ces actions ?
a) voir des couleurs – **b)** tuer un sacrifice – **c)** regarder l'eau de la calebasse – **d)** voir des animaux – **e)** voir apparaître des masques de diable

1. … – **2.** … – **3.** … – **4.** … – **5.** …

2. On entend combien de fois :

a) eau
- ❏ 1
- ❏ 2
- ❏ 3

b) coq
- ❏ 1
- ❏ 2
- ❏ 3

c) mouton
- ❏ 1
- ❏ 2
- ❏ 3

3. La femme vient pour :
- ❏ une consultation médicale.
- ❏ connaître son avenir.
- ❏ apprendre une recette de cuisine.

c Compréhension détaillée

1. Dites si ces phrases sont vraies ou fausses.

	Vrai	Faux
a) La jeune femme voit des animaux dans l'eau.	❏	❏
b) Elle voit une grande prairie verte.	❏	❏
c) puis elle voit encore un tigre et un lion.	❏	❏
d) L'homme qui lui parle exprime son contentement.	❏	❏
e) Il lui conseille de tuer des animaux.	❏	❏

2. Parmi ces interjections et exclamations, lesquelles entendez-vous dans le dialogue ?
- ❏ Fort !
- ❏ Grand !
- ❏ Oh !
- ❏ Hé ! Hé !
- ❏ Vraiment !
- ❏ Quoi !
- ❏ Ça va !
- ❏ Bien ainsi !

3. Dans les phrases suivantes, supprimez ce que vous n'entendez pas.

a) on apporte un mouton blanc et un bélier noir.
b) maintenant il est parti le mouton.
c) on voit apparaître des visages.
d) des masques de clown et de diable.
e) la boue des rivages.

4. Choisissez le bon résumé.

a) La jeune femme vient demander conseil pour cuire de la viande ; mais l'homme la renvoie sans rien lui dire.
b) La jeune femme est malade et l'homme lui conseille de tuer des animaux pour se soigner avec leur sang.
c) La jeune femme veut connaître son avenir et l'homme lui dit de tuer des animaux pour voir ses vœux exaucés.

II. Expression orale

① Variation

La jeune femme, Salimata, regarde dans la calebasse d'eau. Elle voit beaucoup d'autres choses encore : des animaux, des plantes, des fées, des anges, des paysages, etc.

❷ D'après les visions de Salimata, le Marabout prévoit :

    a) que des choses merveilleuses vont lui arriver ;

    b) que des catastrophes naturelles vont s'abattre sur le pays.

III. Compréhension écrite

❶ Observez et lisez ce texte.

    a) Il est criblé de signes de ponctuation : points d'exclamation, d'interrogation, points de suspension. Essayez de définir les sentiments que marquent ces signes.

    b) Relevez les nombreuses phrases nominales : quelle est leur signification ?

❷ Citez les phrases où la vision de Salimata :

    a) se précise (formes, couleurs),

    b) se double de sensations auditives et tactiles.

❸ Faites des hypothèses.

Pourquoi le Marabout dit-il : « *La tromperie dit : demain dans le sac ou après le marigot ; mais jamais : le voilà.* »

    ❏ Parce qu'il veut tromper Salimata pour qu'elle revienne le lendemain.

    ❏ Parce qu'il veut convaincre Salimata que sa vision a un sens immédiat.

    ❏ Parce qu'il a vu aussi les animaux dans le sac.

❹ Essayez de trouver des équivalents ou d'expliquer les mots en gras.

    a) « ... *Que vois-tu dans **la calebasse** d'eau ?* »

    b) « *Mes conseils se limiteront à te recommander de tuer immédiatement **un sacrifice**.* »

❺ À quoi servent dans le discours :

La relative (qui chante), le participe présent (battant), les adjectifs (gros coq, mouton blanc, visages grimaçants) ?

Remplacez : **a)** « qui chante » par le participe présent.

             b) « battant » par une relative.

    c) « gros », « blanc » et « grimaçant » par des relatives.

❻ En relevant tous les impératifs, déduisez quel est le rôle du Marabout.

De quoi a-t-il besoin pour sa consultation ?

IV. Expression écrite

❶ « On apporte un mouton... Tout a fui » : récrivez ce passage en ajoutant des adjectifs et des relatives pour décrire davantage ce que voit Salimata.

❷ *Mes conseils se limiteront à te recommander de tuer immédiatement un sacrifice...*, recommande le Marabout dans sa dernière réplique à Salimata. Écrivez la suite en indiquant ce qu'elle doit faire pour accomplir cet acte, et comment.

❸ Décrivez en détails un personnage apparu dans un de vos rêves (il s'agit d'une vision) et qui vous a fait très peur.

V. Culture

• Dans ce dialogue est évoquée une cérémonie rituelle de consultation d'oracle. Connaissez-vous d'autres cultures où ces consultations existent ou existaient ? Pouvez-vous en citer les noms et dire comment se déroulait la séance ?

• Quelles sortes de pouvoir a le Marabout ?

• Certains mots du texte évoquent un décor, un paysage, un pays ; lesquels ?

Le marigot existe-t-il en Europe ?

• On parle de masques dans ce texte : à quoi servent-ils ? Qui les porte ?

Il y a des fêtes, des carnavals, où l'on porte des masques. On retrouve des masques dans certains genres théâtraux comme la commedia dell'arte, venue d'Italie. On peut aussi se peindre le visage comme les personnages de l'Opéra de Pékin.

LA CHARTREUSE DE PARME

Clélia : – Promettez… La vie que vous m'avez faite est affreuse : vous êtes ici à cause de moi et chaque jour est peut-être le dernier de votre existence…

Fabrice : – Que faut-il promettre ?

Clélia : – Vous le savez.

Fabrice : – Je jure donc de me précipiter dans un malheur affreux, et de me condamner à vivre loin de tout ce que j'aime au monde.

Clélia : – Promettez des choses précises.

Fabrice : – Je jure d'obéir à la duchesse, et de prendre la fuite le jour qu'elle voudra et comme elle le voudra. Et que deviendrai-je une fois loin de vous ?

Clélia : – Jurez de vous sauver quoi qu'il puisse arriver.

Fabrice : – Comment ! Êtes-vous décidée à épouser le marquis Crescenzi dès que je n'y serai plus ?

Clélia : – Ô Dieu ! Quelle âme me croyez-vous ?… Mais jurez ou je n'aurai plus un seul instant la paix de l'âme.

Fabrice : – Je jure de me sauver d'ici le jour que madame Sanseverina l'ordonnera, et quoi qu'il puisse arriver d'ici là.

Stendhal, *La Chartreuse de Parme*, L'Intégrale Seuil, 1969, p. 183.

STENDHAL

▶ Henri Beyle – Stendhal est son pseudonyme – naît à Grenoble en 1783, quelques années avant la Révolution française. À l'âge de 7 ans, il perd sa mère qu'il adorait et connaît une enfance sombre et révoltée dans une famille qu'il hait. C'est un introverti qui trouve refuge dans la lecture et l'écriture.

Le jeune Henri quitte Grenoble pour Paris où il participe avec passion à la Révolution et suit des cours à l'École polytechnique. Il peut ainsi exercer son goût pour les mathématiques et les sciences exactes. À l'âge de dix-sept ans, il part faire campagne avec Bonaparte, en Italie. La découverte de ce pays et de son art est pour lui un éblouissement, « un bonheur fou et complet ».

De retour à Paris, Henri Beyle parvient à conjuguer « une vie philosophique », faite de lectures et de spectacles, avec une carrière dans l'administration impériale, car il suit l'Empereur dans ses campagnes. À la mort de Napoléon, en 1821, il traverse une crise aiguë due surtout à des échecs amoureux et songe au suicide. Pour surmonter cette dépression, il se lance dans une intense activité littéraire et commence alors à publier, à quarante-quatre ans, ses premiers romans.

Nommé consul près de Trieste, en Italie, il écrit beaucoup et voyage, mais sa santé se dégrade. Au printemps 1842, il tombe dans la rue, à Paris, terrassé par une crise d'apoplexie. C'est la mort sans pathos dont il a toujours rêvé : « *Une chose simple.* »

▶ Henri Beyle publie pour la première fois sous le nom de Stendhal en 1817. Il s'agit de *Rome, Naples et Florence*, où l'on voit apparaître les thèmes du voyage, de la passion et de l'esthétique qui domineront toute son œuvre.

Ses déceptions amoureuses engendrent *De l'amour*, un manifeste sur l'art d'aimer. Dans *Racine et Shakespeare*, il défend le théâtre romantique, à rebours du classicisme. Dans son chef-d'œuvre *Le Rouge et le Noir*, paru en 1830, Stendhal raconte l'ascension et la chute brutale de Julien Sorel, détourné de l'amour par son désir de réussite sociale. Quelques ouvrages resteront inachevés.

La Chartreuse de Parme

■ *La Chartreuse de Parme*, publié en 1839, a été écrit en sept semaines à partir d'un récit des *Chroniques italiennes*. On y voit Fabrice del Dongo, jeune noble, enthousiaste des guerres de Napoléon, être aimé par deux femmes. C'est à la fois un roman historique, un roman politique et un roman d'amour. À propos de cet ouvrage, Stendhal écrivait dans une lettre à Balzac :

« *En composant* La Chartreuse, *pour prendre le ton, je lisais chaque matin deux ou trois pages du code civil, afin d'être toujours naturel ; je ne veux pas par des moyens factices fasciner l'âme du lecteur.* »

■ Ce dialogue met en scène Fabrice del Dongo, qui se trouve en prison. Il n'a plus envie de s'évader, alors que sa tante, la Sanseverina, a déjà tout organisé pour le faire fuir. Lui est en effet tombé amoureux de Clélia, la fille du gouverneur de la citadelle, et, de sa fenêtre, il peut la voir tous les jours. La jeune fille vient dans sa cellule pour le convaincre de s'enfuir.

EXPLICATIONS

Références

La situation est compliquée car les sentiments de plusieurs personnages sont en jeu. Dans ce dialogue, certains sont nommés par Clélia ou Fabrice :

*– Je jure d'obéir à **la duchesse**, dit Fabrice.*

Et plus loin, il ajoute :

*– Je jure de me sauver d'ici le jour que **madame Sanseverina** l'ordonnera.*

La duchesse Gina Sanseverina est la marraine de Fabrice, qu'elle a vu grandir. Mais elle éprouve pour lui une passion amoureuse sans espoir. Elle apprend avec douleur que Fabrice aime Clélia, mais elle tente tout de même d'aider son neveu. Avec l'aide de Clélia, sa rivale, elle élabore un plan pour l'aider à s'évader de la prison.

*– Êtes-vous décidée à épouser **le marquis Crescenzi** dès que je n'y serai plus ?* demande aussi Fabrice.

Clélia refuse d'épouser ce marquis, comme le souhaite son père, parce qu'elle aime Fabrice. Mais elle consentira plus tard à cette union, ayant fait vœu à la Madone de ne plus revoir Fabrice s'il a la vie sauve, ce qui adviendra.

Clélia se débat entre son désir de voir tous les jours Fabrice, s'il reste en prison, et sa peur qu'il soit empoisonné s'il ne s'enfuit pas. Elle exprime son tourment en parlant de son âme :

*– Mais jurez où je n'aurai plus un instant la paix de **l'âme**.*

S'engager, promettre

▶ La situation présente est dramatique et les propos des deux jeunes gens sont empreints d'émotion. Clélia est très pressante. Elle donne des ordres à Fabrice en utilisant **l'impératif** et **la répétition** afin de le convaincre.

– Promettez... [...] Promettez des choses précises.

▶ Elle veut obtenir plus qu'une promesse, un serment.

– Jurez de vous sauver...

– Mais jurez... répète Clélia.

▶ En français, les verbes de déclaration qui indiquent une promesse, un engagement, se construisent avec **de + l'infinitif**.

*– **Je jure de me sauver** d'ici le jour que madame Sanseverina l'ordonnera, et quoi qu'il puisse arriver d'ici là.*

On trouve d'autres verbes qui expriment aussi l'engagement moral, la promesse verbale, comme **s'engager à** qui se construit soit avec l'infinitif (quand le sujet est identique dans les deux propositions), soit avec le subjonctif :

« **Je m'engage à venir** te voir tous les dimanche, mamie. »

« **Je m'engage à ce que les enfants viennent** te voir tous les dimanche maman. »

Se plaindre

Mais le futur est aussi le temps de la plainte pour Fabrice :

– Et que deviendrai-je une fois loin de vous ? s'écrie Fabrice, qui désire seulement continuer à voir Clélia chaque jour depuis sa cellule.

Le niveau de langue de Fabrice est soutenu. Quand il interroge Clélia, il fait l'inversion du sujet :

*– Que **deviendrai-je**...*

Aujourd'hui, en langage courant, on dirait plutôt :

« Et qu'est-ce que **je deviendrai**, une fois loin de vous ? »

Il demande aussi avec inquiétude :

*– Êtes-vous décidée à épouser le marquis Crescensi dès que je **n'y serai plus** ?*

Ce futur, sans Clélia, est une idée qui lui est insupportable.

ACTIVITÉS

I. Compréhension orale

a Repérages

1. On entend :
❑ des oiseaux
❑ des bruits de pas
❑ des bouteilles qui se cassent

2. Les personnages qui parlent sont :
❑ une prisonnière et son geôlier
❑ deux amoureux
❑ un père et sa fille

b Compréhension globale

1. Dans quel ordre entendez-vous ces noms ou ces titres ?
a) madame Sanseverina – **b)** la duchesse –
c) le marquis Crescenzi

1. ... – **2.** ... – **3.** ...

2. Où sommes-nous ?
❑ dans un jardin
❑ dans une prison
❑ dans un château

3. Le jeune homme doit :
❑ promettre de se marier.
❑ promettre de s'évader.
❑ promettre de se laisser condamner.

4. Combien de fois entendez-vous le verbe « jurer » ?
❑ 2
❑ 3
❑ 4
❑ 5

5. Combien de choses différentes le héros doit-il jurer de faire ?
❑ 1   ❑ 4
❑ 2   ❑ 5
❑ 3

c Compréhension détaillée

1. Dites si ces phrases sont vraies ou fausses.

	Vrai	Faux
a) La jeune fille est pleine d'espoir.	❑	❑
b) Le jeune homme va prendre la fuite.	❑	❑
c) La jeune fille va bientôt se marier avec un marquis.	❑	❑
d) Le jeune homme doit obéir aux ordres de madame Sanseverina.	❑	❑

2. Quel temps utilise souvent la jeune fille avec l'homme à qui elle parle ?
❑ le futur
❑ l'impératif
❑ le passé composé

3. Pourquoi utilise-t-elle ce temps ?
❑ Pour se faire obéir.
❑ Pour évoquer le passé.
❑ Pour faire des projets d'avenir.

4. Quels sont les sentiments qui agitent les deux protagonistes ?
❑ la frayeur
❑ la passion
❑ la colère

5. Écoutez et complétez les phrases par la subordonnée complémentaire.
a) Le jeune homme est là
b) Il jure de s'enfuir
c) Il obéira à la Duchesse
d) La jeune femme épousera peut-être le marquis
1. quoi qu'il puisse arriver.
2. dès qu'il sera parti.
3. à cause de la jeune fille.
4. quand elle le voudra.

II. Expression orale

❶ Le jeune homme monologue : il parle de ses craintes, de sa passion, de sa fidélité et de son désespoir de devoir s'enfuir.

❷ Le jeune homme refuse de promettre : il s'oppose, réplique par réplique, à ce que demande la jeune fille.

❸ La Sanseverina arrive et fait une scène de jalousie au jeune homme.

4 Gardez la même histoire et les mêmes personnages mais transposez la scène aujour-d'hui, avec un langage « jeune ».

III. Compréhension écrite

1 Repérez et recopiez les verbes exprimant la promesse, l'engagement.

2 Quel est le mot-clé correspondant à la demande de Clélia envers Fabrice ?
- ❏ vivre loin de moi
- ❏ vous sauver
- ❏ m'épouser

3 Qu'apprend-on sur les sentiments de Fabrice ? Choisissez les bonnes phrases.
- ❏ Il va être très malheureux.
- ❏ Il adore Clélia.
- ❏ Il déteste la duchesse.
- ❏ Il espère oublier Clélia avec le temps.
- ❏ Il est jaloux.
- ❏ Il a décidé de renoncer à Clélia.
- ❏ Il préfère sauver sa vie que de rester pour voir Clélia.
- ❏ Il veut tuer le marquis Crescenzi.

4 Faites des hypothèses. Qu'évoquent ces mots de Clélia ?

a) « Chaque jour est peut-être le dernier de votre existence. »
- ❏ Fabrice est malade.
- ❏ Il va partir à la guerre.
- ❏ Il risque de mourir empoisonné.

b) « Jurez ou je n'aurai plus un seul instant la paix de l'âme. »
- ❏ Clélia se sent responsable de l'emprison-nement de Fabrice.
- ❏ Clélia est rentrée dans les ordres.
- ❏ Clélia va bientôt mourir.

IV. Expression écrite

1 Imaginez

Clélia dit : « La vie que vous m'avez faite est affreuse » : écrivez pourquoi, en faisant des hypo-thèses sur ce qui a pu se passer.

2 Transformez ce dialogue en narration et racontez la scène.

3 Que pensez-vous de cette scène où la jeune Clélia oblige Fabrice à accepter de prendre la fuite ? Êtes-vous pour ou contre ? Développez vos arguments.

V. Culture

• Le fait de jurer peut engager totalement la personne. Par exemple, à un procès, si vous devez témoigner, on vous demande : « Jurez de dire la vérité, toute la vérité, rien que la vérité, levez la main droite et dites "je le jure" » ; si vous mentez, et qu'il est prouvé que vous avez fait un faux témoignage, vous serez condamné.

Comment se passent les procès chez vous ? Demande-t-on également de jurer, de prêter serment ?

• Aux siècles passés et même récemment, dans des pays particulièrement religieux, on jurait sur la tête de sa mère ou de ses enfants, persuadé que le parjure ne pouvait qu'attirer le châtiment de Dieu.

En littérature, on trouve souvent des héros ou héroïnes adultères qui jurent à la Madone de ne plus jamais revoir leur amant(e) ; c'est le cas de Clélia dans ce roman.

Connaissez-vous d'autres romans où les amants sont séparés pour toujours à cause des serments donnés ?

• Quel est l'autre roman de Stendhal où, à la fin, le héros, condamné à mort, meurt guillotiné ?

• En France, la peine de mort a été supprimée en 1981, au moment où François Miterrand est devenu président de la République.

Quelle est l'organisation internationale qui enquête dans les pays où torture et peine de mort ont cours ?

• Fabrice jure, car Clélia le veut. Croyez-vous en ce genre de relation amoureuse aujourd'hui ?

L'ÉTRANGE DESTIN DE WANGRIN

Bouraboura : – Qui est ton père adoptif, Tenin ?

Tenin : – Mon père n'est aimé ni de Romo ni de ton commandant. Mais Dieu merci, ils ne pourront rien contre lui. Il est formidablement protégé par des forces invisibles. En outre, il est très, très riche et très large avec ses amis. Par contre, je dois l'avouer, il est dur, et même très dur, avec les gens qui se mettent en travers de son chemin. Il vaut mieux toujours l'avoir avec soi que contre soi.

Bouraboura : – Ton père adoptif ne serait-il pas Wangrin, par hasard ?

Tenin : – Tu l'as exactement nommé. Mais comment as-tu fait pour le deviner ?

Bouraboura : – Le commandant et Romo parlent beaucoup de Wangrin. Le boy Zoumana et moi-même avons reçu la consigne de ne jamais le fréquenter, ni un membre de sa famille, ni même un quelconque de ses amis.

Tenin : – Le destin se moque de Romo et du commandant ! Car voici qu'il a décidé que ton commandant et toi-même tomberiez follement amoureux de la fille de Wangrin. Mais dis-moi ? Continues-tu à m'aimer malgré ma filiation ?

Bouraboura : – Oui, Tenin, je t'aimerais même si tu étais la fille du plus grand vampire ou criminel du monde !

Tenin : – Merci, mon frère !

Amadou Hampaté Bâ, *L'Étrange Destin de Wangrin*, 10 / 18,
Union générale d'éditions, 1979, p. 282-283.

AMADOU HAMPATÉ BÂ

▶ Amadou Hampaté Bâ naît au début du siècle à Bandiagara, au Mali, en pays Dogon. Il appartient à une grande famille Peule, apparentée, du côté maternel, à un grand conquérant. Dans ce cercle familial, il reçoit une éducation traditionnelle particulièrement riche. Une haute figure de la spiritualité africaine, Tiemo Bokar, l'initie à une forme ésotérique de l'islam. Puis il devient chercheur à l'Institut français d'Afrique noire. Après l'indépendance du Mali, il se voit confier de hautes fonctions administratives et diplomatiques.

Cette éducation privilégiée, française et malienne, peut expliquer sa passion pour le patrimoine culturel africain. Dès sa jeunesse il cherche à sauvegarder, collecter, transcrire et traduire des textes de la tradition orale : « *En Afrique, un vieillard qui meurt est une bibliothèque qui brûle* » est devenu l'une des phrases les plus célèbres d'Hampaté Bâ. Quand il meurt en 1991, il est unanimement respecté et fait figure de sage de cette Afrique contemporaine, divisée entre modernité et respect pour la tradition.

▶ L'œuvre d'Hampaté Bâ est donc essentiellement consacrée à la promotion de la culture traditionnelle Peule. Il encourage l'alphabétisation dans cette langue qu'il utilise lui-même pour la poésie. Son œuvre poétique compte des milliers de vers, surtout mystiques.

Inspiré par l'univers des conteurs de son enfance, il publie aussi des récits et des contes initiatiques. C'est ainsi que le conteur Koullel, qui vivait dans l'entourage de son père adoptif, se retrouve dans *Amkoullel, l'enfant Peul*, admirable récit autobiographique datant de l'année de sa mort. La plupart des ouvrages d'Hampaté Bâ ont été édités à titre posthume. Mais il laisse aussi des écrits en français, des travaux philosophiques ou historiques édités en collaboration avec des chercheurs européens.

L'Étrange Destin de Wangrin

■ C'est à la fois un roman, un récit de vie et un conte initiatique, et il obtient le grand prix littéraire de l'Afrique noire en 1974.

Cet écrit relate la destinée d'un ami de la famille d'Hampaté Bâ, qui a pour nom Wangrin. L'homme est interprète, une charge importante à l'époque coloniale, et parvient, à force de ruses, au sommet de la puissance et de la richesse. Mais il en oublie ses devoirs envers les dieux protecteurs et finit ruiné.

■ Le texte est à la fois une chronique de l'époque coloniale et une peinture pittoresque et imagée de l'homme africain.

Wangrin, devenu riche commerçant, se méfie des mauvaises intentions du commandant de la place à son égard et cherche à le neutraliser. Sa fille adoptive, Tenin, est courtisée à la fois par le commandant et par son cuisinier, Bouraboura. Wangrin demande donc à sa fille de persuader le cuisinier de verser un philtre dans les plats du commandant.

■ Dans ce dialogue, Tenin se rend à un rendez-vous avec Bouraboura. Il commence à lui plaire et elle le fait entrer dans sa case.

EXPLICATIONS

Présenter

► Pour parler de son père, Tenin utilise des adjectifs mais aussi des adverbes :

– *Il est **formidablement** protégé par des forces invisibles.*

Formidable est ici utilisé non pas dans son sens originel d'effrayant, mais comme adverbe augmentatif signifiant **totalement, tout à fait**.

► Les phrases s'adressant aux gens en général sonnent comme des avertissements :

– *Il est dur (…) **avec les gens qui** se mettent en travers de son chemin.*

► L'expression **il vaut mieux** exprime encore plus clairement une menace :

– ***Il vaut** toujours **mieux** l'avoir avec soi que contre soi.*

Tenin présente son père comme un personnage puissant.

Exprimer l'admiration

► Les superlatifs.

Tenin est très élogieuse envers son père.

– *Il est **très, très riche** et **très large** avec ses amis. Par contre (…) il est dur, et même **très dur** avec les gens qui se mettent en travers de son chemin*, dit-elle.

Quand on veut exprimer l'intensité, on utilise **très**, qui est une forme du superlatif (absolu) de l'adjectif ou de l'adverbe.

« *Dans un passé **très** lointain, nous étions des poissons.* »

Exprimer la confiance

► Tenin est persuadé que rien ni personne ne peut nuire à son père.

– *Mais Dieu merci, ils ne pouront rien contre lui.*

Son assurance se traduit par le futur. Quand on est sûr de l'avenir, on utilise ce temps pour affirmer sa confiance.

« *Avec ses atouts, il réussira.* »

► Tenin feint de croire que c'est le destin qui commande l'amour de Bouraboura :

– *Le destin se moque de Romo et du commandant ! Car voici qu'il a décidé que ton commandant et toi-même **tomberiez** follement amoureux de la fille de Wangrin...*

Ici, le futur est transformé en conditionnel (« il décide que vous tomberez » → « il a décidé que vous tomberiez »). Il exprime la confiance absolue : valeur inéluctable de ce qui est prévu par le ciel.

Ce temps est bien celui de la prédiction qui rassure.

► Bouraboura emploie lui aussi des superlatifs pour parler de la force de son amour :

– *Oui, Tenin, je t'aimerais même si tu étais la fille **du plus grand vampire** ou **criminel** du monde.*

Le superlatif relatif avec **le plus** ou **la plus** sert à mettre en valeur les qualités d'une personne par rapport à d'autres.

Le discours souligne que Wangrin est un personnage hors du commun.

Interdire

Bouraboura devine très vite que le père adoptif de Tenin est Wangrin. Car dans la résidence du commandant où il est cuisinier, il est souvent question de Wangrin, pour le déprécier :

– *Le boy Zoumana et moi-même **avons reçu la consigne** de ne **jamais** le fréquenter, **ni** un membre de sa famille, **ni même** un quelconque de ses amis.*

Le personnel a reçu l'interdiction de contacter Wangrin, car dans un système hiérarchisé comme celui de l'armée, **recevoir une consigne** équivaut à un ordre. C'est le commandant, qui impose sa loi à son personnel de service.

L'interdiction est exprimée par la triple négation **ne... jamais**, **ni...**, **ni même**.

ACTIVITÉS

I. Compréhension orale

a Repérages

1. On entend au début :
- ❏ des voitures
- ❏ des insectes
- ❏ du vent

2. Quelle sorte d'échange ont les deux personnes qui parlent ?
- ❏ Elles se disputent.
- ❏ Elles parlent calmement.
- ❏ Elles étudient.

b Compréhension globale

1. Chassez les intrus de la liste.

On entend parler de :

a) colonel	**g)** fille
b) commandant	**h)** garçon
c) Dieu	**i)** vampire
d) boy	**j)** monstre
e) père adoptif	**k)** criminel
f) orphelin	**l)** ennemi

2. Qui ?

Quels adjectifs pour quelles personnes ?
a) Wangrin– **b)** Tenin – **c)** Bouraboura – **d)** le commandant – **e)** le boy

1. protégé(e) – **2.** amoureux(se) – **3.** dur(e) – **4.** adopté(e) – **5.** riche – **6.** autoritaire – **7.** obéissant – **8.** généreux – **9.** sûr de soi

3. Quelles sont les relations ?

a) Tenin est :
- ❏ la fille de Bouraboura
- ❏ la fille du commandant
- ❏ la fille de Wangrin

b) Wangrin est :
- ❏ l'oncle de Tenin
- ❏ l'ami de Tenin
- ❏ le père adoptif de Tenin

4. Combien de fois entendez-vous :

a) père
- ❏ 1
- ❏ 2
- ❏ 3
- ❏ 4

b) fille
- ❏ 1
- ❏ 2
- ❏ 3

c) commandant
- ❏ 1
- ❏ 2
- ❏ 3

c Compréhension détaillée

1. Dites si ces phrases sont vraies ou fausses.

	Vrai	Faux
a) Wangrin est un homme malade.	❏	❏
b) Sa fille est fière de lui.	❏	❏
c) Deux hommes sont amoureux de Tenin.	❏	❏
d) Zoumana et Bouraboura suivent les ordres du commandant.	❏	❏
e) Tenin est une criminelle.	❏	❏

2. Complétez le dialogue avec les mots et les verbes suivants.

1. père – oncle – grand-père – fille – nièce – amie – colonel – général – commandant – esclave – serviteur – boy

2. vaut mieux – avons préféré – avons reçu la consigne – autoriser – contacter – fréquenter – servir – se moque – méprise – termines – continues – haïr – aimer

a) Mon .... n'est aimé ni de Romo ni de ton ....

b) Il .... toujours mieux l'avoir avec soi que contre soi.

c) Le .... Oumana et moi-même .... de ne jamais le ....

d) Le destin .... de Romo et du commandant.

e) .... tu à m'................. malgré ma filiation ?

3. Choisissez le bon résumé.

a) Wangrin est un homme puissant craint par tous. Sa fille est amoureuse de Bouraboura.

b) Wangrin a des amis et des ennemis puissants. Il a promis la main de sa fille au commandant.

II. Expression orale

❶ Vous êtes Wangrin et vous expliquez quelles sont les forces invisibles qui vous protègent (la nature, les esprits, les dieux, etc.).

❷ Tenin fait l'éloge de son père ; à votre tour et sur ce modèle, faites l'éloge de quelqu'un de votre famille que vous aimez beaucoup.

❸ Bouraboura dit à Tenin qu'il l'aimera quoi qu'il arrive, *« même si tu étais la fille du plus grand vampire ou criminel du monde »*.
Faites à votre tour votre déclaration d'amour en assurant l'autre de l'aimer toujours, « même si... » : énumérez les pires choses qui pourraient arriver en utilisant aussi des superlatifs.

III. Compréhension écrite

❶ Citez la phrase qui montre que le pouvoir « invisible » de Wangrin dépasse celui du commandant.

❷ Choisissez les expressions et les mots ayant le même sens que ceux qui sont en gras.

a) Il est très **large** avec ses amis.
  - ❏ accueillant
  - ❏ généreux
  - ❏ attentif

b) Il est dur avec les gens qui **se mettent en travers de son chemin**.
  - ❏ le volent
  - ❏ le dérangent
  - ❏ le méprisent

c) **Nous avons reçu la consigne** de ne pas le fréquenter.
  - ❏ On nous a ordonné
  - ❏ On nous a conseillé
  - ❏ On nous a dit

❸ Relevez les termes et les phrases constituant le portrait d'un Wangrin à la fois admirable et redoutable.

❹ Tenin est très sûre du pouvoir de Wangrin. Comment progresse-t-elle dans son discours ? Remettez les moments de sa démonstration dans l'ordre :
  - **a)** il vaut mieux être son ami
  - **b)** il n'est pas aimé de beaucoup de monde
  - **c)** il est très riche

❺ Quelle est la relation entre Tenin et Bouraboura ? Définissez-la en reprenant des mots du dialogue.

IV. Expression écrite

❶ Bouraboura a reçu une consigne à propos de Wangrin : « Nous avons reçu la consigne de **ne jamais** le fréquenter, **ni** un membre de sa famille, **ni même** un quelconque de ses amis. » Continuez les interdictions en utilisant **ne jamais... ni... ni** (Faites au moins cinq phrases).

❷ Nous sommes une semaine après cette entrevue et Bouraboura raconte ce qui s'est passé depuis, avec le commandant Wangrin et Tenin. (Racontez au passé, en 100 mots et citez au moins trois évènement nouveaux).

V. Culture

• Tenin fait la louange de son père. Pour exprimer les extrêmes (sentiments, événements, etc.) on utilise des superlatifs.
Le Livre des records est un ouvrage qui se décline en superlatifs : il recense l'homme **le plus gros**, la ville **la plus grande**, la femme **la plus rapide** du monde et tous les phénomènes extrêmes de la terre.
Trouvez-vous ce genre d'ouvrage utile ? Que chercheriez-vous à savoir si vous en aviez un exemplaire ?

• Dans la tradition africaine, le frère du père, l'oncle paternel, est considéré comme le père, et même, dans la tradition Peule, il est appelé père : il a les mêmes droits et les mêmes devoirs que lui.
Connaissez-vous d'autres sociétés où ce ne sont pas les géniteurs qui sont appelés père et mère ?

• Tenin répond « merci mon frère » à Bouraboura en signe d'intimité et d'affection, même s'il est loin d'être son frère.
Dans votre langue, existe-t-il des mots différents, pour désigner le frère ou la sœur aîné(e), le frère ou la sœur puîné(e), les cadets, les benjamins, les grands-mères et grands-pères maternel(le/s) et paternel(le/s)...

• Tenin a été adoptée, ce qui est une pratique courante en Afrique de l'Ouest, comme dans le roman, même si les parents sont encore en vie. Connaissez-vous les règles d'adoption en France ?

BOUVARD ET PÉCUCHET

Pécuchet: – Ah! L'eau manque dans le bassin! Patience, on y verra jusqu'à un cygne et des poissons!

Bouvard: – À peine s'ils ont remarqué la pagode!

Pécuchet: – Prétendre que les ruines ne sont pas propres est une opinion d'imbécile!

Bouvard: – Et le tombeau une inconvenance? Est-ce qu'on n'a pas le droit d'en construire un dans son domaine? Je veux même m'y faire enterrer!

Pécuchet: – Ne parle pas de ça!… Le médecin m'a l'air d'un joli poseur!

Bouvard: – As-tu observé le ricanement de Marescot devant le portrait?

Pécuchet: – Quel goujat que monsieur le maire! Quand on dîne dans une maison, que diable! On respecte les curiosités.

Bouvard: – Mme Bordin.

Pécuchet: – Eh! C'est une intrigante! Laisse-moi tranquille.

Gustave Flaubert, *Bouvard et Pécuchet*, Folio, Gallimard, 1999, p. 110.

GUSTAVE FLAUBERT

▶ Le jeune Gustave Flaubert est très vite passionné par le romantisme et convaincu de sa vocation d'écrivain. Mais ses parents s'y opposent et l'envoient à Paris faire des études de droit. Il faut une violente crise d'épilepsie, en 1844, alors qu'il a vingt-trois ans, pour les convaincre de le laisser écrire. Ils achètent près de Rouen, en Normandie, une grande maison au bord de la Seine. C'est là que Flaubert écrira toutes ses œuvres.

Il est marqué dans sa jeunesse par la mort de son père et de sa sœur Caroline, mais aussi par sa rencontre avec Louise Colet, femme de lettres. Il reste de leur liaison orageuse, qui durera presque dix ans, une correspondance abondante et pleine d'informations sur son œuvre. Flaubert s'embarque pour l'Orient vers 1850 et s'emplit la mémoire d'images et de sensations en visitant l'Égypte, la Palestine, le Liban, la Syrie puis Constantinople, Athènes et Rome. Ces voyages lui inspirent des critiques ou des louanges de l'exotisme et de l'orientalisme. De retour à Paris, il connaît une notoriété grandissante et se lie avec plusieurs écrivains, dont une femme devenue célèbre, George Sand. Mais les années 1870 se révèlent plus difficiles et douloureuses avec la disparition de certains de ses proches et le mauvais accueil réservé à ses nouvelles œuvres. Dix ans plus tard, à cinquante-neuf ans, il meurt d'épuisement, foudroyé par une hémorragie cérébrale, au milieu des manuscrits de son dernier roman, inachevé.

▶ Le talent de Flaubert n'a pas été reconnu par ses contemporains. En revanche, le XXe siècle verra en lui l'un des fondateurs du roman moderne.

En 1856, son roman *Madame Bovary* lui vaut d'être traduit en justice pour atteinte aux bonnes mœurs et à la religion. Il y peint l'histoire banale et adultère d'une petite bourgeoise provinciale. D'autres romans dits «réalistes», comme *L'Éducation sentimentale*, seront hués par la critique de l'époque. À l'opposé, Flaubert laisse éclater son autre veine, romantique et lyrique, dans *La Tentation de saint Antoine* ou *Salammbô*.

Bouvard et Pécuchet

■ La rédaction de *Bouvard et Pécuchet*, le roman de la bêtise humaine, obsède Flaubert durant des années. Il en fait tout à la fois une sorte de dictionnaire des idées reçues et un catalogue de stéréotypes.

■ Bouvard et Pécuchet sont deux greffiers, délivrés de leur profession de copiste par un héritage providentiel. Ils décident de se consacrer au savoir et abordent l'une après l'autre toutes les disciplines. Mais ils subissent toujours le même échec: les vérités établies se contredisent. Ils se décident à copier les œuvres, en en faisant la critique.

■ Dans cet extrait, on voit Bouvard et Pécuchet qui viennent d'emménager à grands frais dans une nouvelle maison. Ils ont tenté plusieurs expériences, y compris en agriculture et en architecture. Ils ont même construit un tombeau étrusque dans leur jardin. Mais les notables invités à admirer leurs œuvres sont repartis sans avoir eu l'air de les apprécier.

EXPLICATIONS

Faire allusion

Dans ce livre où Flaubert veut peindre la bêtise, les deux hommes ont conçu une maison au décor présomptueux et grotesque :

> – *À peine s'ils ont remarqué **la pagode***, dit Bouvard, évoquant une pagode, repeinte en rouge par leurs soins et ressemblant ainsi, comme le dit Flaubert, à un phare au milieu des vignes...
> – *Et **le tombeau** une inconvenance ?* évoque un cube très laid installé dans le jardin potager grâce à eux et baptisé « Le tombeau étrusque ».

Insister

De même que dans *Le Dictionnaire des idées reçues*, le bêtisier constitué par Flaubert, on remarque ici l'emploi de phrases générales avec **on** et **l'infinitif**, caractéristiques de l'énoncé de vérités universelles et bien établies.

Celles-ci permettent à Bouvard de poser des questions fermées dont la réponse attendue est affirmative :

> – *Est-ce qu'on n'a pas le droit de construire un tombeau étrusque dans son domaine ?*

Lorsque l'on pose une question avec **est-ce que... ne pas**, la réponse attendue est **si** ou **bien sûr**, plus forts qu'un simple oui.

« Ne pourriez-vous pas être poli ? » implique une exigence de la part de la personne qui formule ainsi sa demande. Elle sous-entend que la politesse devait être obligatoire.

« Pourriez-vous être poli ? » montre moins d'insistance.

Médire

Bouvard et Pécuchet estiment posséder savoir et science et avoir le droit de critiquer et de médire des convives :

> – *Le médecin m'a l'air d'un joli **poseur** !*, commence Pécuchet.

> – *As-tu observé **le ricanement** de Marescot (...) ?*, répond Bouvard.
> – *Quel **goujat** que monsieur le maire !*, critique Pécuchet.
> – *Eh ! C'est **une intrigante** !*, dit encore Pécuchet en parlant de madame Bordin.

▶ Tous les invités sont passés au crible avec une liste de termes péjoratifs et injurieux pour les définir, accentués par l'emploi de phrases exclamatives, elliptiques et nominales.

> – *Quel goujat !*
> – *C'est une intrigante !*

Se piquant de science et d'art, ils sont furieux de ne pas être appréciés selon leurs talents, et leur plainte prend des allures de menace.

Les noms expriment de façon percutante leur ressentiment :

> – *Ah ! l'eau manque dans le bassin !*
> *Patience...* dit Pécuchet.

Patience prend un sens agressif.

Les journaux, dans leurs titres, utilisent la phrase nominale pour frapper le lecteur.

Exprimer la déception, le dépit

▶ Déçus, Bouvard et Pécuchet pensent à une revanche pour le lendemain et emploient le futur, formule utile pour garder espoir :

> – *(...) dans le bassin (...) on y verra jusqu'à un cygne et des poissons !*

▶ Leur discours exprime une progression dans la déception quand ils utilisent **À peine si** en début de phrase, qui souligne un désintérêt :

> – *À peine s'ils ont remarqué la pagode*, disent-ils des invités indifférents.

Dans le langage courant, on dirait plutôt :
« Ils ont **à peine** remarqué la pagode. »

On peut également exprimer le dépit avec **même pas**, qui est une surenchère dans le déni :
« Ils n'ont **même pas** remarqué la pagode. »

Même pas signifie **pas du tout**, alors que **à peine** a le sens de **un peu**.

ACTIVITÉS

I. Compréhension orale

a Repérages

1. D'après les bruits, on se trouve :
- ❏ dans une maison
- ❏ dans un jardin
- ❏ dans un zoo

2. On entend :
- ❏ deux amis
- ❏ deux amants
- ❏ deux scientifiques

b Compréhension globale

1. Combien y a-t-il de phrases exclamatives ?
- ❏ 3
- ❏ 4
- ❏ 5
- ❏ 6
- ❏ 7
- ❏ 8

2. D'après l'intonation, quel sentiment éprouvent les deux hommes ?
- ❏ la peur
- ❏ la colère
- ❏ l'admiration
- ❏ la pitié

3. Dans quel ordre apparaissent ces expressions :
- **a)** On respecte les curiosités.
- **b)** Laisse-moi tranquille !
- **c)** Ne parle pas de ça !
- **d)** Ah ! L'eau manque dans le bassin !

1. … – **2.** … – **3.** … – **4.** …

4. De quoi parlent les deux hommes ? Barrez les intrus.
tombeau – cimetière – château – ruines – temple – pagode – jet d'eau – bassin – poissons – canards – cygnes – tableaux – peintures – portraits

c Compréhension détaillée

1. Donnez, pour chaque personne, une attribution ou une qualité.

a) Madame Bordin	**1.** un poseur
b) Monsieur le maire	**2.** une intrigante
c) Bouvard	**3.** agressif
d) Pécuchet	**4.** un goujat
e) Marescot	**5.** déçu

2. Dites si ces phrases sont vraies ou fausses.

	Vrai	Faux
a) Les invités des deux hommes ont été réellement odieux.	❏	❏
b) Les hôtes ont décoré leur jardin avec beaucoup de goût.	❏	❏
c) Les deux hommes critiquent tous les invités.	❏	❏
d) Ils ont beaucoup de peine.	❏	❏

3. Écoutez et complétez les phrases avec les mots de la liste suivante :
1. Quand – **2.** à peine – **3.** même – **4.** est-ce qu'on a pas le droit – **5.** patience – **6.** que diable
- **a)** ……………, on y verra jusqu'à un cygne.
- **b)** ………………… s'ils ont remarqué la pagode.
- **c)** …………………………… d'en construire un dans son domaine ?
- **d)** Je veux …………… m'y faire enterrer !
- **e)** ……………… on dîne dans une maison, ……………… !

II. Expression orale

1 Récitez une fable de La Fontaine ou jouez-la à deux en n'oubliant pas la morale (« La raison du plus fort est toujours la meilleure » ; « Rien ne sert de courir, il faut partir à point » ; « Tout flatteur vit aux dépens de celui qui l'écoute » ; « Plus fait douceur que violence », etc.)

2 Variation

Vous faites une petite soirée chez vous : vous êtes au piano et votre ami(e) chante : les convives partent vite et ne paraissent pas apprécier. Vous commentez, après leur départ, leur attitude grossière (utilisez surtout des phrases nominales et des exclamations).

III. Compréhension écrite

1 Recopiez les phrases nominales : qu'expriment-elles ?

2 Remplacez
a) ces mots par des équivalents dans un registre de langue plus courant :
un goujat – une intrigante – un ricanement
b) cette expression par une périphrase qui explique son sens :
– Patience !

3 Relevez les phrases indiquant la relation entre les deux hommes. À quel temps sont les verbes ? Pourquoi ?

4 Qu'expriment les verbes suivants ?
À peine s'ils **ont remarqué** la pagode – **Prétendre** que les ruines ne sont pas propres – **(il) m'a l'air** d'un joli poseur – **As-tu observé** le ricanement de Marescot – **On respecte** les curiosités – **C'est** une intrigante.
❏ l'observation
❏ la médisance
❏ la passion

5 Analysez la phrase suivante : «*Quand **on dîne** dans une **maison**, que diable ! On **respecte** les curiosités.* » :
a) Quand on dîne dans une maison est une proposition :
❏ de temps
❏ de condition
❏ de conséquence
b) Que signifie, dans ce contexte, le mot «**maison**» :
❏ chez des officiels
❏ chez soi
❏ chez des amis
c) Quel est le sens du présent ?

IV. Expression écrite

1 Dans l'exercice précédent, remplacez «Quand on dîne dans une maison» et «on respecte» par des propositions de sens équivalents.

2 Transformez la phrase du dialogue : « L'eau manque... poissons» en style indirect en commençant par «Ils ont dit que».

3 Vous écrivez à votre meilleur(e) ami(e) pour critiquer la nouvelle villa des voisins qui ont aménagé à côté de la vôtre : chez vous, tout est beaucoup mieux et ils ont très mauvais goût (au moins 100 mots).

V. Culture

• Flaubert intègre dans ce roman des clichés figurant dans son *Dictionnaire des idées reçues*. Il avait noté dans un recueil, qu'il appelait un sottisier, une collection de phrases stupides classées par catégories et par styles. On y trouvait des dictons, énoncés logiques commençant par des infinitifs : *(Prétendre que les ruines ne sont pas propres est une opinion d'imbécile.)* et des phrases à dire en toute circonstance comme *Il fait beau, mais le fond de l'air est frais.*

Citez quelques proverbes de chez vous.

Flaubert se moque de l'orientalisme de Bouvard et Pécuchet qui ont construit une pagode et un tombeau étrusque dans le jardin.

Les clichés et les stéréotypes sont-ils un moyen de faire connaître son propre pays ?

• On connaît un personnage de bandes dessinées célèbre pour ses jurons : Le capitaine Haddock dans *Tintin*, de Hergé. Parmi ces jurons, lesquels avez-vous déjà entendus ? Lequel préférez-vous ? Choisissez-en un inconnu de vous et faites des hypothèses sur son sens.

analphabète – bandit – brute – chauffard – cloporte – cornichon – ectoplasme – gredin – iconoclaste – logarithme – marin d'eau douce – misérable – naufrageur – nyctalope – patapouf – renégat – sacripant – traître – troglodyte – zouave

L'AVALÉE DES AVALÉS

Bérénice : – Major, je suis venue vous voir pour vous rappeler, une fois encore, que je meurs d'envie d'apprendre à voler et que votre rôle de père exige que vous m'appreniez à le faire.

Major : – Tu n'es pas assez vieille. Tu n'es pas un homme. Tu n'es pas autochtone.

Bérénice : – Graham Rozenkreutz n'est pas autochtone.

Major : – Tu n'es pas un héros.

Bérénice : – Il ne manque du héros que l'acte héroïque.

Major : – De faux père à fausse fille, je te conseille de te méfier de Gloria.

Bérénice : – Plaît-il ?

Major : – Tu es apache, idéaliste. Tu seras une proie facile pour elle. Tu as raccourci tes beaux cheveux ?

Bérénice : – J'aime Gloria comme une sœur. Je vous interdis ce genre d'allusions. Vous m'insultez, vous me décevez !

Major : – Si tu veux que je te conserve mon amitié, je te conseille de ne plus t'afficher avec cette ordure.

Bérénice : – Conseil pour conseil, je vous conseille de vous mettre une fois pour toutes dans la tête que je ne suis pas que mon sexe, que j'ai une fois deux bras et une fois deux jambes, comme Bellérophon, comme Achille d'Oïlée, dit le petit Achille.

Major : – Sors, Bérénice. Tu reviendras lorsque tu auras plus de plomb dans la tête.

Réjean Ducharme, *L'Avalée des avalés*, Folio, Gallimard, 1982, p. 344-345.

RÉJEAN DUCHARME

▶ Réjean Ducharme est un auteur québécois né en 1942. Après des études d'ingénieur à Montréal, il exerce différents métiers, voyage pendant trois ans en Amérique du Nord et au Mexique.

Mais sa principale activité est l'écriture. Il utilise, dans ses romans, des personnages qui philosophent en divaguant et qui lui permettent ainsi d'exprimer ses émotions. Les mêmes thèmes, peu nombreux, réapparaissent d'un ouvrage à l'autre, mais toujours sous une lumière différente.

L'univers favori de Ducharme est le monde merveilleux de l'enfance : tout y serait tellement pur et simple, estime-t-il, si les adultes, sous le prétexte d'agir en protecteurs, ne s'ingéniaient à le détruire par leurs inventons malfaisantes. C'est exactement le thème de son premier roman, *L'Avalée des avalés*, qui paraît en France en 1966. Il n'a que vingt-quatre ans, mais il a déjà écrit l'essentiel de son œuvre.

▶ En 1976, il publie *Les Enfantômes*, ouvrage suivi d'un long silence.

Ducharme préfère en effet, à ce moment-là, se tenir loin de la scène publique. Cela ne l'empêche pas d'écrire, en particulier des textes de théâtre, des chansons et des scénarios de films. Il se lance même dans la peinture sous le nom de Roch Plante. Ce n'est qu'en 1990 que l'écrivain renoue avec l'édition. Il publie *Dévadé*. C'est l'histoire de Bottom, un *« déficient social crasse »*, comme il l'appelle, qui lui donne matière à une étonnante variation sur le mal universel et la vanité de la vie.

▶ Le style romanesque de Réjean Ducharme est reconnaissable. À la fois par un usage ludique du langage, un humour souvent noir et le goût de la répétition obsessionnelle. Son écriture varie entre langue classique et langue populaire. Il aime jouer avec les noms des personnages et les titres – *Le nez qui vogue* (équivoque) ou *Les Enfantômes* (enfants fantômes). Ces jeux de langage servent à renforcer l'absurdité de l'existence. Ducharme est singulier aussi dans le choix de ses personnages : il crée de préférence des héros jeunes et inadaptés, aspirant à retrouver l'innocence de l'enfance.

L'Avalée des avalés

■ Au début du roman, l'héroïne, Bérénice Elnberg, a neuf ans. Elle souffre du désintérêt de sa mère pour elle, de la brutalité de son père, de la lâcheté de son frère qu'elle adore, et bientôt de la mort de sa meilleure amie.

■ Pour ne pas être avalée par les autres, Bérénice transforme sa souffrance en arme et s'efforce de demeurer dans l'enfance, en dépit du monde des adultes. Révoltée, elle crie : *« On ne peut rien contre la solitude et la peur. Rien ne peut aider… Plus on essaye de les calmer, plus elles se démènent, plus elles crient, plus elles brûlent. L'azur s'écroule, les continents s'abîment : on reste dans le vide, seul. »* Vers la fin du roman, Bérénice, à quinze ans, s'exile en Israël, pays en guerre. Elle entre dans la milice étudiante, se lie d'amitié avec Gloria, une femme rejetée de tous, et veut apprendre à piloter un avion. Elle va voir le Major.

EXPLICATIONS

Demander avec insistance

► Exprimer le désir.

Bérénice, révoltée, s'affronte au Major dans une relation faite à la fois de tendresse et de violence.

Elle utilise des expressions très fortes pour exprimer son désir :

– Je suis venue vous voir pour vous rappeler, une fois encore, que je meurs d'envie d'apprendre à voler.

Pour exprimer un sentiment extrême, on utilise l'expression **mourir de** :

« Quelle chaleur ! **Je meurs de** soif ! »

« Il est midi ! **Je meurs de** faim ! »

« **Je meurs d'**envie d'aller marcher dans le désert ! »

« Il conduit toujours à 200 km à l'heure et moi **je meurs de peur** ! »

► Dévoiler ses buts.

Ici, pour obtenir gain de cause, Bérénice insiste :

*– Je suis venue vous voir pour **vous rappeler, une fois encore**…*

D'abord, elle veut que le major se souvienne de ses demandes précédentes. Elle explique le sens de sa démarche.

Pour indiquer le but, on utilise **pour** et **l'infinitif** :

« Je suis venue **pour te dire** que je m'en vais. »

« Je chante **pour passer le temps**. »

► Exiger.

Bérénice essaye de culpabiliser le major, en l'accusant de manquer à son devoir de « père » envers elle.

*– Votre rôle de père **exige que vous m'appreniez** à le faire.*

Le verbe **exiger** traduit une demande impérative, un commandement. Elle rappelle à l'ordre le major sur ses responsabilités. Ce verbe se construit comme les autres verbes d'ordre ou d'obligation : **il faut**, **il est nécessaire**, **je veux**, **j'exige**, avec **que + le subjonctif**.

« **Il faut que vous m'appreniez** à le faire. »

Donner des conseils, reprocher.

Mais après avoir repoussé un à un les arguments de Bérénice, le Major lui donne des conseils, en reprenant le rôle de père qu'elle lui a attribué :

*– De faux père à fausse fille, **je te conseille de** te méfier de Gloria.*

Puis il passe aux reproches :

*– Si tu veux que je te conserve mon amitié, **je te conseille de** ne plus t'afficher avec cette ordure.*

Il est même très violent en utilisant le verbe **s'afficher**, qui signifie se donner en spectacle, et en qualifiant l'amie de Bérénice du terme injurieux d'**ordure**.

Exprimer des sentiments d'affection

Le Major exprime aussi son affection à Bérénice, cette enfant terrible. Il parle de son amitié, de son attirance même pour elle. Il est ambigu :

*– Tu es apache, idéaliste. Tu seras une proie facile pour elle. **Tu as raccourci tes beaux cheveux ?***

S'il la voit dans le rôle de **petit voyou des villes**, il est certainement aussi jaloux de Gloria, c'est pourquoi il essaye d'éloigner Bérénice d'elle.

Protester, porter des jugements

Bérénice est très fâchée d'être ainsi accusée. Elle se révolte, mais d'abord elle proteste :

– J'aime Gloria comme une sœur.

Puis elle attaque le Major :

*– **Je vous interdis** ce genre d'allusions. Vous m'insultez. **Vous me décevez** !*

Dans les dernières répliques, les deux personnages sont très énervés.

Il utilisent des expressions définitives comme **une fois pour toutes**, c'est-à-dire **pour toujours**.

*– Conseil pour conseil, je vous conseille de vous mettre **une fois pour toutes** dans la tête…*

ACTIVITÉS

I. Compréhension orale

a Repérages

1. La musique que vous entendez évoque pour vous :
- ❏ un espace inquiétant
- ❏ un espace rassurant
- ❏ un espace dansant

2. On entend :
- ❏ un homme qui fait la leçon à une femme
- ❏ un homme qui fait du charme à une femme
- ❏ un homme qui veut châtier une femme

b Compréhension globale

1. Dans quel ordre apparaissent ces noms ?
a) Achille – **b)** Gloria – **c)** Bérénice – **d)** Bellérophon – **e)** Graham Rozenkreutz

1. … – **2.** … – **3.** … – **4.** … – **5.** …

2. De quoi parle-t-on ?
- ❏ de réfugiés
- ❏ de guerre
- ❏ d'amour

3. L'échange est :
- ❏ violent
- ❏ hypocrite
- ❏ tendre

4. Qui est le Major ?
- ❏ Le patron de Bérénice.
- ❏ Le père spirituel de Bérénice.
- ❏ L'oncle de Bérénice.

c Compréhension détaillée

1. De qui parle-t-on ? Remplacez le pronom ou le nom par le nom de la personne.
a) (Il) n'est pas autochtone. – **b) Tu** n'es pas un héros – **c) Tu** seras une proie facile pour **elle**. – **d)** Je **vous** interdis ce genre d'allusions. – **e)** Je **te** conseille – **f)** de ne plus t'afficher avec **cette ordure**.

1. Bérénice – **2.** Le Major – **3.** Graham Rozenkreutz – **4.** Gloria

2. Dites si ces phrases sont vraies ou fausses.

	Vrai	Faux
a) Bérénice désire apprendre à monter à cheval.	❏	❏
b) Le Major lui refuse tout parce que c'est une jeune fille.	❏	❏
c) Graham est un héros.	❏	❏
d) Le Major lui conseille d'attendre.	❏	❏
e) Il lui reproche son amitié pour une fille.	❏	❏
f) Bérénice décide de quitter la pièce.	❏	❏

3. Comment le Major définit-il Bérénice ? Cochez ce que vous entendez.

a) Elle est :
- ❏ irréaliste
- ❏ idéaliste
- ❏ apache
- ❏ pleine de panache
- ❏ une proie
- ❏ un cadeau
- ❏ une sœur
- ❏ étourdie

b) Elle n'est pas :
- ❏ jeune
- ❏ un jeune homme
- ❏ autochtone
- ❏ un héros

c) Elle a :
- ❏ une grande intelligence
- ❏ de belles jambes
- ❏ de beaux cheveux

II. Expression orale

❶ Jeu de rôle

Vous demandez l'autorisation à vos parents de conduire leur voiture. Ils ne sont pas d'accord et vous donnent de bonnes raisons : jouer la scène.

❷ Vous ne voulez pas participer à un concours sportif bien que vous soyez très fort(e), car vous détestez la compétition. Vous vous expliquez auprès de vos amis et défendez votre point de vue.

III. Compréhension écrite

1 Faire des hypothèses.

a) Relevez, dans le texte, les noms mythologiques. Pourquoi Bérénice se compare-t-elle à ces personnages ? D'après vous quel genre d'éducation a-t-elle eu ?

b) Qui est Graham Rozenkreutz ? Comment peut-on le savoir ?

c) Pourquoi le Major n'aime-t-il pas Gloria ? Quelle sorte de personne est-elle ? Relevez les indices qui apparaissent dans le dialogue.

2 Relevez les demandes de Bérénice envers le Major.

3 Justifiez les refus successifs et les conseils du Major et choisissez le bon argument.

a) Il refuse la première demande parce que :
- ❏ Bérénice n'est pas du pays.
- ❏ Bérénice est trop étourdie.

b) Il continue à refuser parce que :
- ❏ Bérénice sort juste de l'école.
- ❏ Bérénice n'a pas fait d'action d'éclat.

c) Il lui demande de se méfier de Gloria parce que :
- ❏ c'est une personne trop autoritaire.
- ❏ c'est une personne trop lâche.

d) Il insiste parce que :
- ❏ il estime que c'est quelqu'un sans valeur.
- ❏ il pense que c'est quelqu'un sans éducation.

e) Il demande à Bérénice de partir parce que :
- ❏ il la trouve trop sensible.
- ❏ il la trouve déraisonnable.

4 Expliquez l'expression : avoir du plomb dans la tête.

IV. Expression écrite

1 Remplacez les expressions en gras par des formules plus atténuées, plus polies.

*Je suis venue vous voir pour **vous rappeller**... votre rôle de père **exige que**... **Plaît-il**... **Je vous interdis** ce genre d'allusions... **Vous**

m'insultez, **vous me décevez**... je te conseille de ne pas **t'afficher** avec **cette ordure**. **Conseil pour conseil, je vous conseille de vous mettre une fois pour toute dans la tête...** Sors, Bérénice. Tu reviendras lorsque tu auras **plus de plomb dans la tête**.*

À l'aide de ces nouvelles formules, récrivez le texte sur un autre ton.

2 Vous racontez votre arrivée dans un pays en guerre : décrivez ce que vous voyez et vos sensations.

3 Vous partez en voyage et rédigez quelques conseils à l'usage de vos enfants ou de vos proches pour la vie de tous les jours en votre absence.

V. Culture

• Avant, en France, le service militaire était obligatoire pour les garçons. Sa durée était de 24 mois dans les années 1950 et sa suspension effective a été décrétée le 1er janvier 2003. Aujourd'hui, ils doivent juste participer à une journée d'appel, qui sert, en fait, à recenser toute une classe d'âge et permet, grâce aux tests, de détecter l'illettrisme.

Le service militaire est désormais « volontaire » et s'adresse également aux filles.

Connaissez-vous des pays où il n'y a pas de service militaire et d'autres où il est obligatoire ?

• Quand le service militaire était obligatoire, certains appelés devenaient « objecteurs de conscience » : ils refusaient de prendre les armes et de tuer.

Que pensez-vous de ce point de vue ?

• Qui est enterré sous l'arc de Triomphe ? Et quels hommes ont leur tombeau au Panthéon ?

« Il ne manque du héros que l'acte héroïque » : pouvez-vous expliquer cette phrase du texte ? Jean-Paul Sartre, dans *Les Mouches* (histoire modernisée de la guerre de Troie), fait la critique des héros. Devenir un héros pour votre patrie : est-ce votre rêve ?

POUR UN OUI OU POUR UN NON

H1 : – Ah, on y arrive ! C'est à cause de ce rien que tu t'es éloigné ? Que tu as voulu rompre avec moi ?

H2 : – Oui… C'est à cause de ça… Tu ne comprendras jamais… Personne, du reste, ne pourra comprendre…

H1 : – Essaye toujours… Je ne suis pas si obtus…

H2 : – Oh si, pour ça tu l'es. Vous l'êtes tous, du reste.

H1 : – Alors, chiche… on verra…

H2 : – Eh bien… tu m'as dit… quand je me suis vanté de je ne sais plus quel succès… Oui… dérisoire… quand je t'en ai parlé tu m'as dit : « C'est bien… ça »

H1 : – Répète-le, je t'en prie… J'ai dû mal entendre.

H2 : – Tu m'as dit : « C'est bien… ça… » Juste avec ce suspens… cet accent…

H1 : – Ce n'est pas vrai. Ça ne peut pas être ça… ce n'est pas possible…

H2 : – Tu vois, je te l'avais bien dit… à quoi bon ?…

H1 : – Non mais vraiment, ce n'est pas une plaisanterie ? Tu parles sérieusement ?

H2 : – Oui. Très. Très sérieusement.

H1 : – Écoute, dis-moi si je rêve… si je me trompe… Tu m'aurais fait part d'une réussite… quelle réussite d'ailleurs…

H2 : – Oh peu importe… une réussite quelconque…

H1 : – Et alors je t'aurais dit : « C'est bien, ça ? »

H2 : – Pas tout à fait ainsi… il y avait entre « C'est bien » et « ça » un intervalle plus grand : « C'est biiien…… ça… » Un accent mis sur « bien »… un étirement : « biiien » et un suspens avant que « ça » arrive… ce n'est pas sans importance.

H1 : – Et ça… Oui, c'est le cas de le dire… ce « ça » précédé d'un suspens t'a poussé à rompre…

H2 : – Oh… rompre non, je n'ai pas rompu… enfin pas pour de bon… juste un peu d'éloignement.

Nathalie Sarraute, *Pour un oui ou pour un non*, Hors Série, Gallimard, 1982, p. 12-13.

NATHALIE SARRAUTE

▶ Nathalie Sarraute est un écrivain français du xxe siècle. Natacha Tcherniak, de son nom de jeune fille, naît en 1900 en Russie et émigre neuf ans plus tard en France avec ses parents. Elle fait des études universitaires d'anglais, d'histoire et de sociologie à Paris, Oxford et Berlin. Mais elle décide finalement de se tourner vers le droit et exerce la profession d'avocate de 1926 à 1941. C'est avec ce métier qu'elle se découvre une passion pour la parole : *« Il fallait rédiger le texte en langage parlé. J'ai trouvé là une liberté inconnue »*, écrit-elle. Cette passion va bien sûr l'amener à l'écriture. Son premier lecteur, impartial, sera son mari, le juriste Raymond Sarraute, qu'elle épouse en 1925. Elle lit beaucoup Proust, Joyce, Virginia Woolf, Montaigne. Elle se dit particulièrement sensible, chez ces auteurs, au *« ruissellement du monologue intérieur »*, qui change de la traditionnelle analyse des sentiments.

▶ Les textes que Nathalie Sarraute écrit sont insolites, plus proches de poèmes en prose que de prose romanesque, avec une recherche continue de forces psychiques nouvelles. *Tropismes*, l'une de ses premières publications, contient déjà toute sa quête de l'écriture et des tropismes, ce qu'elle décrit comme *« des mouvements intérieurs, des impressions vivantes que l'on ressent au fond de soi »*.

▶ Le style de Nathalie Sarraute s'accorde à la cadence de l'oral, comme en témoignent les titres de ses œuvres : *Vous les entendez* ou *Disent les imbéciles*. Une recherche qui l'amène naturellement à l'écriture de pièces pour la radio, puis pour le théâtre.

Son style si nouveau et sa remise en cause des structures du roman traditionnel lui valent une notoriété rapide au sein de la vague du « nouveau roman » français dans les années 70. Elle meurt presque centenaire, laissant une œuvre centrée sur le détail des drames microscopiques de la vie courante.

Pour un oui ou pour un non

■ Le théâtre de Nathalie Sarraute est à la fois humoristique et grinçant : on le constate dans sa pièce *Pour un oui ou pour un non* qui souligne la disproportion entre une parole ou un acte anodins et le bouleversement qu'ils peuvent déclencher. On y mesure la vulnérabilité des relations affectives, amicales ou amoureuses à une foule de petits mots qui font mal.

■ Sur scène, deux amis. Ils sont dans l'appartement de H2, (Homme n° 2), poète marginal, qui accuse H1, (Homme n° 1) de lui avoir dit trois mots pleins de condescendance et de vivre de façon bourgeoise. Le drame se noue autour de la prononciation de « C'est bien… ça ». Une expression assez neutre qui va devenir le révélateur d'un malentendu profond et bientôt définitif.

EXPLICATIONS

Demander des explications

Tout l'intérêt du texte est dans la façon de prononcer «C'est bien... ça!». Le litige entre les deux hommes vient d'un ton jugé méprisant. Au début, la demande d'explication est amicale, bien que marquée de quelque impatience. Aussi H1 est-il satisfait d'avoir enfin une explication:

> – *Ah! on y arrive...* dit-il.

Ce qui signifie, dans ce contexte, qu'on aborde enfin le sujet:

> – *Je voudrais t'expliquer pourquoi je me suis enfui de la maison.*
>
> – *Ah!* **on y arrive**! *Après deux jours de silence!*

Mais comme H2 hésite encore à se confier, H1 se fait encourageant et l'invite à parler:

> – ***Essaye*** *toujours... Je ne suis pas* ***si obtus***...
>
> – *Alors, chiche...*

H1 utilise en effet l'ironie sur un ton amical.

Ici, **si + adjectif** a un sens consécutif.

La conséquence est encore plus évidente lorsqu'on termine la phrase en ajoutant **que**:

> «Je ne suis pas **si vieux que** je ne puisse venir danser avec vous ce soir!»

H1 ajoute **chiche**, qui signifie: «Je te prends au mot, d'accord pour essayer.»

Il s'agit de lancer un défi à quelqu'un:

> «– Je suppose que tu ne peux grimper la dune en courant!
>
> – **Chiche!**»

Minimiser

H2, d'autre part, s'accuse, se dévalue en expliquant les motifs, les circonstances:

> – *Quand je me suis vanté de* ***je ne sais plus quel succès***... *oui...* ***dérisoire***... *quand je t'en ai parlé...*

Il continue à utiliser l'indéfini **quel** et des adjectifs indiquant l'insignifiance comme **dérisoire**.

Plus loin, il parle encore de **réussite quelconque** et ajoute, pour minimiser le fait:

> – *Oh* ***peu importe***...

S'étonner

H2 énonce enfin:

> – *Quand je t'en ai parlé... tu m'as dit: «C'est bien, ça...»*

L'ami marque sa surprise en utilisant l'impératif:

> – ***Répète***-*le, j'ai dû mal entendre.*

Il exprime aussi son incrédulité par l'emploi du verbe **devoir**, qui, en tant qu'auxiliaire, peut exprimer le **doute** et signifie donc «il me semble».

H1 s'exclame encore:

> – *Ce n'est pas vrai. Ça ne peut être ça... ce n'est pas possible.*

Toutes ces phrases exclamatives expriment l'opinion et marquent un grand scepticisme:

> «Tu as payé 12 euros une place de cinéma! **Ce n'est pas possible!**»
>
> «**Ce n'est pas vrai!** Tu ne vas pas partir en vacances avec lui!»

Demander de confirmer, d'approuver

Ensuite, l'adresse se fait plus personnelle, plus directe. H1 interroge et demande confirmation:

> – *Non mais vraiment, ce n'est pas une plaisanterie? Tu parles sérieusement?*

H1 veut être **rassuré**:

> – *Écoute,* ***dis-moi si*** *je rêve... si je me trompe...*

Il continue à douter et utilise le **conditionnel passé**, temps de l'irréel.

> – *Tu* ***m'aurais fait part*** *d'une réussite... quelle réussite d'ailleurs?*
>
> – *Et alors je* ***t'aurais dit***: *«C'est bien, ça?»*

H1 ne peut comprendre que ces simples mots aient déclenché une telle réaction. Car **C'est bien ça** est fréquemment utilisé pour indiquer une confirmation, un assentiment:

> «Vous avez raison! **C'est bien ça!**»

Quand les mots sont dits avec un intervalle entre **c'est bien** et **ça**, ils peuvent aussi indiquer une **louange**:

> «C'est bien, ça!», dirait un professeur à un élève brillant.

Seule l'intonation, dans la communication orale, va changer le sens de la petite phrase.

ACTIVITÉS

I. Compréhension orale

a Repérages

1. Les deux personnes qui parlent sont :
- ❏ deux amis
- ❏ deux P-DG
- ❏ deux cousins

2. Dans quel ordre entend-on ces phrases ?
a) Et alors je t'aurais dit : « C'est bien ça ! » –
b) Tu m'as dit « C'est bien... ça ! » – **c)** Il y avait entre « C'est bien » et « ça » un intervalle plus grand – **d)** C'est biiien... ça...

1. ... – **2.** ... – **3.** ... – **4.** ...

3. La diction et le ton sont-ils importants ?
- ❏ oui
- ❏ non
- ❏ on ne sait pas

b Compréhension globale

1. Combien de fois entend-on « C'est bien... » ?
- ❏ 2
- ❏ 3
- ❏ 4
- ❏ 5

2. Quelle est la cause du différend ?
- ❏ une affaire de femmes
- ❏ une histoire de travail
- ❏ un problème d'intonation sur une expression
- ❏ une mauvaise plaisanterie

3. Choisissez le bon résumé.
a) Deux personnes proches se fâchent car manifestement l'une méprise l'autre.
b) Deux amis de longue date s'éloignent parce que l'un d'eux a mieux réussi dans la vie que l'autre.

c Compréhension détaillée

1. Écoutez et complétez avec les mots prononcés par H1.
a) C'est à cause de ... . que tu t'es éloigné ?
b) Ça ne peut pas être ....
c) Ce n'est pas ....?
d) Ce .... précédé d'un .... t'a poussé à rompre...

2. Pour vérifier qu'il a bien compris, H1 utilise certains temps verbaux et certains mots.
Choisissez le terme qui convient.
a) Répète-le / Redis-le – **b)** non mais assurément / vraiment ... – **c)** dis-moi quand / si je rêverai / rêve – **d)** Tu m'as / m'aurais fait part d'une réussite – **e)** et alors je t'avais dit / je t'aurais dit

3. Quelles sont les causes de l'éloignement ? Attribuez à H2 ses raisons et à H1 ses réactions, sélectionnées dans la liste suivante :

	H1	H2
a) Une vantardise	❏	❏
b) Un échec	❏	❏
c) Un petit problème	❏	❏
d) Un bégaiement	❏	❏
e) Un accent	❏	❏
f) Une plaisanterie	❏	❏
g) Un intervalle	❏	❏
h) Un rêve	❏	❏
i) Une rupture	❏	❏
j) Un étirement	❏	❏
h) Une réussite	❏	❏

II. Expression orale

❶ Les mêmes mots peuvent prendre bien des sens différents selon les contextes. Ainsi, vous allez prononcer la petite phrase **c'est bon** sur des tons différents selon les situations suggérées.

Fin gourmet :	C'est bon !
Énervé :	C'est bon là !
Prudent :	C'est bon ?
Apaisant :	C'est bon, c'est bon !
Pour un visa :	C'est bon !
Affamé :	Ah ! Ce que c'est bon !
Victorieux :	C'est bon, je l'ai !
Poli :	C'est bon.

❷ Variation

Vous vous baladez avec votre petit(e) ami(e) qui est fâché(e) contre vous. Il / elle commence à vous poser des questions et peu à peu vous découvrez qu'il s'agit d'une phrase anodine exprimée sur un ton « nostalgique », (comme par exemple : « Ça me rappelle des choses ! ») qui a déclenché sa jalousie. Jouez la scène.

III. Compréhension écrite

❶ Faites des hypothèses.

Pourquoi les deux personnages portent-ils comme seuls noms H1 et H2 ?

❷ Quelles sont les deux phases du dialogue ? Indiquez le début de chacune d'elles.

❸ H2

• Comment l'utilisation des indéfinis et des expressions (que vous soulignerez) nous éclaire-t-elle sur certains côtés du caractère de H2 ?

• Citez la phrase qui est cause de leur éloignement. Pourquoi ? H2 est-il sérieux ? Relevez les phrases qui justifient votre réponse.

❹ H1

• La typographie, le volume du discours montrent que H1 a quel genre de réaction ?
Citez quelques phrases d'illustration.

• Repérez, dans le dialogue, les expressions qui marquent le doute et l'étonnement de H1 par rapport à la cause de la rupture. Son incrédulité vous semble-t-elle normale ?

IV. Expression écrite

❶ Reprenez toutes les phrases de H2 et rajoutez à la fin l'expression d'un sentiment ou une formule d'insistance (je t'assure, quelle solitude, c'est affreux, mais bien sûr, etc.)

❷ H2 s'énerve de plus en plus et tue H1.

Vous êtes journaliste et vous rapportez ce fait divers dans la gazette régionale. Écrivez cet article : titre – chapeau, etc.

❸ Transposez le dialogue en langage soutenu entre deux personnes extrêmement polies qui se vouvoient et n'arrivent pas à parler franchement.

V. Culture

• *« Ce "ça" précédé d'un suspens t'a poussé à rompre »*, s'écrie H1.

Souvent, les règles sociales nous obligent à ne pas dire ce que l'on pense ; pourtant, on arrive quand même à l'exprimer sans le dire, comme nous le montre ici Nathalie Sarraute.

Préférez-vous :

❏ ce genre d'allusion, toute dans l'intonation, assez hypocrite, devant les autres ?
❏ une bonne dispute bien franche qui fâche tout le monde ?

• « Quand je me suis vanté de je ne sais plus quel succès », dit H2.

Le succès de vos amis vous fait-il de l'ombre ?

Si l'autre réussit mieux que vous, comment réagirez-vous ?

❏ en me réjouissant
❏ en étant ironique
❏ en m'éloignant
❏ en complotant
❏ en le massacrant

• La « sous-conversation » de Nathalie Sarraute, conversation avec soi-même, est une sorte de monologue intérieur.

Connaissez-vous des monologues célèbres au théâtre ?

• Les histoires drôles jouent souvent sur les différents sens des mots, cause de quiproquos. La prononciation, le ton utilisés pour les raconter sont très importants. En France, Raymond Devos, incontournable « jongleur de mots », écrit et joue des textes qui sont de petits chefs-d'œuvre d'absurde, de poésie et de rire.

Y a-t-il, dans votre pays, des humoristes célèbres de ce genre ?

LA FÉE CARABINE

Thian : – Et toi, gamin, à quoi as-tu occupé ta petite soirée pendant que je mouillais mes os à ton service ?

Pastor : – Moi aussi, je t'ai fait une petite cachotterie.

Thian : – On ne pourrait pas continuer à vivre ensemble si on ne se réservait pas des surprises. C'est ça, les couples prévoyants, non ?

Pastor : – La fille, sur les photos que Malaussène a laissé tomber, son visage me dit quelque chose.

Thian : – Copine d'école ? Petite frangine de communion ? Premier amour ? Passion d'un soir ?

Pastor : – Non, fichée aux stups, tout simplement. Sa photo m'était déjà passée sous les yeux… J'ai demandé à Carrega de vérifier discrètement pour moi.

Thian : – Discrètement ?

Pastor : – Je ne travaille pas pour Cercaire.

Thian : – Résultat ?

Pastor : – Confirmation. Une revendeuse tombée il y a cinq ans à la porte du lycée Henri-IV. Elle s'appelle Édith Ponthard-Delmaire, c'est la fille de l'architecte. Tu peux me donner un coup de main là-dessus Thian ? Il faudrait la repérer et la filer dans les jours qui viennent. Tu pourrais ? À tes moments perdus ?

Thian : – Bien sûr. Une seringueuse, hein ? Une troueuse de gosses. Décidément, il fréquente du beau monde, Malaussène…

Daniel Pennac, *La Fée Carabine*, Série noire, Gallimard, 1987, p. 158-159.

DANIEL PENNAC

▶ De son vrai nom Pennacchioni, l'écrivain français Daniel Pennac naît au Maroc en 1944. Son enfance se passe hors de France, en Afrique et en Asie du Sud-Est, parfois dans l'exil d'un pensionnat, car son père, militaire, change fréquemment d'affectation. De retour en France, il devient professeur de lettres et enseigne d'abord à des enfants placés sous surveillance judiciaire puis à des adultes, *« ces perdus d'enfance »*. C'est entre deux tas de copies qu'il écrit ses premiers livres, dans un premier temps destinés aux enfants : *« Quand j'écris mes romans, je retourne au temps flottant de l'enfance »*, déclare Pennac, dont les ouvrages rencontrent un vif succès dans le milieu scolaire. Ce qui ne l'empêche pas de s'engager bientôt sur une nouvelle voie en se lançant dans l'écriture de romans policiers.

▶ En 1985, son premier titre, *Au bonheur des ogres*, ouvre une série centrée sur la vie du héros, Benjamin Malaussène, et de sa tribu, dans le quartier parisien de Belleville. Pennac imagine un personnage dont le métier est d'être « bouc émissaire » dans un grand magasin. Malaussène est donc chargé de recueillir les plaintes des clients, de se porter responsable et d'apaiser ainsi les conflits. Une intrigue policière se déroule, parallèlement, où l'on voit apparaître une bande étrange de petits vieux bricoleurs et assassins, avec, en contrepoint, la famille pittoresque du héros.
La Fée Carabine, deuxième tome de la saga des Malaussène, paraît en 1987, reçoit de nombreux prix litté-raires et sera traduite en dix-huit langues, malgré les néologismes et les innovations linguistiques dont il regorge. La série se poursuit avec *La Petite Marchande de prose*, *Monsieur Malaussène* et *Messieurs les enfants*, qui est adapté au cinéma.
Il écrit aussi pour la bande dessinée et légende des albums photos de Doisneau.

▶ Dans son essai littéraire *Comme un roman*, il explique que, pour lui, le lecteur a tous les droits : celui de sauter des pages, de ne pas finir son livre, de relire les passages qu'il aime et de se promener dans l'histoire, à son gré. En lisant, le lecteur devient ainsi aussi créatif que l'auteur car il ne donne pas de limites à son imagination.

La Fée Carabine

■ Dans ce roman, nous retrouvons Benjamin Malaussène, homme au grand cœur, ami infaillible qui abrite chez lui les drogués, élève les innombrables enfants de sa mère, possède un chien épileptique et apparaît comme le coupable idéal pour tous les policiers de Paris. Qui donc égorge les vieilles dames de Belleville, si ce n'est lui ?

■ La scène se situe en pleine énigme et met face à face deux policiers : Van Thian, vieil inspecteur d'origine viet-namienne, et Pastor, un jeune inspecteur avec qui il partage son bureau. Tous deux enquêtent sur le meurtre d'une très belle jeune fille, Julie Corrençon. Ils se retrouvent un soir au bureau où ils ont l'habitude de passer la nuit.

EXPLICATIONS

Demander des renseignements en exprimant de l'affection

Ce dialogue, typique de l'univers du roman policier populaire, nous montre comment on obtient des renseignements sur quelqu'un et comment on en rend compte.

▶ Des termes affectueux.

Thian veut savoir ce qu'a fait son ami Pastor la veille au soir. Il lui demande donc son emploi du temps :

*– Et toi, **gamin**, à quoi as-tu occupé ta **petite** soirée pendant que je mouillais mes os à ton service ?*

Comme ils se connaissent bien et sont des amis proches, Thian utilise envers Pastor des termes pleins d'affection : il l'appelle **gamin**.

Ce mot peut être méprisant pour désigner un adulte. Mais ici, c'est le contraire. Thian, plus vieux que Pastor, le traite comme un fils et se donne le droit de lui faire des remarques comme un père.

De son côté, Pastor explique à Thian où il a passé la soirée :

– Moi aussi, je t'ai fait une petite cachotterie.

Il veut s'expliquer, se sent en confiance pour tout dire, sans rien dissimuler.

▶ Place de l'adjectif qualificatif.

Thian dit :

*– ... ta **petite** soirée ?*

et Pastor :

*– ... une **petite** cachotterie.*

Petit a souvent, à cette place, devant le nom, un sens **affectif**.

« Bon anniversaire, ma **petite** maman ! »

Le fait de déplacer l'adjectif après le nom peut produire un changement de sens ou de valeur :

« Sartre était un **grand homme**, mais ce n'était pas un homme **grand** (par la taille). »

Pour certains adjectifs, la place devant le nom est la plus usuelle. Dans cette catégorie on trouve entre autres :

Grand, jeune, vieux, gros, joli, bon, long, mauvais... d'un emploi très fréquent.

En revanche, on place après le nom les adjectifs désignant la **nationalité**, les **formes** ou les **couleurs** :

« Un écrivain **russe**, un plat **rond**, un poisson **rouge**. »

Se souvenir de quelque chose

Pastor a trouvé des indices, et il a peut-être reconnu quelqu'un :

*– La fille sur les photos que Malaussène a laissé tomber, son visage **me dit quelque chose**.*

Il lui semble connaître la jeune fille.

Pastor travaille dans la police ; il a l'habitude du repérage. Le visage de la personne qui est sur les photos trouvées lui rappelle quelqu'un qu'il a peut-être vu dans ses fichiers. Il l'a gardé en mémoire.

Les phrases nominales

▶ Après avoir écouté Pastor, Thian fait des suppositions.

Il pose des questions brèves, à base de phrases sans verbe :

– Copine d'école ? Petite frangine de communion ? Premier amour ? Passion d'un soir ?, s'interroge-t-il.

Ses questions sont incomplètes. Il a l'habitude de communiquer avec son équipier et ne perd pas son temps en bavardages inutiles.

En fait, il sous-entend :

« Est-ce que c'était une copine d'école ? »
« Est-ce que c'était un premier amour ? »

On utilise d'habitude « est-ce que » pour marquer l'interrogation.

L'utilisation de la phrase elliptique est le signe d'une grande connivence avec l'autre ; deux personnes qui se connaissent très bien peuvent utiliser ce type de phrases et se comprendre parfaitement.

ACTIVITÉS

I. Compréhension orale

a) Repérages

1. Quel sont les sons entendus ?
- ❏ coups
- ❏ sirènes de voitures de police
- ❏ gémissements

2. Qui parle ?
- ❏ deux policiers
- ❏ deux médecins
- ❏ deux SDF

b) Compréhension globale

1. À quel genre de roman le dialogue appartient-t-il ?
- ❏ science-fiction
- ❏ aventure
- ❏ policier
- ❏ amour

2. Écoutez et barrez les intrus dans la liste des noms propres.
Henri IV – Charlemagne – Louis-le-Grand – Malaussène – Maupertuis – Arsène – Cercaire – Catherine – Marie – Édith Ponthard-Delmaire – Judith Colet Henry – Carrega – Camille – Clarisse – Trang – Thian

3. Dans quel ordre entend-on ces phrases ?
a) Résultat ? – **b)** Passion d'un soir ? – **c)** Tu pourrais ? À tes moments perdus ? – **d)** C'est ça, les couples prévoyants, non ? – **e)** Discrètement ?

1. … – **2.** … – **3.** … – **4.** … – **5.** …

4. Choisissez le bon résumé.
a) Deux policiers traquent une revendeuse de drogues qu'ils vont suivre.
b) Deux policiers découvrent qu'un dénommé Malaussène fait du trafic de drogue devant les écoles.

c) Compréhension détaillée

1. Donnez à chaque verbe son complément.
a) Il fréquente	**1.** une petite cachotterie.
b) Il faudrait	**2.** des surprises.

c) Je ne travaille pas	**3.** à Carrega.
d) J'ai demandé	**4.** ta petite soirée ?
e) Si on ne se réservait pas	**5.** pour Cercaire.
f) Je t'ai fait	**6.** la repérer.
g) À quoi as-tu occupé	**7.** du beau monde.

2. Dites si ces phrases sont vraies ou fausses.

	Vrai	Faux
a) Les deux hommes travaillent dans le même bureau.	❏	❏
b) La photo représente une écolière.	❏	❏
c) Les deux hommes doivent absolument retrouver une architecte.	❏	❏
d) Ils soupçonnent un homme nommé Malaussène.	❏	❏
e) Ils veulent aussi attraper des trafiquants de drogue.	❏	❏

3. Choisissez la bonne réponse.
a) Pour faire son travail, Thian :
- ❏ a dû rester longtemps sous la pluie.
- ❏ a dû passer une nuit blanche.

b) La fille est :
- ❏ une copine d'école
- ❏ une revendeuse

c) L'identité de la personne a été vérifiée
- ❏ par Carrega
- ❏ par Thian

d) Il y a du travail de filature à faire :
- ❏ Thian va venir en aide à l'autre personnage.
- ❏ Malaussène est là pour aider.

II. Expression orale

1 On est au commissariat : vous avez été témoin d'un enlèvement et on vous interroge ; vous essayez de raconter ce que vous avez vu.

2 Une jeune femme vous aborde pour vous proposer des plantes médicinales : il y a un quiproquo. Vous pensez d'abord qu'il s'agit de drogues. Jouez le dialogue sur un ton humoristique.

III. Compréhension écrite

❶ • Repérez les phrases où Thian parle à Pastor.
   a) avec amitié
   b) avec humour
   c) avec soupçon
   d) avec autorité
   e) avec révolte

• Quelles sont les phrases qui décrivent le mieux leur relation ?

❷ Soulignez, dans le texte, les phrases correspondant à l'ordre des événements ci-dessous.
   a) D'abord, Thian raconte sa soirée.
   b) Ensuite, Pastor révèle qu'il a identifié la fille de la photo.
   c) Puis Pastor dit comment il a fait pour l'identifier.
   d) Il fait le portrait de la fille, qui est dangereuse.
   e) Enfin, Thian soutiendra Pastor dans ses opérations.

❸ Remplacez les mots ou expressions en gras par des définitions ou synonymes de la liste ci-dessous.
suivre – une femme qui vend de la drogue – la brigade qui s'occupe de la drogue et des stupéfiants – une personne qui aide les jeunes à s'injecter de la drogue – trouver
   a) Fichée **aux stups**.
   b) Il faudrait la **repérer** et la **filer**.
   c) Une **seringueuse** ? Une **troueuse** de gosses ?

IV. Expression écrite

❶ Développez les phrases nominales ci-dessous en rajoutant des verbes et des compléments pour en faire des phrases complètes :

Copine d'école. Petite frangine de communion. Premier amour. Passion d'un jour.

❷ Thian constitue une autre fiche où il décrit minutieusement la revendeuse avec toutes ses caractéristiques. Il laisse aussi à Pastor le rapport de l'emploi du temps détaillé de sa journée de filature.

V. Culture

• Connaissez-vous des commissaires célèbres en littérature ?

Ils sont souvent accompagnés d'un adjoint qui les aident et les mettent en valeur.

Vous rappelez-vous de certains de ces personnages secondaires ?

Pouvez-vous citer les auteurs de ces romans ?
   – *Le Chien des Baskerville :* ...
   – *Le Chien jaune :* ...
   – *Moloch :* ...
   – *Mort sur le Nil :* ...
   – *Le Mystère de la chambre jaune :* ...
   – *Brouillard au pont de Tolbiac :* ...
   – *Pars vite et reviens tard :* ...

• Les histoires de drogue sont fréquentes dans la littérature et les films policiers. Citez quelques titres célèbres traitant de ce sujet.

• Chaque pays a son ou ses services de renseignement. En France, la DGSE s'occupe de la sécurité extérieure et la DCRG (Direction centrale de renseignements généraux) de la sécurité interieure : elle fait l'analyse et la synthèse des renseignements dans les domaines financier et social. Aux États-Unis, c'est la CIA pour la sécurité extérieure et le FBI pour l'intérieur. L'OIPC – Interpol – est l'organisation internationale de la police criminelle, qui comprend 179 pays membres, et qui est observateur auprès de l'Assemblée générale de l'ONU. Sa mission est, en principe, de développer l'assistance réciproque selon la Déclaration des droits de l'homme.

CYRANO DE BERGERAC

Cyrano : – Tournez ! Ou dites-moi pourquoi vous regardez mon nez.

Le Fâcheux *(ahuri)* : – Je…

Cyrano : – Qu'a-t-il d'étonnant ?

Le Fâcheux : – Votre Grâce se trompe…

Cyrano : – Est-il mol et ballant, monsieur, comme une trompe…

Le Fâcheux : – Je n'ai pas…

Cyrano : – Ou crochu comme un bec de hibou ?

Le Fâcheux : – Je…

Cyrano : – Y distingue-t-on une verrue au bout ?

Le Fâcheux : – Mais…

Cyrano : – Ou si quelque mouche, à pas lents, s'y promène ? Qu'a-t-il d'hétéroclite ?

Le Fâcheux : – Oh !

Cyrano : – Est-ce un phénomène ?

Le Fâcheux : – Mais d'y porter les yeux j'avais su me garder !

Cyrano : – Et pourquoi, s'il vous plaît, ne pas le regarder ?

Le Fâcheux : – J'avais…

Cyrano : – Il vous dégoûte alors ?

Le Fâcheux : – Monsieur…

Cyrano : – Malsaine vous semble sa couleur ?

Le Fâcheux : – Monsieur !

Cyrano : – Sa forme, obscène ?

Le Fâcheux : – Mais pas du tout !

Cyrano : – Pourquoi prendre un air dénigrant ? Peut-être que monsieur le trouve un peu trop grand ?

Le Fâcheux : – Je le trouve petit, tout petit, minuscule !

Cyrano : – Hein ? Comment m'accuser d'un pareil ridicule ! Petit, mon nez ? Holà !

Edmond Rostand, *Cyrano de Bergerac*, Le livre de poche, Fasquelle, 1966, p. 41-42.

EDMOND ROSTAND

▶ Edmond Rostand a toujours été considéré par les universitaires comme un auteur mineur dans la littérature française. Pourtant, à seulement vingt-neuf ans, en 1897, il connaît une gloire sans pareille avec une pièce, *Cyrano de Bergerac*. Élevé dans une famille de lettrés, c'est un lecteur passionné et il commence à écrire très jeune.

Il fait de brillantes études à Paris, où il rencontre la poétesse Rosemonde Gérard, qui deviendra sa femme. Au théâtre, il devient bientôt très intime avec Sarah Bernhardt, dont il fait son actrice fétiche. Il la fait jouer dans ses pièces majeures, *Cyrano* et *L'Aiglon*, qui lui valent un fauteuil à l'Académie française dès 1901. Mais les honneurs n'apaisent pas son désespoir chronique.

C'est donc un homme angoissé et malade qui partage ses dernières années avec Anna de Noailles, une autre poétesse. Edmond Rostand meurt à la fin de la Première Guerre mondiale, en 1918, probablement de la grippe espagnole.

▶ Il a beaucoup écrit, et surtout des comédies à contre-courant du mouvement naturaliste. Ses œuvres maîtresses sont des pièces de théâtre : la plus connue est *Cyrano de Bergerac*, puis *L'Aiglon*, en 1900. Dix ans plus tard paraît *Chantecler*, dont le thème est la création artistique et ses exigences et qui s'inspire aussi du *Roman de Renart*, un fameux livre du Moyen Âge où s'expriment les pauvres gens. Sa popularité le fait surnommer, de son vivant, « le roi de la Belle Époque ». En 1913, on célèbre la millième représentation de *Cyrano*, mais dans sa pièce *La Dernière Nuit de Don Juan*, ambitieux drame symbolique, Edmond Rostand exprime son insatisfaction et son manque de confiance en son talent.

Aujourd'hui, pourtant, sa poésie apparaît vertigineuse et son œuvre éclaire la fin du XIXe d'une lumière romantique.

Cyrano de Bergerac

■ *Cyrano de Bergerac* est une « comédie héroïque » qui nous conte l'histoire de Cyrano, officier de la garde de Gascogne, affublé du plus extraordinaire des nez. Il est amoureux de sa cousine Roxane et n'ose lui déclarer sa flamme. Celle-ci lui annonce qu'elle aime Christian de Neuvillette, lequel rejoint la même troupe que Cyrano et lui demande aide et protection. Cyrano les lui promet et conclut un pacte avec Christian : c'est lui, Cyrano, laid mais éloquent, qui écrira les lettres à Roxane, tandis que Christian, beau mais peu malin, recueillera les fruits de ces enivrantes déclarations. Roxane et Christian se marient, mais Christian se fait tuer à la guerre. Cyrano vient tous les jours réconforter sa cousine endeuillée. Il faudra la mort de Cyrano pour que Roxane découvre la vérité : il était l'auteur des lettres d'amour qu'elle aimait tant.

■ Dans cette scène, Cyrano se lance dans une virtuose description du nez qui l'enlaidit devant un personnage appelé « Le Fâcheux ».

EXPLICATIONS

La poésie

► Les rimes : elles sont féminines si elles se terminent par un e muet ; on appelle **e muet** le **e** final d'un mot :

demeur**e** / pleur**e**.

Dans les autres cas, elles sont masculines :

ja**loux** / les **loups**

► Les syllabes : dans un vers, le nombre de syllabes (exemples : amour → a/mour. Tournez → tour/nez) définit le rythme : l'alexandrin est un vers classique, de 12 syllabes ; les vers impairs sont les moins employés dans la poésie française.

Provoquer

Cyrano, qui est très brillant poète, lance agressions et provocations verbales en attaquant d'emblée par un ultimatum :

– *Tournez ! Ou dites-moi pourquoi vous regardez mon nez.*

► Pour mieux exprimer cette demande autoritaire, il utilise **l'impératif.**

D'habitude, pour demander quelque chose à quelqu'un, on se sert de formules de politesse, le plus souvent au **conditionnel** :

« **Je vous prie** de partir. »

« **Pourriez-vous** me dire pourquoi vous me regardez ? »

« Je **désirerais** un café, **s'il vous plaît** ! »

« **Voudriez-vous** bien fermer la fenêtre ? J'ai froid. »

► Cyrano continue son attaque avec une suite de questions pressantes, accusatrices, qu'en virtuose de la langue il fait varier sans cesse. Il demande d'abord :

– *mon nez... **Qu'a-t-il** d'étonnant ?*

– *__Est-il__ mol et ballant ?*

– *__Y distingue-t-on__ une verrue au bout ?*

Dans ces exemples, il utilise l'inversion du sujet qui marque l'interrogation en français soutenu : « **Qu'a-t-il** », « **Est-il** », « **Y distingue-t-on ?** »

Mais on dirait plutôt communément :

« Il est mol et ballant ? »

« On y distingue une verrue au bout ? »

L'emploi de la formule la plus utilisée avec **est-ce** alterne avec la forme littéraire **ou si**, qui a également le sens de **est-ce que** :

– *__Est-ce__ un phénomène ?*

– *__Ou si__ quelque mouche à pas lents s'y promène ?*

Décrire

► L'adjectif qualificatif peut occuper essentiellement deux positions différentes. Il peut être placé directement à côté du nom :

– *Sa forme, __obscène__ ?*

Il peut être séparé du nom par le verbe **être** ou un équivalent comme **avoir l'air**, **devenir**, **sembler**, ou un autre verbe, ici **trouver** ou **avoir** :

– *Qu'__a__-t-il d'__étonnant__ ?*

– *__Est__-il __mol__ et __ballant__ ?*

– *Qu'__a__-t-il d'__hétéroclite__ ?*

– *__Malsaine__ vous __semble__ sa couleur ?*

– *Monsieur le __trouve__ un peu trop __grand__ ?*

– *Je le __trouve__ petit, tout __petit__, minuscule !*

L'adjectif, placé en début de la phrase

– *__Petit__, mon nez ?*

ou loin du nom, exprime une forme d'insistance (ici, on insiste sur la qualité).

► L'auteur utilise aussi la comparaison, dont se nourrit la poésie, qui fait surgir images et sensations :

– *Mon nez... est-il mol et ballant... __comme une trompe__...*

– *Ou crochu... __comme un bec de hibou__ ?*

On a ici les trois éléments de la comparaison :

Un comparé : **le nez.**

Un adverbe : **comme.**

Un comparant : **une trompe** puis un **bec de hibou.**

La métaphore, elle, n'utilise pas de mot de comparaison :

« Votre âme est un paysage choisi. »

(Verlaine)

ACTIVITÉS

I. Compréhension orale

a Repérages

1. On entend :
- ❏ deux enfants
- ❏ un homme et une femme
- ❏ deux hommes

2. Cyrano parle beaucoup : sur quel ton ?
- ❏ avec joie
- ❏ avec ironie
- ❏ avec timidité

b Compréhension globale

1. À combien de choses, d'objets le nez de Cyrano est-t-il comparé ?
- ❏ 1
- ❏ 2
- ❏ 3

2. Dans quel ordre ces mots apparaissent t-ils ?
a) Monsieur – b) mon nez – c) Petit mon nez ? – d) Votre Grâce – e) un peu trop grand

1. ... – 2. ... – 3. ... – 4. ... – 5. ...

3. Quels sont les mots que vous n'entendez pas pour évoquer le nez de Cyrano ? Barrez les intrus.

rouge – gris – long – ballant – pointu – crochu – affreux – obscène – grand – petit – phénomène – monstrueux – minuscule – bizarre – ridicule – étonnant

c Compréhension détaillée

1. Mettez dans l'ordre les reproches que fait Cyrano au fâcheux.
a) d'être dégoûté par son nez – b) de le trouver trop volumineux – c) de ne pas le regarder – d) de le trouver petit – e) de prendre un air dédaigneux

1. ... – 2. ... – 3. ... – 4. ... – 5. ...

2. Retrouvez la bonne rime, quand c'est nécessaire.

a) à pas lents s'y amène   1) dénigrant
b) est-ce un phénomène   2) phalène
c) j'avais su éviter   3) d'une pareille fécule
d) prendre un air méprisant   4) promène

e) un peu trop blanc   5) grand
f) d'un pareil ridicule   6) me garder

3. Retrouvez les répliques du fâcheux.
a) ... pourquoi vous regardez mon nez.
....
b) Qu'a-t-il d'étonnant ?
....
c) ... comme une trompe ?
....
d) ... bec de hibou ?
....
e) ...une verrue au bout ?
....
f) Et pourquoi... ne pas le regarder ?
....
g) ... dégoûte alors ?
....
h) ... sa couleur ?
....
i) ... obscène ?
....

4. Déduisez-en les caractères ou qualités des deux personnages

II. Expression orale

Déclamez « la tirade du nez » en mettant le ton correspondant :

Ah ! non ! c'est un peu court, jeune homme ! / On pouvait dire... oh ! Dieu !... bien des choses en somme... /

En variant le ton, – par exemple : Agressif : « Moi, monsieur, si j'avais un tel nez, / Il faudrait sur-le-champ que je me l'amputasse ! » / Amical : « Mais il doit tremper dans votre tasse ! / Pour boire, faites-vous fabriquer un hanap ! » / Descriptif : « C'est un roc ! c'est un pic ! c'est un cap ! / Que dis-je, c'est un cap ?... c'est une péninsule ! » / Curieux : « De quoi sert cette oblongue capsule ? / D'écritoire, monsieur, ou de boîte à ciseaux ? » / Gracieux : « Aimez-vous ce point les oiseaux / Que paternellement vous vous préoccupâtes / De tendre ce perchoir à leurs petites pattes ? » / Truculent : « Ça, monsieur, lorsque vous pétunez, / La vapeur du tabac vous sort-elle du nez / Sans qu'un voisin ne crie au feu de cheminée ? » / Prévenant : « Gardez-vous, votre tête entraînée / Par ce poids, de tomber en avant sur le sol ! » / Tendre : « Faites-lui faire un petit parasol / De peur que sa couleur au soleil ne se fane ! » / <u>Pédant</u> : « L'animal seul, monsieur, qu'Aristophane / Appelle Hyppocampelephanto-camelos / Dut avoir sous le front tant de chair sur tant d'os ! » / <u>Cavalier</u> : « Quoi, l'ami, ce croc est à la mode ? / Pour pendre son chapeau c'est vraiment très commode ! » / <u>Emphatique</u> : « Aucun vent ne peut, nez magistral, / T'enrhumer tout entier, excepté le mistral ! » / <u>Dramatique</u> : « C'est la mer rouge quand il saigne ! » / <u>Admiratif</u> : « Pour un parfumeur, quelle enseigne ! » / <u>Lyrique</u> : « Est-ce une conque, êtes-vous un triton ? » / <u>Naïf</u> : « Ce monument, quand le visite-t-on ? » / <u>Respectueux</u> : « Souffrez, monsieur ; qu'on vous salue, / C'est là ce qui s'appelle avoir pignon sur rue ! » / <u>Campagnard</u> : « Hé, ardé ! C'est-y un nez ? Nanain ! / C'est queuqu'navet géant ou ben queuqu'melon nain ! » / <u>Militaire</u> : « Pointez contre cavalerie ! » / <u>Pratique</u> : « Voulez-vous le mettre en loterie ? / Assurément, monsieur, ce sera le gros lot, » / Enfin, <u>parodiant Pyrame</u> en un sanglot : / « Le voilà donc ce nez qui des traits de son maître / A détruit l'harmonie ! Il en rougit, le traître ! » / – Voilà ce qu'à peu près, mon cher, vous m'auriez dit / Si vous aviez un peu de lettres et d'esprit

III. Compréhension écrite

❶ Les tournures ou les mots suivants sont d'un niveau de langue soutenu ou font référence à l'univers de l'époque. Remplacez-les par d'autres, d'un registre plus courant.
   – Le **Fâcheux**
   – Mais **d'y porter les yeux** j'avais su **me garder**.
   – Vôtre **grâce**...
   – Est-il **mol** et **ballant** ?

❷ Ce texte est écrit en vers, comme c'est le cas la plupart du temps dans le théâtre classique.
Relevez deux rimes féminines, deux masculines et deux alexandrins.

❸ Soulignez les comparaisons et les adjectifs dépréciatifs : quel en est l'effet sur la description ?

❹ Analysez la progression du dialogue.
Quelles sont les deux phrases qui relancent la verve de Cyrano : par quels « arguments » le Fâcheux répond-il aux provocations du poète ?

IV. Expression écrite

❶ Finissez toutes les phrases du Fâcheux dans le dialogue : il s'explique, se défend, argumente.

❷ Narration : le Fâcheux fait un rapport au roi sur sa mésaventure. Écrivez en utilisant les formules de politesse nécessaires, les précautions discursives qui s'imposent (utilisez les temps du passé, y compris le passé simple).

❸ Cyrano écrit à Roxane, sa cousine, dont il est amoureux, une lettre où il parle de sa laideur due à son grand nez. Écrivez cette lettre avec humour (pour cela, utilisez trois adjectifs avec augmentatifs, des superlatifs et des relatives).

V. Culture

• Les vers impairs sont rares dans la poésie française, mais les poètes de la Pléiade, comme Ronsard ou du Bellay, au XVIe siècle, les ont utilisés. Paul Verlaine, au XIXe siècle, dans son Art poétique, en a recommandé à nouveau l'emploi : « De la musique avant toute chose / et pour cela préfère l'impair. »

Avez-vous un genre de poésie préféré ? Connaissez-vous Victor Hugo ? Quelle sorte de vers a-t-il surtout utilisé ?

Savez-vous ce qu'est un haïku ? Une ballade ? Un sonnet ?

• Les cadets de Gascogne, dont fait partie Cyrano, étaient au XVIIe siècle des gentilshommes qui servaient comme soldats, puis comme officiers subalternes, pour apprendre le métier des armes.

Les nobles privilégiés servaient dans l'Église ou dans l'armée. Sous l'Ancien Régime, la société était constituée de trois classes ; lesquelles ?

Quel est le roman français qui parle de quatre hommes servant dans les compagnies faisant partie des troupes de la maison du roi ?

• Cyrano est éloquent, parle avec panache.

L'art de bien parler, la rhétorique, est une technique. Quelles sont les professions où elle est utile ? Quelles peuvent en être les dérives ?

UNE ENFANCE CRÉOLE

Man Ninotte : – On m'a dit que les tomates farcies sont péché-doigt-coupé cette année.

La marchande : – On m'a dit ça aussi. Si tu veux un kilo, je peux te faire tel prix !

Man Ninotte : – Tu crois, han ?

La marchande : – Je crois, oui…

Man Ninotte : – Est-ce que j'aurai le temps de cuire ça aujourd'hui ?

La marchande : – Depuis qu'on n'est pas mort, on a le temps…

Man Ninotte : – C'est bête, hein ça… Tes dachines sont mal venues…

La marchande : – Prends une livre dans la tomate, doudou…

Man Ninotte : – Tu en auras demain ? Si tu es là demain, je vais prendre deux kilos…

La marchande : – Demain, c'est un autre pays…

Man Ninotte : – Ah là là, les dachines ne sont pas en saison cette année, elles ne donnent même pas une envie de manger…

La marchande : – Qu'est-ce que tu me dis pour les tomates ?

Man Ninotte : – Je t'ai dit demain-si-Dieu-veut. Comme tu es ma cocotte, je vais te faire vendre quand même aujourd'hui… Je sais comment la vie est raide…

La marchande : – Ah, quand on est déchirée…

Man Ninotte : – Donne-moi cette espèce de dachine-là, chérie… je vais essayer quand même de la manger…

La marchande : – … Combien tu veux ta dachine ?

Man Ninotte : – Je vais essayer plutôt de faire une salade de christophines. Où est-ce que je peux trouver ça ?

La marchande : – Prends la dachine, ma douce.

Man Ninotte : – An-an, j'ai plus besoin…

La marchande : – Fais-moi plaisir sur la dachine, petit sirop…

Man Ninotte : – Fais ton prix, ma doudou…

Patrick Chamoiseau, *Une enfance créole*, Folio, Gallimard, 1996, p. 141-142-143.

PATRICK CHAMOISEAU

▶ Il y a dans toutes les Antilles, Guadeloupe, Martinique et Guyane, Haïti et Louisiane, une grande parenté culturelle. Elle est due à l'usage mêlé du français, introduit au XVIIe siècle, et de langues créoles voisines. L'activité littéraire y est particulièrement florissante.

▶ Patrick Chamoiseau, né en 1952 en Martinique, s'affirme très tôt comme l'une des figures marquantes de la littérature d'expression française dans les Caraïbes. Le nouveau courant antillais, dont il est le chef de file, s'écarte du mouvement de révolte initié par Aimé Césaire pour la reconnaissance de la négritude et la valorisation de l'homme noir. Chamoiseau propose de s'approprier une identité nouvelle, « l'antillanité », qui ne prend pas sa source dans l'esclavage. Les nouvelles générations antillaises, pense-t-il, définiront leur culture par leur propre langue : le créole.

▶ L'œuvre de Patrick Chamoiseau commence en 1982 avec un conte pour enfants. Mais c'est son premier roman qui le fait remarquer pour sa recherche d'une langue littéraire proche du créole maternel. Vient ensuite *Solibo magnifique*, étrange histoire policière où le héros, un conteur, meurt étouffé par un mot pris dans sa gorge. Et, en 1990, il entame l'évocation de ses souvenirs d'enfance, *Antan d'enfance*.
La parution d'*Éloge de la créolité* et de *Lettres créoles*, écrits avec Jean Barnabé et Raphaël Confiant dans une langue imagée et somptueuse, illustre l'épanouissement de cette nouvelle littérature antillaise. L'auteur obtient la reconnaissance, en 1992, avec l'attribution du prix Goncourt pour *Texaco*.

Une enfance créole

■ Les deux volumes d'*Antan d'enfance* ou *Une enfance créole* forment une des œuvres les plus tendres conçues récemment dans la France d'outre-mer. Patrick Chamoiseau y revisite son enfance et sa terre caraïbe, avant de conclure : «*Il n'y a pas de mémoire, mais une ossature de l'esprit, sédimentée comme un corail, sans boussole ni compas […] On ne quitte pas l'enfance, on la serre au fond de soi.*» Pourtant, traquer la mémoire, débusquer les souvenirs enfouis et parcourir les chemins qui mènent inexorablement à l'âge adulte, c'est bien ce que propose Patrick Chamoiseau.

■ Ce livre restitue les petits riens, sans importance et pourtant essentiels, qui constituent l'univers quotidien et familier de l'enfant. L'auteur évoque la Martinique et Fort-de-France dans les années 50. Il dessine le portrait inoubliable d'une mère attentive et inventive, qu'il appelle Man Ninotte.

■ Dans cet extrait, nous nous retrouvons sur le marché où fleurit l'une des coutumes du pays : l'art du marchandage. Tout le discours, émaillé de termes créoles et d'expressions typiques, est à double sens. Un véritable jeu s'instaure entre les partenaires, la vendeuse et Man Ninotte, l'acheteuse, deux femmes aussi rusées l'une que l'autre.

EXPLICATIONS

L'indéfinition

Le marchandage se fait dans le jeu, un jeu d'indifférence qui opère un détournement.

▶ On utilise des formules imprécises :
– ***On m'a dit*** *que les tomates farcies sont péché-doigt-coupé...*

Le **on** est effectivement utilisé quand on ne veut pas nommer quelqu'un, il est personnel mais indéfini :

« **Alors, on a bien dormi ?** », dira-t-on pour « **Vous avez bien dormi ?** »

Le **on m'a dit** pourrait être remplacé par l'impersonnel **il paraît** et des formules approximatives :
– *Donne-moi **cette espèce de** dachine-là.*

▶ La fausse interrogation fait aussi partie du jeu du marchandage :
– *Si tu veux un kilo, je peux te faire tel prix !*, propose la marchande.
– ***Tu crois ?*** poursuit Man Ninotte, pour poursuivre la conversation.

Argumenter/donner son avis

▶ Changer.

Man Ninotte argumente beaucoup plus que la marchande, elle change sans cesse d'idée et l'entraîne à suivre ses arguments :
– *Donne-moi cette espèce de dachine-là...*
– *Combien tu veux ta dachine ?*
– *Je vais essayer plutôt de faire une salade de christophines...*

La marchande lui propose de nouveaux produits et finit par la supplier d'acheter quelque chose :
– *Fais-moi plaisir.*
– *Prends ta dachine ma douce.*
– *Fais-moi plaisir sur la dachine, petit sirop...*

▶ Différer.

Man Ninotte trouve habilement prétexte à différer l'achat :

– Manque de temps :
– *Est-ce que j'aurais le temps de cuire ça aujourd'hui ?*

– Remise à plus tard de l'achat :
– *Tu en auras demain ? Si tu es là demain...*

▶ Reprendre.

La stratégie de Man Ninotte et de la marchande procède aussi d'une reprise de l'idée ou du thème :

– Pour les tomates :

Man Ninotte : –*On m'a dit que les tomates farcies...*
La marchande : –*Prends une livre dans la tomate...*

– Pour la dachine :

Man Ninotte : – *Tes dachines sont mal venues...*
– *Ah là là, les dachines ne sont pas en saison...*
– *Donne-moi cette espèce de dachine-là...*

Dans la vie courante, cette stratégie de reprise d'une demande finit souvent par porter ses fruits.

Critiquer

▶ Le lexique.

La critique du produit fait aussi partie du marchandage puisque le but est de payer moins cher le produit que l'on veut acheter.
– *Tes dachines sont **mal venues**...*
– *Ah là là les dachines **ne sont pas en saison** cette année, elles ne **donnent** même pas **envie** de manger...*

Tous les termes utilisés sont négatifs et décrivent une mauvaise qualité.

▶ Les expressions restrictives.
Man Ninotte ajoute :
– *Je vais essayer **quand même** de la manger.*

Quand même exprime une opposition : il est utilisé ici pour montrer que l'on concède, et que l'on veut faire porter à l'autre une culpabilité.

« Bon, je vais **quand même** aller voir ce film avec toi, mais c'est bien pour te faire plaisir ! »

ACTIVITÉS

I. Compréhension orale

a Repérages

1. On entend :
❑ des rumeurs
❑ de la musique
❑ des bruits de voitures

2. Les deux personnes qui parlent sont :
❑ deux amies
❑ une marchande et sa cliente
❑ une mère et sa fille

b Compréhension globale

1. La scène se passe :
❑ à l'église
❑ au magasin
❑ au marché

2. Que veut acheter d'abord Man Ninotte ?
❑ des concombres
❑ des tomates farcies
❑ des dachines

3. La marchande
❑ déteste Man Ninotte
❑ aime marchander
❑ console sa cliente

4. Combien de fois entend-on :
a) tomate
❑ 1
❑ 2
❑ 3
❑ 4

c) demain
❑ 2
❑ 3
❑ 4
❑ 5

b) dachine
❑ 2
❑ 3
❑ 4
❑ 5
❑ 6

5. Choisissez le bon résumé.
a) Man Ninotte marchande longtemps, enfin elle achète des tomates.
b) Après bien des discussions, la marchande réussit à vendre des dachines à Man Ninotte.
c) Man Ninotte repart avec des christophines qu'elle a gratuitement.

c Compréhension détaillée

1. Dites si ces phrases sont vraies ou fausses.

	Vrai	Faux
a) Man Ninotte veut acheter un bon produit.	❑	❑
b) Elle change trois fois d'avis.	❑	❑
c) La marchande insiste pour que Man Ninotte achète des christophines.	❑	❑
d) Man Ninotte critique la qualité des dachines.	❑	❑
e) Finalement, elle achète des tomates.	❑	❑
f) Man Ninotte n'est pas difficile quand elle fait son marché.	❑	❑

2. Qui dit ces phrases ?
1. Tu crois, han ? – **2.** Depuis qu'on n'est pas mort, on a le temps – **3.** C'est bête, hein ça... – **4.** Demain, c'est un autre pays... – **5.** Je sais comment la vie est raide... – **6.** Ah, quand on est déchirée...

a) Man Ninotte : ...
b) La marchande : ...

3. Choisissez le temps qu'il faut.
a) Est-ce que j'ai / j'aurai le temps de cuire ça aujourd'hui ?
b) Tes dachines étaient / sont mal venues.
c) Si tu es / étais là demain, je vais prendre / j'aurais pris deux kilos.
d) Je t'ai dit / te dirai demain – si-Dieu-veut.
e) Donne-moi / Tu me donneras cette espèce de dachine-là.
f) Combien tu voudrais / veux ta dachine ?
g) Je vais essayer / j'ai essayé plutôt de faire une salade...

II. Expression orale

❶ Vous remplacez les légumes par un autre produit – un téléphone portable, par exemple, ou un vieux dictionnaire – à vendre en marchandant : adaptez le dialogue.

❷ La scène se déroule mal et petit à petit les deux personnages se disputent.

III. Compréhension écrite

❶ Faites des hypothèses.

Quel est le sens de ces expressions ou mots créoles dans le dialogue ?

a) les tomates farcies sont **péché-doigt-coupé** cette année.

❑ Elles sont très bonnes.

❑ Elles sont pourries.

b) Depuis qu'on n'est pas mort on a le temps…

❑ La vie est courte, il faut se dépêcher.

❑ Il faut prendre son temps avant la mort.

c) Demain c'est un autre pays…

❑ On ne sait pas ce qui va se passer demain.

❑ Demain tout ira bien et il faut toujours espérer.

d) Les **dachines** ne sont pas en saison cette année.

❑ Ces féculents-là ne sont pas bons cette année.

❑ Ces haricots verts ont poussé à la mauvaise saison.

e) … faire une salade de **christophines**.

❑ Une salade avec de la viande de buffle.

❑ Une salade avec une sorte de navets.

❷ Relevez toutes les expressions, les appellations, les mots affectueux échangés entre les deux femmes.

Donnez des équivalents à : **Doudou** et **Petit sirop**.

Pourquoi ce ton ?

❸ Analysez le jeu de Man Ninotte.

a) Quels arguments invoque-t-elle ? Relevez les phrases où ils apparaissent :

– pour ne pas acheter les tomates ;

– pour les dachines. Est-ce qu'elle les achète ?

b) *On m'a dit / Tu crois… ? / C'est bête, hein ça… / Ah là là / je vais te faire vendre… / je vais essayer quand même… / je vais essayer plutôt de… / j'ai plus besoin…*

Que signifient ces formules dans cet échange ?

Quel est le sens de la phrase : « Je sais comment la vie est raide… » dans sa bouche ?

c) Quel est le mot-clé qu'elle prononce à la fin ?

❹ Relevez les différentes propositions de la marchande. Pourquoi a-t-elle du mal à suivre la demande de sa cliente ?

IV. Expression écrite

❶ Faites un panneau publicitaire pour vanter les produits proposés par Man Ninotte.

❷ On vous a convaincu d'acheter, par voie postale, une crème antirides qui vous a provoqué une allergie. Vous écrivez à « La défense du consommateur » pour vous plaindre.

V. Culture

• Le français est parlé dans de nombreux pays et la langue varie de l'un à l'autre. Dans ce dialogue, on trouve des mots spécifiques à un créole antillais correspondant à des réalités locales. Connaissez-vous les dachines et les christophines ?

• Le marchandage est quasiment obligatoire dans certains pays : c'est un jeu et un code.

Aimez-vous marchander ? Connaissez-vous des pays où cela se pratique ?

Quels sont les lieux de vente où il n'est pas du tout pertinent de le faire ?

• La langue créole est un système linguistique mixte provenant du contact de diverses langues (français, espagnol, portugais, anglais, néerlandais) avec des langues indigènes ou importées (Antilles), devenu langue maternelle d'une communauté.

L'écrivain Édouard Glissant s'est fait le chantre de la créolité.

• Fernand Raynaud, célèbre humoriste des années 1950, joue sur la demande répétée pour faire rire, comme dans son sketch *Les croissants* : Le client demande avec son café des croissants. Il n'y en a plus. Le client change alors sans cesse de boisson, mais redemande toujours des croissants. Le serveur devient fou !

LA DOUBLE INCONSTANCE

Flaminia : – Je suis au désespoir, moi ! Me voir séparée pour jamais d'avec vous, de tout ce que j'avais de plus cher au monde ! Le temps me presse, je suis forcée de vous quitter : mais avant de partir, il faut que je vous ouvre mon cœur.

Arlequin : – Ah ! Qu'est-ce, ma mie ? Qu'a-t-il, ce cher cœur ?

Flaminia : – Ce n'est point de l'amitié que j'avais pour vous, Arlequin, je m'étais trompée.

Arlequin : – C'est donc de l'amour ?

Flaminia : – Et du plus tendre, adieu.

Arlequin : – Attendez… je me suis peut-être trompé moi aussi sur mon compte.

Flaminia : – Comment, vous vous seriez mépris ? Vous m'aimeriez, et nous ne nous verrons plus ! Arlequin, ne m'en dites pas davantage, je m'enfuis.

Arlequin : – Restez.

Flaminia : – Laissez-moi aller, que ferons-nous ?

Arlequin : – Parlons raison.

Flaminia : – Que vous dirai-je ?

Arlequin : – C'est que mon amitié est aussi loin que la vôtre ; elle est partie : voilà que je vous aime, cela est décidé, et je n'y comprends rien. Ouf !

Flaminia : – Quelle aventure !

Arlequin : – Je ne suis point marié, par bonheur.

Flaminia : – Il est vrai.

Arlequin : – Silvia se mariera avec le prince, et il sera content.

Flaminia : – Je n'en doute point.

Arlequin : – Ensuite, puisque notre cœur s'est mécompté et que nous nous aimons par mégarde, nous prendrons patience et nous nous accommoderons à l'avenant.

Flaminia : – J'entends bien, vous voulez dire que nous nous marierons ensemble.

Marivaux, *La Double Inconstance*, Le livre de poche, Librairie générale française, 1987, p. 94-95.

MARIVAUX

▶ Pierre de Marivaux est un écrivain français né en 1688. Il fréquente beaucoup les salons littéraires à Paris et publie, à l'âge de vingt-quatre ans, la comédie *Arlequin poli par l'amour*. Par la suite il se consacre complètement à la littérature, rédige un journal et écrit des romans. Marivaux fait partie de ces modernes dont l'audace et la liberté annoncent les bouleversements politiques et sociaux du XVIIIe siècle. Rien ne lui est étranger des grands débats religieux et philosophiques de son temps. L'hypocrisie le révolte, et il critique la corruption du cœur ou le jeu de la vie sociale. Dans ses écrits, il dénonce aussi bien l'indifférence des princes et le règne de l'argent que la misère du peuple ou la souffrance des enfants.
Toutefois, il demeure incompris de ses contemporains et c'est presque dans l'oubli qu'il meurt, en 1763, vingt-six ans avant la Révolution française.

▶ L'œuvre théâtrale de Marivaux se compose d'une quarantaine de pièces où l'on retrouve, toujours mêlés, sentiment d'injustice sociale et perception aiguë de l'affectivité. Ses héros, maîtres et serviteurs, s'amusent à prendre chacun la place de l'autre. Une préfiguration, en quelque sorte, du grand bouleversement égalitaire de la Révolution. Ses trois premières pièces, *La Double Inconstance*, *Le Jeu de l'amour et du hasard* et *Les Fausses Confidences*, sont interprétées dans la tradition italienne de la commedia dell'arte : les personnages sont mobiles et usent d'une grande théâtralité gestuelle. Marivaux n'a écrit que deux romans, *La Vie de Marianne* et *Le Paysan parvenu*.
La réflexion de Marivaux sur son temps s'exprime beaucoup dans les jeux de mots ou dans l'interrogation sur les mots, souvent faux ou à double sens. Ce langage élégant et raffiné a souvent donné lieu à méprise. Nombreux furent les critiques qui ne virent en lui qu'un auteur au style léger, comme en témoigne l'expression « marivauder », encore utilisée aujourd'hui pour qualifier des conversations badines entre homme et femme.

La Double Inconstance

■ Dans la pièce *La Double Inconstance*, Sylvia, une bourgeoise de village, a été enlevée à son amoureux, Arlequin. Elle est conduite au palais où le Prince veut disposer d'elle et l'épouser selon la tradition royale locale.
La jeune fille dénonce ces mœurs asservissantes. On fait venir son fiancé qui finit par céder aux charmes d'une autre jeune fille, Flaminia, envoyée intentionnellement par le Prince. De son côté, le Prince, déguisé, finit par se faire aimer de Sylvia, pour lui-même. Ainsi, le couple se retrouve défait au prix d'une « double inconstance », d'où le titre de la pièce. Son intérêt réside dans le revirement des personnages, qui ont du mal à admettre leur inconstance et à reconnaître leurs sentiments changeants.

■ Dans cet extrait, Flaminia annonce son départ de la Cour car on l'accuse d'avoir trahi le Prince. En faisant ses adieux à Arlequin, elle lui ouvre son cœur et lui déclare son amour. Celui-ci se déclare à son tour et lui propose le mariage. On voit ici comment les événements se jouent à partir de demi-aveux.

EXPLICATIONS

Exprimer les sentiments

Le temps me presse, dit Flaminia, qui va partir. Aussi, sous la pression des précieuses minutes qui s'écoulent, les personnages vont se livrer aux confidences.

► La douleur.

Dans ce dialogue, on voit comment les deux amoureux disent ou évitent de dire leurs sentiments. Ils parlent, sur le mode du jeu.

Dès les premières répliques, Flaminia utilise des mots très forts, des superlatifs et des expressions définitives :

– *Je suis **au désespoir**, moi !*
– *Me voir **séparée pour jamais** d'avec vous, de tout ce que j'avais **de plus cher au monde** !* (...) *je suis forcée de **vous quitter**.*

Sa plainte exprime un aveu.

► L'amour.

L'emploi des temps dans ce dialogue nous fait mieux comprendre la démarche des personnages :

– ***Ce n'est point** de l'amitié que **j'avais** pour vous... **je m'étais** trompée,* dit Flaminia.

Elle utilise l'imparfait et la forme négative pour différer l'aveu de son amour.

► Le doute.

La jeune femme s'est déjà livrée, même de façon détournée, tandis qu'Arlequin, lui, tarde à se déclarer. Elle reste donc dans le doute :

– *Comment, vous vous **seriez** mépris ? Vous m'**aimeriez**...,* dit-elle, en utilisant le conditionnel plutôt que l'indicatif. L'amour est alors présenté seulement comme probable. Ainsi, les apparences sont sauves.

De nos jours, des personnages moins fins auraient dit brutalement :

« Comment, vous vous êtes trompé ? Vous m'aimez... »

► La peur.

Le dialogue est plein de demi-confidences et de fausses sorties. La fuite physique reste la seule échappatoire, on se livre, puis on disparaît le plus vite possible :

– *Le **temps me presse**, je suis forcée **de vous quitter**...*

– *... adieu.*
– *... je m'enfuis.*
– *Laissez-moi aller...*

Tout paraît indépendant de sa volonté. Les phrases utilisées évoquent une passivité de sa part ou une contrainte.

Faire une déclaration

► Elle a peur de déclarer son amour, qu'il soit réciproque ou pas :

– *Il faut que je vous ouvre mon cœur.*

Arlequin, de son côté, feint l'innocence :

– *Ah ! Qu'est-ce, ma mie ? Qu'a-t-il, ce cher cœur ?*

Il fait l'étonné :

– *C'est donc de l'amour ?*
– *Et du plus tendre,* répond Flaminia, qui a fait sa déclaration sans jamais prononcer le mot amour.

► Arlequin, plus pragmatique que Flaminia, agit ; il la retient, utilise l'impératif :

– *Attendez...*
– *Restez.*
– *Parlons raison.*

Les confidences paraissent arrachées au temps. Elles suivent immédiatement la déclaration d'amour d'Arlequin : la décision est prise, les mariages sont entendus.

– *Voilà que je vous aime, cela est décidé...*
– *Je ne suis point marié, par bonheur.*
– *... vous voulez dire que nous nous marierons ensemble,* explicite Flaminia.

Exprimer la confusion

Tout doit sembler se faire sous le signe du hasard, de la surprise :

– ***Je n'y comprends rien**. Ouf!*
– *Quelle aventure !*
– *Puisque notre cœur **s'est mécompté** et que nous nous aimons **par mégarde**, nous prendrons patience et **nous nous accommoderons** à l'avenant.*

Chez Marivaux, avouer ses sentiments est risqué. Il faut faire comme s'il n'en était rien car les personnages ne veulent jamais être responsables de leurs promesses.

ACTIVITÉS

I. Compréhension orale

ⓐ Repérages

1. Avant le dialogue, on entend :
- ❏ une musique classique du XVIIᵉ siècle
- ❏ trois coups
- ❏ rien

2. Les personnages qui parlent sont :
- ❏ dans une relation d'esclavage
- ❏ dans une relation d'amour
- ❏ dans une relation d'amitié

ⓑ Compréhension globale

1. On entend combien de fois :

a) cœur
- ❏ 1
- ❏ 2
- ❏ 3

b) amitié
- ❏ 1
- ❏ 2
- ❏ 3
- ❏ 4

c) amour
- ❏ 1
- ❏ 2
- ❏ 3

d) le verbe aimer
- ❏ 1
- ❏ 2
- ❏ 3
- ❏ 4
- ❏ 5

e) le verbe se marier
- ❏ 1
- ❏ 2
- ❏ 3
- ❏ 4

2. Choisissez le bon résumé.

a) Flaminia aime Arlequin, mais elle préfère dire jusqu'à la fin que c'est de l'amitié : c'est la même chose pour Arlequin.

b) Arlequin et Flaminia finissent par s'avouer que c'est de l'amour qu'ils éprouvent l'un pour l'autre, et non de l'amitié.

ⓒ Compréhension détaillée

1. Remettez ces phrases dans l'ordre d'écoute.
- **a)** Il est vrai.
- **b)** Et du plus tendre, adieu.
- **c)** Que vous dirai-je ?
- **d)** J'entends bien.
- **e)** Quelle aventure !
- **f)** Je m'étais trompée.
- **g)** Laissez-moi aller, que ferons-nous ?
- **h)** Je n'en doute point.
- **i)** Je m'enfuis.

1. … – **2.** … – **3.** … – **4.** … – **5.** … – **6.** … – **7.** … – **8.** … – **9.** …

Quelle est la phrase clé qui structure le comportement de Flaminia ?

2. Pourquoi

a) Flaminia est-elle au désespoir ?
- ❏ Parce qu'elle va être séparée d'Arlequin.
- ❏ Parce qu'elle ne pourra épouser le Prince.
- ❏ Parce qu'elle s'est trompée dans ses amours.

b) Pourquoi Arlequin se réjouit-il de ne pas être marié ?
- ❏ Parce qu'il va pouvoir épouser Silvia.
- ❏ Parce qu'il est libre pour Flaminia.
- ❏ Parce qu'il veut continuer à être libre et avoir des maîtresses.

3. Dites si ces phrases sont vraies ou fausses

	Vrai	Faux	On ne sait pas
a) Flaminia est forcée par Arlequin à avouer ses sentiments.	❏	❏	❏
b) Arlequin a toujours dit qu'il aimait Flaminia d'amour.	❏	❏	❏
c) Il empêche Flaminia de partir.	❏	❏	❏
d) Il veut prendre des décisions.	❏	❏	❏
e) Le Prince approuvera l'union de Flaminia et Arlequin.	❏	❏	❏
f) Arlequin dit qu'ils se marieront tous les deux ensemble.	❏	❏	❏

II. Expression orale

❶ Jouez la même scène, transposée, avec des mots familiers, dans un décor d'aujourd'hui.

❷ Jeu de rôle

Vous avez été invité(e) à un cocktail; une personne qui vous plaît beaucoup vous fait quelques avances mais vous vous méprenez car elle part très vite avec quelqu'un d'autre: jouez la scène.

III. Compréhension écrite

❶ Faites la liste:

– des termes et expressions qui expriment la confusion et la contradiction.
Qu'est-ce cela indique sur l'état des personnages? Pourquoi?

– des mots parlant de fuite.
Flaminia désire-t-elle vraiment partir? Que fait Arlequin?

❷ Analysez le dialogue dans sa progression.

Relevez le temps des verbes.

a) À quelles répliques passons-nous:
   – du passé au présent: …
   – du présent au futur: …
   – à l'impératif: …

Que peut-on en conclure?

b) «Comment, **vous vous seriez mépris**? **Vous m'aimeriez**, et nous ne nous verrons plus!»
Quelle est la valeur de ces conditionnels? Flaminia est-elle vraiment incrédule?

❸ Que signifient les termes en gras très utilisés au XVIIIe siècle?

a) Je suis **au désespoir**
   ❏ Je suis accablé.
   ❏ Je regrette vivement…
   ❏ Je suis gêné(e).

b) …puisque notre cœur **s'est mécompté**
   ❏ s'est rendu
   ❏ s'est trompé
   ❏ s'est uni

c) et que nous nous aimons **par mégarde**,
   ❏ par chance

   ❏ sans le vouloir
   ❏ par peur

d) nous prendrons patience et **nous nous accomoderons**
   ❏ nous adapterons
   ❏ nous nous mettrons en ménage
   ❏ nous accepterons

e) à l'avenant
   ❏ pareillement
   ❏ tout de suite
   ❏ désormais

IV. Expression écrite

❶ Vous êtes témoin de la scène et en faites immédiatement un compte rendu à la police du Prince: écrivez sous forme de rapport, en n'omettant pas de parler des sentiments des personnages.

❷ Vous écrivez une déclaration d'amour à la personne aimée: vous parlez d'abord beaucoup par allusions et métaphores et n'arrivez qu'à la fin de la lettre à déclarer votre flamme.

V. Culture

• Connaissez-vous d'autres œuvres où il y a une scène d'aveu?

D'après vous, est-il plus difficile pour une femme que pour homme de déclarer son amour?

• On parle de «marivaudage» pour des propos galants: il s'agit avant tout de plaisir du jeu.

Que pensez-vous de la «drague»? Est-ce proche des rencontres faites par Internet sur les sites de *chat*?

Certains romans, comme *Le Rêve dans le pavillon rouge* (œuvre chinoise de Cao Xueqin du XVIIIe siècle), décrivent très bien les mariages arrangés, selon le rang social, la famille, la fortune, etc.

Cette pratique existe depuis toujours et on la retrouve aujourd'hui encore dans de nombreuses cultures. Qu'en pensez-vous?

GOUVERNEURS DE LA ROSÉE

Anna : – Mais qu'est-ce qu'on peut faire, est-ce qu'on n'est pas sans recours et sans remèdes devant le malheur ? C'est la fatalité, que veux-tu.

Manuel : – Non, tant qu'on n'est pas ébranché de ses bras et qu'on a le vouloir de lutter contre l'adversité. Que dirais-tu, Anna, si la plaine se peinturait à neuf, si, dans la savane, l'herbe de Guinée montait haute comme une rivière en crue ?

Anna : – Je dirais merci pour la consolation.

Manuel : – Que dirais-tu si le maïs poussait dans la fraîcheur ?

Anna : – Je dirais merci pour la bénédiction.

Manuel : – Est-ce que tu vois les grappes du petit-mil, et les merles pillards qu'il faut chasser ? Tu vois les épis ?

Anna : – Oui, je vois.

Manuel : – Est-ce que tu vois les bananiers penchés à cause du poids des régimes ?

Anna : – Oui.

Manuel : – Est-ce que tu vois les vivres et les fruits mûrs ?

Anna : – Oui, oui.

Manuel : – Tu vois la richesse ?

Anna : – Tu m'as fait rêver. Je vois la pauvreté.

Manuel : – C'est pourtant ce qui serait s'il y avait quoi, Anna ?

Anna : – La pluie, mais pas seulement une petite farinade : de grandes, de grosses pluies persistantes.

Manuel : – Ou bien l'arrosage, n'est-ce pas ?

Anna : – Mais la source Fanchon est à sec et la source Lauriers aussi.

Manuel : – Suppose, Anna, suppose que je découvre l'eau, suppose que je l'amène dans la plaine.

Jacques Roumain, *Gouverneurs de la rosée*, Le temps des cerises, 2000, p. 86-87.

JACQUES ROUMAIN

▶ Jacques Roumain est l'un des plus illustres représentants de la littérature haïtienne. Il voit le jour à Port-au-Prince en 1907, mais il fait ses études en Europe jusqu'à l'âge de dix-neuf ans. De retour à Port-au-Prince, il partage son temps entre littérature et politique. Il contribue à créer la revue *Indigène*, qui valorise la culture haïtienne, et fonde le parti communiste du pays. Son engagement contre la domination militaire et économique américaine lui vaut plusieurs arrestations. En 1934, après un an de prison, il décide de prendre le chemin de l'exil.
Il entame alors en France des études d'ethnologie, mais la Seconde Guerre mondiale le chasse d'Europe et il revient aux États-Unis pour terminer ses travaux universitaires avec succès.
Devenu professeur, il rentre en Haïti après un exil de six ans et crée le musée des Arts et Traditions populaires. Il fonde également le Bureau d'éthnographie, qui a pour mission d'étudier les pratiques culturelles locales et le vaudou.
L'année de ses trente-six ans, il est nommé diplomate au Mexique, mais il tombe malade et revient à Port-au-Prince où il meurt prématurément, en 1944.

▶ Il laisse une œuvre composée de nouvelles, de romans et de poèmes.
Son premier recueil, *La Proie et l'Ombre*, fait entendre *« la voix des mille dieux africains »*. l'année suivante, le roman *La Montagne ensorcelée* illustre son intérêt pour les peuples indigènes et le monde rural en proie à la misère et à l'exploitation.

Gouverneurs de la rosée

■ *Gouverneurs de la rosée*, roman publié l'année de sa mort, lui vaut une audience internationale. Il a été souvent réédité et traduit en de très nombreuses langues. La force du livre vient à la fois de son message de libération et d'espoir et de sa langue inventée, tirée du parler paysan.

■ Dans ce roman, il nous conte l'histoire de Fonds-rouge, un village décimé par la sécheresse et écrasé par la misère, où les paysans cherchent dans le vaudou une échappatoire à leurs problèmes.
La solution arrive de Cuba, d'où revient Manuel Jan Joseph, fils de Délira et de Bienaimé. Le jeune homme ne reconnaît pas son village, plus divisé qu'autrefois, et il tombe amoureux d'une jeune fille du clan adverse.
Son grand projet est de ramener l'eau qui fera tout reverdir, car, pour Manuel, l'eau est le symbole même de la vie, *« l'espérance des jardins »*.
Il finit par trouver cette eau avant de mourir assassiné par une main traîtresse.
Manuel personnifie le mythe du révolutionnaire au service de l'humanité, celui qui lutte pour le peuple.

■ Dans cet extrait, Manuel parle avec force et passion de son projet à Annaïse, qu'il appelle Anna, sa bien-aimée. Les sources sont taries à Fonds-rouge et Manuel veut creuser un long canal d'irrigation jusqu'au village qui meurt de sécheresse. Annaïse boit ces paroles qui ramènent l'espoir en elle.

EXPLICATIONS

Faire des hypothèses

► Le mode conditionnel permet de faire des projets. Manuel fait rêver Anna. Il lui propose une autre vision du paysage qu'ils contemplent.

On utilise **le conditionnel présent** quand la condition est réalisable :

> – *Que **dirais-tu**, Anna, si la plaine se peinturait à neuf…*
> – *Je **dirais** merci pour la consolation*, répond Anna.
> – *Je **dirais** merci pour la bénédiction*
> – *Que **dirais-tu** si le maïs poussait dans la fraîcheur ?*, rêve tout haut Manuel.

Cette hypothèse est du domaine du possible. Peut-être que la plaine va reverdir, et l'herbe pousser haut, mais plus tard, pas aujourd'hui.

Dans un contexte plus moderne, une fille pourrait demander à son père :

> « Que ferais-tu si je décidais de devenir une star ? »

La jeune fille hésite, cela risque de se réaliser, mais pas maintenant. Il s'agit de l'irréel du présent.

► On peut faire également des hypothèses au présent :

> – *Suppose, Anna, suppose que je découvre l'eau, suppose que je l'amène dans la plaine.*

Les verbes comme *supposer, imaginer*, conjugués à l'impératif et suivis du subjonctif (temps subjectif), formulent une possibilité forte, une croyance en la réalisation de l'action.

Si et l'imparfait

Manuel se situe toujours dans l'irréel du présent, il dit :

> – *C'est pourtant **ce qui serait s'il y avait** quoi, Anna ?*
> – *La pluie*, répond Anna.

L'irréel du présent se construit avec **si + l'imparfait de l'indicatif.**

> – *Que dirais-tu Anna, (…) **si**, dans la savane, l'herbe de Guinée **montait** haute comme une rivière en crue.*

Décrire

Très vite, Manuel passe des hypothèses à des visions très présentes.

► Évoquer avec des images.

Les visions sont précises et décrivent les éléments d'un âge d'or qu'il veut faire revivre :

> – *Est-ce que tu vois les grappes du petit-mil (…) les merles pillards (…) les épis (…) les bananiers (…) les régimes (…) les vivres (…) les fruits mûrs…*

► La nominalisation.

Pour décrire, on utilise d'abord des noms. Les mots utilisés par Manuel nous font voir et sentir un paysage vivant à travers :

– des formes : les grappes, les régimes, les épis ;
– des couleurs : la plaine se peinturait à neuf, le maïs, les bananiers ;
– des sons : les merles, la pluie.

Les sensations émanent aussi des éléments naturels :

– l'eau : une rivière en crue, de grosses pluies, la source ;
– la terre : la savane, l'herbe ;
– l'air : la fraîcheur.

Par ces évocations Jacques Roumain nous communique les émotions attachées à un pays et une époque : un monde dur mais laissant toutefois une place au rêve et à l'action.

Exprimer les sentiments

► Le découragement.

Anna est pessimiste. Elle ne croit pas en un changement :

> – *Mais qu'est-ce qu'on peut faire, est-ce qu'on est pas sans recours… ? C'est la fatalité… !*

L'interogation et l'exclamation expriment ici la plainte.

► L'exhaltation.

La répétition des impératifs dans la dernière phrase de Manuel nous révèle son enthousiasme pour ce projet secret.

> – *Suppose, Anna, **suppose** que je découvre l'eau, **suppose** que je l'amène…*

ACTIVITÉS

I. Compréhension orale

a Repérages

1. Où sommes-nous ?
- ❑ dans une maison
- ❑ dans la nature, la campagne
- ❑ au bord de la mer

2. Combien de fois entend-on : « Vois » ?
- ❑ 3
- ❑ 4
- ❑ 5
- ❑ 6
- ❑ 7
- ❑ 8

b Compréhension globale

1. Mettez ces noms propres et ces mots dans l'ordre d'écoute.

a) Fanchon – **b)** Anna – **c)** Guinée – **d)** Lauriers – **e)** oui, oui – **f)** oui, je vois – **g)** non... – **h)** oui

1. ... – 2. ... – 3. ... – 4. ... – 5. ... – 6. ... – 7. ... – 8. ...

2. Les personnages. Faites des hypothèses.

a) Manuel est :
- ❑ le père de Anna
- ❑ un chanteur
- ❑ un cultivateur
- ❑ un révolutionnaire
- ❑ un ouvrier

b) Anna
- ❑ croit en Manuel
- ❑ est jeune
- ❑ est une paysanne
- ❑ a peur
- ❑ pense qu'il faut arroser les plantes

c) De quel sujet parle-t-on ?
- ❑ de guerre
- ❑ de révolution
- ❑ d'eau
- ❑ de religion

3. Choisissez le bon résumé.

a) Manuel veut apporter l'eau dans la plaine et sauver la vie de sa famille et des habitants qui meurent de faim.

b) Manuel est un révolté : il a décidé de détourner l'eau du village voisin pour prendre une revanche sur cette vie de misère.

c Compréhension détaillée

1. Repérez, dans cette liste, les mots que vous avez entendus.

- ❑ remède
- ❑ aide
- ❑ adversité
- ❑ malchance
- ❑ destin
- ❑ pardon
- ❑ bénédiction
- ❑ abondance
- ❑ sécheresse
- ❑ bras
- ❑ jambes
- ❑ médicament
- ❑ recours
- ❑ malheur
- ❑ fatalité
- ❑ attention
- ❑ consolation
- ❑ richesse
- ❑ pauvreté
- ❑ famine
- ❑ mains

2. Complétez les phrases suivantes avec certains de ces mots.

a) Est-ce qu'on n'est pas sans .... et sans .... devant .... ?

b) C'est ...., que veux-tu.

c) Je dirais merci pour ....

d) Je dirais merci pour
....

e) Je vois ....

3. Remplissez la fiche suivante, correspondant au paysage, que décrit Manuel, en indiquant bien les formes, les couleurs, les sensations qui se dégagent.

La plaine : ....
Herbe dans la savane : ....
Allure de la rivière : ....
Pousse du maïs : ....
Chasse aux : ....
Petit-mil : ....
Arbres fruitiers : ....

II. Expression orale

① Faites connaissance et présentez-vous en jouant au portrait chinois :

Si j'étais une couleur, un métier, un prénom, un fruit, un habit, une chanson, une ville, etc., je serais...

❷ Dites ce que vous feriez, jusqu'à l'extrême, pour votre amour, s'il vous le demandait : teindre vos cheveux d'une autre couleur, aller jusqu'au bout du monde, quitter votre famille et votre patrie, etc.

❸ Racontez un rêve où vous arrivez dans une contrée extraordinaire (vous pouvez vous inspirer de certains films animés japonais de Miazaki comme *Princesse Mononoké* ou *Le Château dans le ciel*).

III. Compréhension écrite

❶ La vision

a) La transfiguration : relevez tous les conditionnels et le lexique ayant trait aux cultures et à la nature, puis montrez que le paysage sec et aride du village est transformé en une contrée riche et productive.

b) Le lieu et la réalité géographique : relevez le lexique évoquant la végétation du pays, les conditions climatiques, le relief naturel.

❷ Qu'exprime, à la fin, la répétition de l'impératif dans la bouche de Manuel ?

Quels sont les objectifs du jeune homme ?

❸ Anna est désespérée si Manuel ne la fait pas rêver.

Recopiez le mot-clé qui définit la situation dans laquelle le manque d'eau la fait vivre, ainsi que les autres habitants.

❹ Les termes utilisés par Manuel et Anna sont poétiques. Ils appartiennent à la langue créole : expliquez les mots en gras.

« Tant qu'on n'est pas **ébranché** de ses bras... »

« si la plaine se **peinturait** à neuf... »

« La pluie, mais pas seulement une petite **farinade**... »

IV. Expression écrite

❶ Continuez les suppositions du dialogue en utilisant des conditionnels ou les expressions « suppose » ou « imagine que », comme Manuel.

❷ Résumez la situation (malheurs, espoirs) et faites un portrait des deux jeunes gens.

V. Culture

• « Mais la source Fanchon est à sec et la source Lauriers aussi », dit Anna.

La sécheresse pose d'importants problèmes pour certains pays ou régions.

Sélectionnez ceux qui sont dans ce cas :

- ❏ Cameroun
- ❏ Pakistan
- ❏ Namibie
- ❏ Espagne
- ❏ Sahel
- ❏ Mongolie
- ❏ Brésil
- ❏ Bostawana
- ❏ Mali

Que représente l'eau et quelles sont les formes qu'elle peut prendre ? Ne pourrait-elle faire un lien entre les hommes ?

• Manuel n'accepte pas la fatalité. Il dit : « Tant qu'on n'est pas ébranché de ses bras et qu'on a le vouloir de lutter contre l'adversité. »
Il revient de Cuba.

Qui gouverne ce pays à l'heure actuelle ?

Quel est son système politique ?

Connaissez-vous des écrivains cubains ? Où vivent-ils ?

• Le roman créole francophone naît véritablement dans l'entre-deux guerres. Avec Roumain, trois autres noms se détachent : Jacques-Stephen Alexis, haïtien et disciple de Roumain, qui théorise « le réalisme merveilleux » de ce que l'on a appelé « le réalisme socialiste », et les Martiniquais Raphaël Tardon et Joseph Zobel dont l'un des romans *La rue Case-Nègres* (1950) sera adapté à l'écran. Ces auteurs nous offrent des descriptions minutieuses de sociétés exploitées tout en valorisant l'apport africain et nègre de leur culture sans concession à l'exotisme.

LE SALON DU WURTEMBERG

Meine : – Florent a conçu pour vous, pendant des années, une amertume que vous n'imaginez pas. Une haine, une rage, une envie de vous écraser qui ont nourri sa carrière, une jalousie pleine de douleur à chacun de vos succès, et puis il s'est effondré.

Charles Chenogne : – Comment l'entendez-vous ?

Meine : – Je ne le connaissais pas. Il a suivi une analyse dont je ne sais au juste si elle l'a apaisé ou si elle a accru son silence et son désarroi. Mais il s'est transformé.

Charles Chenogne : – Oui, il s'est transformé.

Meine : – Il a mis quatre ans à se décider à m'épouser et, quand je l'ai eu épousé, il a cessé de parler de vous.

Charles Chenogne : – Il a cessé de parler de moi.

Meine : – Mais sa vie est demeurée infectée.

Charles Chenogne : – C'est très délicat de le dire de la sorte.

Meine : – Comprenez-moi. Il n'a cessé de se réfugier dans le travail, il continue de s'étourdir, de s'hébéter de travail, mais le travail l'ennuie de plus en plus…

Charles Chenogne : – Il faut travailler davantage…

Meine : – L'autre jour, en voyant que vous étiez un homme comme les autres…

Charles Chenogne : – Il est merveilleux s'il a pu imaginer qu'il en allait autrement. Ça, c'est un ami.

Meine : – Cela lui a fait un bien énorme.

Charles Chenogne : – Oui ? Moi aussi, pour être franc. Franchement, Meine, qu'attendez-vous de moi ?

Meine : – Rien.

Pascal Quignard, *Le Salon du Wurtemberg*, NRF, Gallimard, 1986. p. 280-281.

PASCAL QUIGNARD

▶ Pascal Quignard, écrivain français, naît en 1948 dans une petite ville de Normandie. Son rêve est de devenir musicien, comme tous les membres de sa famille paternelle, alors que, du côté maternel, on compte plutôt des universitaires et des grammairiens.

Et pourtant, on retrouve cette double hérédité chez lui : au lycée, déjà, il se passionne pour les langues anciennes, fonde un groupe de jazz. Il se distingue très vite par son érudition et son amour de la musique et publie à dix-neuf ans son premier essai.

▶ Après avoir été lecteur pour la grande maison d'édition Gallimard, Pascal Quignard enseigne à l'École pratique des hautes études, école de chercheurs, à Paris. Ses publications lui permettent bientôt de consacrer tout son temps à la littérature et à la musique de chambre.

Il décrit ainsi l'une de ses journées : « *Je me lève très tôt. Je lis six heures, et, vers midi, je fais au moins une heure de violoncelle pour me libérer complètement du langage.* »

La littérature lui permet une intensité de vie plus grande. Il écrit : « *Quoi de plus merveilleux que d'agripper des choses autour de soi pour pouvoir les métamorphoser et les offrir aux gens ? La vie est trop courte pour la passer dans une seule peau…* » ; « *Je ne crois pas en la mémoire, il vaut mieux s'accorder plusieurs vies. J'ai besoin de plusieurs récits.* »

▶ Dans ses nombreux *Petits Traités*, rassemblés en une vingtaine de volumes, la fiction est mêlée à la réflexion. Ces écrits, proches de la philosophie, se réfèrent à la psychanalyse et à l'histoire antique. Ses analyses de la peinture, comme dans *Le Sexe et l'Effroi*, ou de la relation amoureuse, comme dans *Vie secrète*, reflètent la source gréco-latine de la culture française.

L'un de ses ouvrages, *Tous les matins du monde*, sur la musique a été adapté au cinéma. *Les Escaliers de Chambord*, *Terrasse à Rome*, et les cinq premiers tomes de son grand œuvre *Dernier Royaume*, en font un auteur irremplaçable.

Le Salon du Wurtemberg

■ *Le Salon du Wurtemberg* est le troisième roman de Pascal Quignard. Le personnage central, Charles Chenogne, est un musicien célèbre qui vit mal une enfance déchirée et une vie affective peu réussie. Il cherche une identité qui lui a toujours fait défaut et, dans le salon du Wurtemberg, se recrée une autre vie par l'écriture. En évoquant sa rencontre avec Florent, il revit son enfance bouleversée, l'abandon de sa mère et sa passion brève pour Ibelle, la femme de Florent.

■ Roman de la mémoire, *Le Salon du Wurtemberg* nous entraîne dans un rêve éveillé entre le réel et le flou autobiographique. Chez Pascal Quignard comme chez Proust, les personnages sont en permanence placés sous le signe du doute.

Chenogne reste néanmoins un héros de notre temps : solitaire, pessimiste, brûlé et déçu par ses sens.

■ Dans cet extrait, Chenogne, après des années d'éloignement, revient dans la maison de son ami. C'est la seconde femme de Florent, Meine, qui l'accueille et lui raconte la vie de son mari. Chenogne se trouve face à des souvenirs et à une vision de lui-même qui l'étonne, devant un itinéraire qui lui est retracé par autrui.

EXPLICATIONS

Exprimer l'indifférence

Chenogne est d'abord indifférent, ce qui se traduit ici par des questions objectives, des demandes d'explication neutres :

> – *Comment l'entendez-vous ?*
> – *Qu'attendez-vous de moi ?*, demande-t-il.

Pour exprimer l'absence de sentiments, on peut également utiliser des formules plus simples :

> « Que voulez-vous dire ? »
> « Que puis-je faire pour vous ? »

S'adresser à quelqu'un

► Demander à être entendu.

Si Chenogne ne dit pas grand chose, Meine à besoin de s'adresser à lui en vérifiant qu'une relation décente s'est instaurée. Elle dit :

> – ... *une amertume **que vous n'imaginez pas.***
> – ***Comprenez-moi.***

Elle inclue Charles dans son discours et désire qu'il réagisse.

► Encourager à parler.

Dans sa conversation avec Meine, Chenogne ne parvient pas bien à comprendre ce qu'elle veut et ce qu'elle veut dire. Aussi répète-t-il la dernière partie de la phrase entendue :

> – *Il s'est transformé.*
> – *Oui, il s'est transformé.*
> – *(...) il a cessé de parler de vous.*
> – *Il a cessé de parler de moi.*

Ce procédé en écho permet de continuer le dialogue. C'est une invite à poursuivre la conversation une façon de mieux comprendre.

Exprimer avec ironie

Mais bientôt, la violence des propos de Meine fait perdre patience à Chenogne. Il passe de l'indifférence à l'ironie, qui est une forme polie de la colère, de l'impatience :

> – *Sa vie est demeurée infectée*, dit Meine.

et Chenogne répond :

> – *C'est très délicat de le dire de la sorte.*

Et Meine poursuit :

> – *L'autre jour, en voyant que vous étiez un homme comme les autres...*
> – *Il est merveilleux s'il a pu imaginer qu'il en allait autrement. Ça, c'est un ami*, rétorque Chenogne.
> – *Ça lui a fait un bien énorme*, insiste Meine.
> – *Oui ? Moi aussi, pour être franc*, dit Chenogne, énervé.

Par l'ironie, on fait comprendre le contraire de ce qui est dit grâce à l'intonation et à l'exagération. On se moque de soi-même ou des autres.

Décrire un état

Meine fait part à Charles des états psychiques de Florent. Le vocabulaire qu'elle utilise, l'accumulation des termes, traduisent le ressentiment et la frustration croissante éprouvés par son mari :

> – *Florent a conçu pour vous une amertume (...) une haine (...) une rage (...) une envie de vous écraser (...) une jalousie pleine de douleur (...)*

La suite du discours de Meine nous informe de son état maladif de son silence – son désarroi – sa vie infectée ; « ***il continue de s'étourdir, de s'hébéter*** »...

Raconter

Le récit de la vie de Florent est présenté comme une série d'événements psychologiques successifs.

> – *il a conçu... une amertume...*
> – *il s'est effondré*
> – *il a suivi une analyse*
> – *il s'est transformé*
> – *Il a mis quatre ans à se décider à m'épouser...*
> – *il a cessé de parler de vous.*

Le passé composé rythme ce parcours où l'on passe d'un état à un autre.

Il nous donne une information temporelle : les événements passés sont successifs.

ACTIVITÉS

I. Compréhension orale

a Repérages

1. On entend :
- ❏ un piano
- ❏ du bois qui crépite dans une cheminée
- ❏ les bruits de la rue

2. Les deux personnes :
- ❏ parlent d'amour calmement.
- ❏ se disputent en criant.
- ❏ évoquent des événements douloureux mais restent polis.

3. Qui parle le plus ?
- ❏ la femme
- ❏ l'homme

b Compréhension globale

1. Qui ?

a) Florent est un ami
- ❏ cruel
- ❏ heureux
- ❏ malade

b) Charles est :
- ❏ désespéré
- ❏ indifférent
- ❏ amer

2. Choisissez le bon résumé.

a) Florent a beaucoup admiré son ami Charles. Il a subi son influence longtemps.

b) Florent a toujours détesté et jalousé Charles ; depuis qu'il sait que ce dernier est malade, lui-même se sent mieux.

c Compréhension détaillée

1. Chassez les intrus. Quels sont les mots que vous n'entendez pas.

❏ amertume	❏ désespoir
❏ tristesse	❏ haine
❏ adversité	❏ colère
❏ ressentiment	❏ jalousie
❏ rage	❏ hargne
❏ désarroi	❏ confusion
❏ ennui	❏ générosité
❏ énervement	❏ franchise

2. Replacez les événements dans l'ordre.
a) Florent a fait une psychanalyse – **b)** il s'est réfugié dans le travail – **c)** il a été très jaloux de Charles – **d)** il a épousé Meine – **e)** il s'est effondré

1. ... – 2. ... – 3. ... – 4. ... – 5. ...

3. Complétez par les mots entendus.
a) ...., ..., une envie de vous écraser qui ont nourri sa carrière.
b) je ne sais au juste si elle l'a apaisé ou si elle a accru son silence et ....
c) sa vie est demeurée ....
d) il continue de s'étourdir, ... de travail...
e) Cela lui a fait ....

4. Charles finit par être exaspéré. Sélectionnez les phrases où apparaissent particulièrement son énervement et son ironie.
a) Comment l'entendez-vous ?
b) Il a cessé de parler de moi.
c) C'est très délicat de le dire de la sorte.
d) Il faut travailler davantage...
e) Ça, c'est un ami !
f) Oui ? Moi aussi, pour être franc.

II. Expression orale

1 Reprenez le dialogue :
a) Vous êtes Charles et vous réagissez très mal aux propos de Meine ; vous l'attaquez ainsi que Florent et exprimez à votre tour les sentiments qui vous animent envers eux.
b) Vous êtes Meine et vous en profitez pour dire à Charles que vous l'avez toujours aimé et qu'il vous à toujours impressionnée.

2 Certains auteurs, comme Georges Perec, ont essayé de fixer le souvenir.

Sur le mode de son ouvrage *Je me souviens*, énoncez des souvenirs d'enfance en évoquant des nom de lieux où vous avez vécu. Commencez toutes vos phrases par « Je me souviens ».

III. Compréhension écrite

1 Expliquez les termes en gras ou donnez des équivalents.

    a) sa vie est demeurée **infectée**.

    b) il n'a cessé... de **s'hébéter** de travail.

2 Comment Florent s'est-il transformé ? Qu'a-t-il fait ?

3 Citez la phrase où Meine explique pourquoi, aujourd'hui, Florent va mieux.

4 Pourquoi Charles reprend-il les phrases de Meine en écho ? Citez ces phrases et dites ce qu'elles expriment.

5 Meine raconte l'histoire de son mari à Charles : relevez toutes les actions de Florent qui constituent un résumé de sa vie durant cette période.

• Relevez les verbes où Meine emploie la première personne du singulier. Est-ce pour parler à Charles de ses propres sentiments ?

• Relevez toutes les actions de Florent qu'elle énumère.

Cette énumération traduit :

    ❏ un jugement

    ❏ une obsession

    ❏ une provocation

6 Relevez les mots utilisés par Meine pour décrire l'état psychologique de Florent : quelle sorte de personnage est son mari ?

7 À travers le récit de Meine, faites le portrait de Florent.

8 Quelle est la relation de Meine avec son mari ? Justifiez votre réponse en citant des phrases du texte.

9 Montrez comment le dialogue traduit un décalage entre les souvenirs de Charles et la vie de Florent.

IV. Expression écrite

1 Florent parle directement à Charles. Écrivez ce qu'il dit :

    – « J'ai conçu pour toi une haine... »

2 Florent écrit à Charles pour lui expliquer pourquoi il a été jaloux. Il demande à Charles de l'excuser et de bien vouloir poursuivre une amitié ave lui.

3 À la question de Charles « Qu'attendez-vous de moi », Meine répond « beaucoup ». Écrivez la suite.

V. Culture

• La psychanalyse est vraiment une science née en Occident. Savez-vous qui en est le père ?

Pouvez-vous citer quelques ouvrages qu'il a écrits ?

Connaissez-vous le psychanalyste français, mort en 2004, pour qui le langage était très important ?

• Pascal Quignard, l'auteur de ce texte, a obtenu le prix Goncourt en 2002 pour *Les Ombres errartes*.

Savez-vous ce que couronne ce prix ? À quelle époque de l'année est-il décerné ?

Quels sont les autres prix attribués au même moment ?

Que pensez-vous de ces événements ? Est-ce important pour la vie littéraire ?

Pouvez-vous citer des auteurs contemporains à succès qui écrivent sur eux-mêmes, dans un genre très à la mode, « l'autofiction » ?

PERCEVAL OU LE CONTE DU GRAAL

Perceval : – Ainsi tu es chevalier ! Qu'est-ce donc qu'un chevalier ? Si tu n'es pas Dieu en personne, tu es assurément l'un de ses anges.

Le chevalier : – Ni Dieu, ni ange, mais simplement un homme revêtu de la chevalerie.

Perceval : – Alors dis-moi encore, homme-chevalier : ce long épieu que tu tiens à la main, à quoi sert-il ? Mais tout d'abord comment le nomme-t-on ?

Le chevalier : – On l'appelle « lance ».

Perceval : – Veux-tu dire que tu le lances au loin, comme je le fais de mon javelot ?

Le chevalier : – Non, certes ! car un chevalier ne saurait frapper son ennemi que de près. C'est à cela que sert la lance.

Perceval : – À tout prendre, mes javelots sont donc préférables à cet épieu ferré car ils me permettent d'atteindre ma proie d'aussi loin que je l'aperçois. Ton corps est tout recouvert de petits anneaux de fer. Comment cette peau luisante t'est-elle venue ? Est-ce de naissance ?

Le chevalier : – Ces anneaux emmêlés s'appellent des mailles. Ils forment comme un tissu d'acier qui me met à l'abri des coups.

Perceval : – Fasse dieu que jamais biche ni cerf n'en porte de semblable ! Comment les atteindrais-je ? Et ce chapeau de fer ?

Le chevalier : – Cette coiffure d'acier est un heaume qui ceint ma tête à la manière d'une tour fortifiée, afin de la protéger.

Chrétien de Troyes / Xavier de Langlais, *Perceval ou le Conte du Graal*,
L'édition d'Art H. Piazza, 1969, p. 116.

CHRÉTIEN DE TROYES

▶ On connaît peu de choses de la vie de Chrétien de Troyes, auteur français du Moyen Âge. Même ses dates de naissance et de mort restent approximatives. Mais on peut retracer l'essentiel de son parcours grâce aux dédicaces de ses œuvres.

Il écrit surtout entre 1165 et 1185 et fréquente la comtesse Marie, à la cour des comtes de Champagne. Ces lieux de pouvoir politique, mais aussi de culture et de science, l'attirent et inspirent son œuvre. Certaines scènes de vie quotidienne, dans ses romans, évoquent les plaisirs intellectuels de la société pour laquelle il écrit.

▶ De ses œuvres, il ne reste que cinq récits en vers qui sont inspirés à la fois du monde païen et du monde chrétien et qui innovent doublement par rapport à l'époque. D'abord, ils ne sont pas écrits en latin. Or la littérature en langue « vulgaire », l'ancien français, est encore rare. Chrétien de Troyes choisit néanmoins d'utiliser la magie de cette langue pour écrire. D'autre part, il s'inspire de l'auteur latin Ovide et de son *Art d'aimer*. Cela contraste avec les chansons de geste, ces poèmes épiques du XIe siècle, où le héros méprise les attachements féminins. Chez Chrétien de Troyes, au contraire, les chevaliers éprouvent des sentiments exquis et ont une vie intime. Ils sont sans cesse en quête d'une transformation profonde de leur être. La source de leurs aventures est souvent une figure féminine et l'essentiel du roman est constitué d'épreuves mystérieuses et de combats dont l'amour triomphe. Ainsi assiste-t-on à la naissance de ce qu'on appelle l'« idéal courtois ». C'est une révolution littéraire pour l'époque.

▶ Des cinq récits écrits par Chrétien de Troyes, les premiers romans les plus connus dignes de ce nom de la littérature française, sont *Lancelot ou le Chevalier à la charrette*, *Yvain ou le Chevalier au lion* et *Perceval ou le Conte du Graal*.

Perceval ou le Conte du Graal

■ *Perceval ou le Conte du Graal* est un roman resté inachevé en raison de la mort de Chrétien de Troyes. Dès le début du XIIe siècle, il a donc inspiré des suites à différents auteurs désireux de continuer l'histoire.

L'œuvre constitue la figure essentielle de la littérature médiévale et puise sa source narrative dans les légendes celtiques de Bretagne et du pays de Galles. L'action se déroule dans la mystérieuse forêt de Brocéliande, à l'époque mythique du roi Arthur et des chevaliers de la Table ronde.

Lors d'un voyage erratique à cheval, les héros traversent des lieux étranges qui portent l'empreinte de l'autre monde. Le gallois Perceval est un personnage candide, vierge de toute éducation chevaleresque et courtoise. L'adolescent a été élevé dans la forêt. Sa mère, après la perte d'un mari et de deux fils aînés, a voulu garder le dernier de ses enfants dans une totale ignorance du monde. Mais sa vie va soudain changer et il va passer cinq longues années à la quête du Saint-Graal, la coupe qui aurait contenu le sang du Christ.

■ Dans cet extrait, Perceval part chasser dans la forêt. C'est là qu'il rencontre les chevaliers qui vont faire basculer son destin. Il a envie de ressembler à ces êtres merveilleux qu'il prend d'abord pour des diables, puis pour des anges.

EXPLICATIONS

Poser des questions

► Perceval découvre les choses par un jeu de questions simples à partir de formules et de mots interrogatifs :

• Qu'est-ce que c'est ?
  – *Qu'est-ce donc qu'un chevalier ?*

• A quoi ça sert ?
  – *Ce long épieu que tu tiens à la main, à quoi sert-il ?*

• Comment ?
  – *Ton corps est recouvert de petits anneaux de fer. Comment cette peau luisante t'est-elle venue ?*

Le jeune homme presse le chevalier de questions sur ce qu'il voit et fait l'apprentissage du langage comme un enfant qui étudie.

► Pour poser des questions, on peut utiliser juste la simple intonation (interrogative, montante) :
  – *Et ce chapeau de fer ?*

ou l'inversion du sujet, comme ici :
  – *Est-ce de naissance ?* (C'est de naissance ?)

On utilise également communément **est-ce que** ?
  « **Est-ce que** vous êtes un ange ? » (Êtes-vous un ange ? Vous êtes un ange ?)

► Comprendre.

Perceval ponctue son questionnement d'appréciations :
  – *Ainsi, tu es chevalier !*
  – *Alors dis-moi encore…*
  – *Veux-tu dire que…*
  – *À tout prendre…*
  – *Fasse Dieu que…*

Ces reformulations, ces reprises instaurent un vrai dialogue et montrent à quel point Perceval veut comprendre celui qui est en face de lui. Il pourrait dire :
  « C'est cela, n'est-ce pas ? »
  « Est-ce c'est bien cela ? »

Expliquer et décrire

► Les propositions relatives aident à mieux faire comprendre.

  – *Ces anneaux… forment comme un tissu d'acier qui me met à l'abri des coups*
  – *… un heaume qui ceint ma tête.*

► Il pourrait aussi bien utiliser
  – des adjectifs :
  « comme un tissu d'acier **protecteur** »
  – ou des participes présents :
  « un heaume **entourant** ma tête »

Dans la description, ces trois tournures sont possibles ; mais la proposition relative, forme plus développée, plus lourde, est une forme d'insistance peu utilisée en poésie qui lui préfère les adjectifs qualificatifs.

► Le chevalier utilise, pour expliquer, des verbes simples :
  – nommer
  – s'appeler
  – forcer
  – être

Comparer

► En vrai pédagogue, le Chevalier parle en se servant de comparaisons. Ici, elles correspondent à des réalités du Moyen Âge :
  – *… comme un tissu d'acier,* puisqu'on portait alors des mailles en fer.
  – *C'est un heaume… à la manière d'une tour fortifiée.*

Les châteaux forts comportaient des tours à l'architecture renforcée pour pouvoir repousser les assauts de l'ennemi.

On trouve dans la comparaison un comparé, le premier terme, un comparant, le deuxième terme, et un mot de comparaison : « comme », « tel », « à la manière de », « sembler », « paraître ».

► Perceval, qui ignore tout de la chevalerie, exagère la beauté et les qualités de tout ce qui concerne les chevaliers. Il utilise des métaphores, où le mot de comparaison a disparu, ou des hyperboles (mise en relief par une expression élogieuse qui dépasse la réalité).
  – *Qu'est-ce donc qu'un chevalier ? Si tu n'es pas Dieu en personne, tu es assurément l'un de ses anges.*

Il est impressionné, et admire tout ce qu'il ne comprend pas.

ACTIVITÉS

ⓐ Repérages

1. On entend :
- ❏ des bruits de pas
- ❏ des bruits de sabots
- ❏ des bruits d'épées

2. Perceval est :
- ❏ naïf
- ❏ courageux
- ❏ timide

ⓑ Compréhension globale

1. Combien de questions pose Perceval ?
- ❏ 3
- ❏ 4
- ❏ 5
- ❏ 6
- ❏ 7
- ❏ 8

2. Combien de fois entend-on :

a) chevalier
- ❏ 2
- ❏ 3
- ❏ 4
- ❏ 5

b) Dieu
- ❏ 1
- ❏ 2
- ❏ 3
- ❏ 4

ⓒ Compréhension détaillée

1. Dites si ces phrases sont vraies ou fausses.

	Vrai	Faux
a) Perceval prend les chevaliers pour des anges.	❏	❏
b) Les chevaliers naissent avec une peau de serpent.	❏	❏
c) L'épieu se nomme heaume.	❏	❏
d) Les biches et les cerfs sont des monstres invincibles.	❏	❏
e) Perceval envie les habits du chevalier.	❏	❏

2. Choisissez entre les deux phrases.

a) Perceval a l'habitude de vivre
- ❏ dans une tour.
- ❏ dans une forêt.

b) Il passe son temps :
- ❏ à se battre.
- ❏ à chasser.

c) Un vrai chevalier doit
- ❏ ne penser qu'à se protéger.
- ❏ attaquer son ennemi de près.

3. Les mots de la chevalerie

a) Barrez les intrus et retrouvez les mots qui désignent dans le dialogue

1. une arme offensive :
épieu – épée – lame – coutelas – lance – glaive – javelot – cimeterre

2. une armure ou une arme défensive :
anneaux de fer – bouclier – mailles – casque – tissu d'acier – chapeau de fer – coiffure d'acier – cuirasse – heaume – caparaçon – écu – cotte

b) Remettez dans l'ordre d'écoute les mots sélectionnés.

❶ Vous arrivez dans un pays étranger : vous êtes accueilli par un autochtone qui va répondre à toutes les questions que vous posez naïvement pour essayer de comprendre.

Vous alternerez les questions simples sur ce que vous voyez (qu'est-ce que c'est, à quoi ça sert) avec d'autres plus élaborées sur les rites et les comportements (pourquoi, comment).

❷ Variation

a) Vous jouez le texte en changeant d'époque : nous sommes dans la banlieue d'une grande ville et un enfant demande à un adolescent pourquoi il porte une casquette ou une capuche, une chaîne autour du cou, des jeans très larges, des baskets non lacées, etc. Vous utiliserez un vocabulaire familier.

b) Vous pouvez aussi choisir de jouer la scène dans un milieu très bourgeois, avec un langage soutenu.

III. Compréhension écrite

❶ Relevez tous les mots ou formules de questionnement du dialogue. Qui les prononce ?

❷ Quels sont les attributs du chevalier (armes, vêtements) ? Quel est son devoir ? Justifiez votre réponse par des citations du texte.

❸ Relevez les comparaisons du texte : à quoi servent-elles ? À qui vous fait penser le Chevalier par ses façons de répondre ? Pourquoi ?

❹ Quel est le caractère de Perceval ? Citez les commentaires qu'il fait à chaque réponse du Chevalier ?

Explicitez ses deux passages : « ...mes javelots sont donc préférables... » et « Fasse dieu que jamais biche ni cerf n'en porte... »

❺ Le texte progresse dans le choix de questions / réponses entre Perceval et le Chevalier.
   a) Quel est le sujet principal du texte ?
   b) Quelle est la morale de la chevalerie qui est présentée ici ? Retenez les passages où il en est question.

❻ Choisissez le bon résumé.
   a) Perceval, qui questionne le Chevalier sur ce qu'il fait, découvre des mots nouveaux et un monde jusqu'alors inconnu.
   b) Le jeune Perceval veut tout connaître du monde : il interroge son professeur sur le nom des armes et des animaux. Il veut apprendre à devenir Chevalier.

IV. Expression écrite

❶ Le Chevalier trouve Perceval bien jeune et inexpérimenté. Il écrit une lettre au jeune homme avec des conseils et des actions à réaliser afin qu'il devienne un bon chevalier.

❷ Vous arrivez sur Mars, la planète est habitée : décrivez les curieux habitants que vous y voyez, comment ils sont vêtus, ce qu'ils font, et exprimez vos sentiments.

V. Culture

• Aujourd'hui, les ordres de la chevalerie sont des institutions honorifiques. On peut être décoré de la Légion d'honneur (créée par Bonaparte en 1802), être nommé chevalier des Arts et des Lettres et recevoir les palmes académiques pour service rendus dans l'Éducation.

• C'est au XIIe siècle que naît le roman, une forme de littérature narrative écrite en vers (octosyllabes) et destinée à être lue à haute voix devant un public composé de seigneurs. Ces romans de chevalerie, ou courtois, qui racontent exploits guerriers et amours des chevaliers étaient écrits en langue romane, ou ancien français (langue intermédiaire entre le latin et le français), d'où le nom de **roman** qui subsiste aujourd'hui. Chrétien de Troyes est le fondateur du genre romanesque.

Connaissez-vous d'autres romans de chevalerie ? Qu'a écrit Cervantès ? De quel pays était-il originaire ?

• Quel est le grand roman français du XVIIe qui, en donnant accès à la vie intérieure du personnage, renouvelle le genre ?

• Aimez-vous les romans d'*Héroïc Fantaisie* ? Citez-en au moins un redevenu célèbre grâce à son adaptation cinématographique.

✓ mars 2021

LE LOUP ET L'AGNEAU

Le loup : – Qui te rend si hardi de troubler mon breuvage ?
[...] Tu seras châtié de ta témérité.

L'agneau : – Sire, que votre majesté ne se mette pas en colère ;
Mais plutôt qu'elle considère
Que je me vas désaltérant
Dans le courant,
Plus de vingt pas au-dessous d'elle ;
Et que, par conséquent, en aucune façon,
Je ne puis troubler sa boisson.

Le loup : – Tu la troubles ! [...]
Et je sais que de moi tu médis l'an passé.

L'agneau : – Comment l'aurais-je fait, si je n'étais pas né ? [...]
Je tète encore ma mère.

Le loup : – Si ce n'est toi c'est donc ton frère.

L'agneau : – Je n'en ai point

Le loup : – C'est donc quelqu'un des tiens ;
Car vous ne m'épargnez guère,
Vous, vos bergers et vos chiens.
On me l'a dit, il faut que je me venge.

Jean de La Fontaine, *Fables, Le Loup et l'Agneau*, Tallandier, 1995, p. 14.

JEAN DE LA FONTAINE

▶ Jean de La Fontaine est un célèbre fabuliste français du XVIIe siècle. Provincial de la moyenne bourgeoisie, fils d'un conseiller du roi qui était Maître des eaux, des forêts et des chasses, la charge de son père l'amène à vivre en province jusqu'à l'âge de quinze ans et à étudier de près la nature et les animaux. D'abord tenté par la vocation religieuse, il vient à Paris pour des études de droit et devient avocat. Il fréquente les cercles poétiques, épouse une jeune « précieuse » du style de l'époque et multiplie les aventures galantes.

▶ À trente et un ans, encore inconnu en littérature, La Fontaine hérite de la charge de Maître des eaux et forêts de son père. Mais il entre bientôt dans le cercle de Fouquet, surintendant général des Finances, pour lequel il se met bientôt à écrire. Ses premiers succès lui ouvrent les salons littéraires. La fréquentation des grands auteurs de l'époque fait évoluer ses poèmes élégiaques du début vers le baroque. Le premier recueil des *Contes*, bientôt publié, est bien accueilli du public mais lui vaut une réputation légèrement scandaleuse. La Fontaine est donc déjà célèbre lorsqu'est édité, en 1668, le premier recueil de ses *Fables* immortelles.

Les Fables : Le Loup et l'Agneau

■ Cet ouvrage est destiné au Dauphin, fils du roi, à qui il donne ainsi un enseignement moral, illustré de façon vivante.

Les autres recueils de fables sont plus denses, d'une substance plus riche, et consacrés à la vie de la Cour, à la politique extérieure ou aux débats philosophiques.
Classique, La Fontaine puise son inspiration chez les fabulistes de l'antiquité. Il traite de la nature humaine, tente d'instruire et de plaire à la fois.
Son art est épuré, et c'est au prix d'une grande rigueur qu'il donne un style si naturel à ses œuvres. Il sait égayer la narration et lui donner du charme. Il fait parler les animaux comme les humains et nous renvoie à un âge d'or où les deux espèces étaient proches l'une de l'autre.

■ Ces fables sont de brefs récits, en vers ou en prose, qui illustrent une vérité psychologique et apportent des solutions possibles à des problèmes posés. Elles sont construites comme de minidrames, avec une morale parfois dure, froide et cruelle.
On y découvre un univers impitoyable où chacun lutte pour survivre, où la parole vise à instaurer ou contester un rapport de force.

■ Dans la fable *Le Loup et l'Agneau*, le loup, de par sa force, a raison contre l'agneau. C'est ce que souligne la morale de la fable : *« La raison du plus fort est toujours la meilleure. »*
Cette fable cynique est une critique de la justice des grands de ce monde et de leur parodie de procès.
Ici, le loup accuse l'agneau de venir boire impunément l'eau de son ruisseau et cherche manifestement un prétexte pour dévorer le tendre animal.

EXPLICATIONS

Accuser

On observe, à travers cette fable, les différentes façons d'exprimer l'accusation et la défense.

▶ La colère du loup se déchaîne, et il utilise alors un ton autoritaire et souverain pour accuser :

> – *Qui te rend si hardi de troubler mon breuvage ?*

Ce ton traduit une différence de position sociale ou de génération entre les deux personnages.

Dans la vie courante, on trouve de même l'expression de ces relations hiérarchiques ou d'autorité. Ce peut être dans une situation professionnelle entre un subalterne et son supérieur :

> « Qui vous a dit de vous en aller **si tôt**, Martin ? Il est à peine 18 heures et le bureau ferme à 18 h 15. »

La formule **qui te rend si + adjectif** est ici très brutale et équivaut à : « **Comment peux-tu, comment oses-tu ?** » Elle sert aussi à mettre en relief toute attitude inhabituelle qui apparaît exagérée :

> « Qui **te rend si charmant**, aujourd'hui ? »

▶ Le ton du loup est menaçant : il parle de châtiment en utilisant le futur, comme c'est d'usage pour les sentences.

> – *Tu **seras châtié** de ta témérité*, hurle le loup.
> « L'accusé **subira** une peine de vingt ans de prison. »

▶ Il répond à l'agneau en utilisant le même verbe que lui, au présent, ayant le sens impératif de « tais-toi ».

> – *En aucune façon **je ne puis troubler** sa boisson.*
> – ***Tu la troubles.***

La reprise du verbe à un sens péremptoire.
Ainsi un enfant qui a fait croire à sa mère qu'il était à l'école :

> « Mais **je ne t'ai pas menti**, j'étais au collège ! »
> « **Tu m'as menti !** »

▶ L'obligation, ici la menace, se traduit par **il faut que + le subjonctif** :

> – ***Il faut que** je me venge.*
> « Il faut que **je sache** qui a ouvert ma lettre. »

Argumenter

Toute la fable est construite sur une injustice flagrante, celle de la **sentence** *a priori*.

Le loup va enfermer l'agneau dans une suite de phrases logiques qui vont être des arguments pour l'accusation. Les déductions sont marquées par des mots spécifiques :

> – *Si ce n'est toi c'est **donc** ton frère.*
> – *C'est **donc** quelqu'un des tiens.*

Donc, conjonction ou coordonnant, amène la conséquence ou la conclusion de ce qui précède :

> « Tu as **donc** trouvé mon adresse ! », direz-vous à un ami que vous ne vouliez plus revoir.

▶ La logique.

L'agneau développe encore des arguments pour plaider sa propre cause :

> *Que je me vas désaltérant*
> *Dans le courant,*
> *Plus de vingt pas au-dessous d'elle ;*
> *Et que **par conséquent**, en aucune façon,*
> ***Je ne puis troubler** sa boisson.*

Face à l'arbitraire total du loup, l'agneau est d'une logique irréfutable. Il utilise une proposition de conséquence pour insister sur cette évidence.

Se défendre

▶ La politesse déférente.

Malgré la menace de mort qui pèse sur lui, l'agneau reste calme, poli et respectueux :

> – *Sire, que votre majesté ne se mette pas en colère.*

Le **que** a ici valeur de « s'il vous plaît », « il ne faudrait pas que ».

Il fait appel à un jugement impartial en ajoutant :

> – *Mais plutôt **qu'elle** considère…*

Il utilise la troisième personne, **elle**, reprenant **votre majesté** comme on le faisait avec les rois.

▶ La réputation.

L'expression **Comment… si** sert à réfuter. Comme deuxième argument, l'agneau utilise un fait incontestable, un équivalent de **puisque** :

> – ***Comment** l'aurais-je fait **si** je n'étais pas né ?*

L'évidence de la formule qui se construit avec le conditionnel passé, a un sens d'irréel.

ACTIVITÉS

I. Compréhension orale

a Repérages

1. On entend :
- ❏ des bruits d'oiseaux et d'eau ✓
- ❏ des sons marins
- ❏ des bruits de voitures

2. Combien de fois le loup accuse-t-il l'agneau ?
- ❏ 1
- ❏ 2
- ❏ 3
- ❏ 4
- ❏ 5

b Compréhension globale

1. Qui ?

a) Le loup est :
- ❏ compréhensif
- ❏ impatient ✓
- ❏ injuste ✓

b) L'agneau est :
- ❏ ignorant
- ❏ insolent
- ❏ lent

2. La scène se déroule :
- ❏ à la montagne ✓
- ❏ dans un pré
- ❏ au bord d'une rivière ✓

3. Après
- ❏ l'agneau repartira dans sa famille. ✓
- ❏ le loup dévorera l'agneau.
- ❏ le loup et l'agneau deviendront amis.

4. Choisissez le bon résumé.
a) Le loup trouve de mauvais arguments pour accuser l'agneau qu'il veut dévorer de toutes façons.
✓ **b)** L'agneau réfute tous les arguments du loup, qui, humilié, va s'enfuir.

c Compréhension détaillée

1. Quels mots entends-on ?
- ❏ père
- ❏ mère
- ❏ sœur
- ❏ frère
- ❏ oncle
- ❏ fermier
- ❏ paysan
- ❏ berger
- ❏ roi
- ❏ sire
- ❏ majesté
- ❏ altesse

2. Remettez ces phrases dans l'ordre d'écoute.
a) Comment l'aurais-je fait si je n'étais pas né – **b)** Je n'en ai point. – **c)** Que je me vas désaltérant – **d)** Je tète encore ma mère. – **e)** Je ne puis troubler sa boisson

1. … – **2.** … – **3.** … – **4.** … – **5.** …

3. Dites si ces phrases sont vraies ou fausses.

	Vrai	Faux
a) Le loup accuse l'agneau de venir sur ses terres.	❏	❏
b) L'agneau a toujours dit du mal du loup.	❏	❏
c) L'agneau est très jeune.	❏	❏
d) Le loup est toujours harcelé par des chiens.	❏	❏
e) Le loup éprouve de la pitié pour l'agneau.	❏	❏

II. Expression orale

❶ Jouez la scène en rajoutant, à la fin de chaque réplique de l'agneau, quelques paroles pour séduire le loup (vous êtes si beau, j'avais si soif, j'avais envie de vous voir, protégez-moi, etc.)

❷ Vous suppliez quelqu'un qui veut vous congédier ou rompre (patron, ami(e), amant(e), enseignant…) de vous laisser une dernière chance : trouvez les arguments pour le convaincre, sans oublier d'utiliser des formules de supplication, les simples demandes et les impératifs.

III. Compréhension écrite

❶ Notez les rimes : quels sont les vers qui n'ont pas de rimes ? Que mettent-ils en valeur ?

❷ Notez l'accumulation des pronoms et adjectifs possessifs.
« … **vous** ne m'épargnez guère,
Vous, vos bergers **et vos** chiens. »
Quel effet cherche le loup ?

❸ Relevez les mots utilisés par le loup pour décrire le caractère de l'agneau.
Qu'est-ce qu'ils ont d'exagéré ?

❹ Quels sont les arguments du loup pour accuser l'agneau ? Citez-les dans l'ordre.

❺ L'agneau se défend en utilisant :
a) la déférence : quels sont les titres qu'il adresse au loup ?
b) la logique : notez ses raisons de contester.

❻ Remplacez les expressions et mots en gras, très classiques, par des mots actuels en langue courante ou familière, choisis dans la liste ci-dessous :
pas du tout – punir – ne pas – critiquer – des clous – débiner – corriger
a) 1- **tu médis** 2- **tu seras châtié**.
Que traduisent-ils sur la position du loup dans cette affaire ?
b) en aucune façon, **ne... point**.
Qui emploie ces négations dans le dialogue ?
La forme **que je me vas désaltérant** a disparu aujourd'hui. Rétablissez la forme normale (au futur proche).

❼ Quelle est la morale de la fable ? Quels sont les personnages qui sont critiqués ?

IV. Expression écrite

❶ Transformez la fable en narration : racontez l'histoire au passé en utilisant l'imparfait et le passé simple.

❷ L'une des fables d'Esope, *Le Lion et le Lièvre*, a pour morale : mieux vaut tenir que courir (il vaut mieux se contenter du peu que l'on a plutôt qu'espérer beaucoup).

Un lion est prêt à dévorer un lièvre. Le lièvre est effrayé et sent sa dernière heure arrivée. Soudain, il voit une gazelle non loin, proie beaucoup plus intéressante pour un lion affamé ; il en informe le lion qui bientôt se lance à sa poursuite : mais la gazelle s'enfuit et quand le lion revient, bien sûr, le lièvre a disparu.

Écrivez le dialogue entre le lion et le lièvre : n'oubliez pas les phrases de présentation de l'histoire et les verbes « reprendre », « conclure », « ques-tionner », « faire », « demander », à utiliser avant les répliques.

Transposez ce dialogue en langue familière, en vous inspirant de Pierre Perret, qui a traduit de nombreuses fables de La Fontaine en argot.

V. Culture

• Aujourd'hui, il reste peu de loups en France. Considérés comme des animaux très dangereux, toutes sortes de légendes se sont construites dans l'imaginaire populaire à leur sujet où ils deviennent des hommes-loups, des loups-garous, qui vivent dans la forêt.

On comprend que de nombreuses expressions soient forgées avec le mot loup. En connaissez-vous le sens ?
Expliquez au moins une d'entre elles : (exemple : *une faim de loup* = une très grande faim).
un froid de loup – à pas de loup – entre chien et loup – se jeter dans la gueule du loup – hurler avec les loups – être connu comme le loup blanc – l'homme est un loup pour l'homme – quand on parle du loup on en voit la queue – les jeunes loups

• La fable fonctionne comme une critique détournée, car les véritables personnes ne sont pas nommées mais représentées sous diverses formes : animaux, légumes, plantes, etc. Elle est agrémentée d'une morale propre à édifier, à instruire, à former.

Aujourd'hui, on a en France des instruments de critique du pouvoir beaucoup plus directs comme « Les Guignols de l'info », sur Canal+, une chaîne cryptée qui diffuse cette émission en clair tous les soirs à 19 h 55. Les personnages sont des marionnettes parodiques, qui caricaturent ministres, chefs d'État, et tout personnage qui a sa place dans l'actualité politique.

Connaissez-vous cette émission ? Qu'en pensez-vous ?

Existe-t-il des équivalents chez vous ? (Histoires drôles, journaux satyriques, dessins humoris-tiques...)

LE CÔTÉ DE GUERMANTES

Le narrateur : – Écoute, tu permets ? Dernière conversation au sujet de la dame dont nous avons parlé. Tu te rappelles Elstir, le peintre que j'ai connu à Balbec ?

Saint-Loup : – Mais voyons, naturellement.

Le narrateur : – Tu te rappelles mon admiration pour lui ?

Saint-Loup : – Très bien, et la lettre que nous lui avions fait remettre.

Le narrateur : – Hé bien, une des raisons, pas des plus importantes, une raison accessoire pour laquelle je désirerais connaître ladite dame, tu sais bien laquelle ?

Saint-Loup : – Mais oui ! Que de parenthèses !

Le narrateur : – C'est qu'elle a chez elle au moins un très beau tableau d'Elstir.

Saint-Loup : – Tiens, je ne savais pas.

Le narrateur : – Elstir sera sans doute à Balbec à Pâques, vous savez qu'il passe maintenant presque toute l'année sur cette côte. J'aurais beaucoup aimé avoir vu ce tableau avant mon départ. Je ne sais si vous êtes en termes assez intimes avec votre tante : ne pourriez-vous, en me faisant assez habilement valoir à ses yeux pour qu'elle ne refuse pas, lui demander de me laisser aller voir le tableau sans vous, puisque vous ne serez pas là ?

Saint-Loup : – C'est entendu, je réponds pour elle, j'en fais mon affaire.

Le narrateur : – Robert, comme je vous aime !

Marcel Proust, *Le Côté de Guermantes*, La Pléiade, Gallimard, 1954, p. 126.

MARCEL PROUST

▶ Marcel Proust est considéré comme l'écrivain majeur du début du xxᵉ siècle français. Il naît à paris en 1871, dans une famille bourgeoise et intellectuelle. Les vacances se déroulent en Normandie, à Illiers précisément, petite ville dont le père est originaire. Ces lieux d'enfance inspirent le jeune Marcel, qui commence à écrire dès l'âge de 14 ans.

Il est « *d'une sensibilité maladive et trop fine* » qui le fait « *déborder d'amour à la moindre gentillesse* », comme il l'écrit dans un livre autobiographique appelé *Jean Santeuil*. Asthmatique, il mène une vie recluse qui le pousse à lire énormément.

▶ Après avoir perdu son père en 1905, il perd sa mère, avec laquelle il avait une relation étroite, et se retrouve orphelin. Situation qui accélère sa production littéraire, car il peut enfin écrire sans crainte de heurter ses parents. Mais sa mère lui manque. Il écrit : « *Ma vie a désormais perdu son seul but, sa seule douceur, son seul amour, sa seule consolation.* »

Il commence une vie de grand malade, entre narcotiques et écriture incessante : une existence de reclus entrecoupée de sorties mondaines. Tout au long des dix mille pages de ses cahiers, il inscrit tout ce qu'il voit, sent, aime, souffre et connaît. C'est là sa vie, son moi profond. C'est ce qu'il exprime si bien dans *Contre Sainte-Beuve*. La biographie et la critique qui cherchent à associer l'homme et l'œuvre sont inadéquates, estime-t-il.

Il meurt d'une pneumonie en 1922, sans avoir achevé la révision des derniers volumes de son œuvre.

▶ L'originalité de l'œuvre de Proust réside surtout dans le jeu du bouleversement du temps et la suppression de l'intrigue : deux caractéristiques qui annoncent le roman moderne.

Son œuvre majeure, intitulée *À la recherche du temps perdu*, est d'ailleurs consacrée au temps et aux souvenirs. Elle est composée de sept volumes, dont trois seront publiés après sa mort.

Le dernier tome, *Le Temps retrouvé*, nous apprend que les êtres vieillissent mais ont une essence cachée, intemporelle ; le passé, lui, peut être reconquis grâce à des extases de mémoire involontaire qui peuvent nous rappeler notre enfance, comme le goût d'une madeleine. En faisant revivre le passé par le souvenir, l'écriture – l'œuvre d'art – donne un sens à notre existence vouée à l'anéantissement.

Le deuxième tome, *À l'ombre des jeunes filles en fleurs*, est un chef-d'œuvre qui reçut le prix Goncourt : il met en scène plus de cinq cents personnages. Proust y fait preuve d'une finesse de psychologie appliquée aux sentiments d'amour, de jalousie et de vanité.

Le Côté de Guermantes

■ *Le Côté de Guermantes* est le troisième tome de *À la Recherche du temps perdu* : il marque la fin de l'adolescence du narrateur et son entrée dans le monde des adultes.

Le narrateur tombe amoureux de la duchesse de Guermantes, mais l'image qu'il se fait d'elle ne ressemble en rien à ce qu'elle est.

Il trouve un prétexte pour que Saint-Loup, le neveu de la duchesse, lui organise une rencontre avec elle. Il dissimule, bien sûr, la vraie raison de son désir.

EXPLICATIONS

S'enquérir

Le narrateur est timide, paralysé par sa crainte de paraître sot et par son admiration pour la duchesse.

Il exprime son embarras par des sous-entendus, en profitant de la connivence qui le lie à son ami :

– *Tu te rappelles* Elstir, le peintre ?
– *Tu te rappelles* mon admiration pour lui ?
– *Une raison* (...) *accessoire pour laquelle j'aimerais bien connaître ladite dame* (...), *tu sais bien laquelle ?*

Ici, en effet, on essaye d'impliquer l'autre, en évoquant un passé commun avec la répétition de « **tu te rappelles ?** ».

On interroge par allusions, en créant une connivence, « tu sais bien ».

Demander une faveur

► Le Narrateur commence par une formule de politesse :

– *Écoutes, **tu permets** ?*

Il demande la permission de parler. Dans un débat, les participants se coupent souvent la parole. On peut ainsi entendre :

« Vous permettez ? Mais laissez-moi parler ! »

► Malgré sa confiance en son ami, le narrateur reste prudent et continue à user de précautions oratoires :

– *Je ne sais pas si vous êtes en termes assez intimes avec votre tante...*

En effet, quand on n'ose pas demander directement, on utilise les expressions **je sais que**, **je ne sais pas si** pour moduler sa demande.

Dans la vie quotidienne, on dira :

*« **Je ne sais pas si** tu es fatigué... Mais j'aimerais aller danser avec toi, ce soir. »*
*« **Je sais que** vous n'aimez pas conduire... pourriez-vous me prêter votre voiture ? »*

On s'aperçoit que les phrases commençant par ces expressions introduisent une demande qui exprime une condition.

Dans le dialogue de Marcel Proust, on retrouve bien cette caractéristique :

– *Je ne sais pas si vous êtes en termes assez intimes avec votre tante : **ne pourriez-vous**...*

lui demander de me laisser aller voir le tableau...

► Le narrateur, en fait, n'a qu'un seul désir, celui de voir la duchesse de Guermantes, comme il l'exprime maladroitement à plusieurs reprises :

– *Une des raisons, **pas des plus importantes**, une **raison accessoire** pour laquelle je désirerais connaître ladite dame...*

Dans le discours, la dénégation a souvent force de vérité, comme ici : ces précautions mettent en valeur l'importance réelle de cette rencontre.

Accorder une demande

► Contrairement aux approches compliquées du Narrateur, Saint-Loup fait toujours des réponses claires :

– *Mais voyons, naturellement !*

Il veut rassurer avec des expressions positives :

– *Très bien.*

Et plus loin :

– *Mais oui !*

Ces réponses font ressortir la complexité psychologique de son ami.

► La fin du texte est très explicite et directe : Saint-loup, en effet, s'écrie :

– *C'est entendu, je réponds pour elle, j'en fais mon affaire.*

Dans les trois affirmations de Saint-Loup, on note une affirmation en crescendo dans la confiance :

– *C'est entendu* pour : « **D'accord** ».
– *Je réponds pour elle* pour : « **Je m'engage à sa place, je prends la responsabilité sur moi.** »
– *J'en fais mon affaire* pour : « **Je sais comment faire, aucun problème pour réussir l'opération.** »

Aujourd'hui, on dirait par exemple :

« – Tu veux un billet pour la finale de la Coupe du monde de foot ? » « – **J'en fais mon affaire**, aucun problème. »

Ce dialogue met en valeur la description du sentiment amoureux dans sa complexité et sa délicatesse.

ACTIVITÉS

I. Compréhension orale

a Repérages

1. Cochez les bruits que l'on entend en fond sonore :
- ❏ des mouettes
- ❏ des chevaux
- ❏ la mer
- ❏ des cris d'enfants
- ❏ des pas
- ❏ un piano
- ❏ du vent
- ❏ un saxo

2. Classez les noms propres entendus dans l'ordre d'écoute :

   a) Elstir – **b)** Robert – **c)** Balbec – **d)** Pâques

1. … – 2. … – 3. … – 4. …

b Compréhension globale

1. Qui ?

a) Elstir est :
- ❏ un pianiste
- ❏ un écrivain
- ❏ un peintre

b) La dame est :
- ❏ la tante du narrateur
- ❏ la tante de Saint Loup
- ❏ la tante d'Elstir

2. Quand ?

a) Elstir sera à Balbec
- ❏ à la mi-carême
- ❏ à Pâques
- ❏ à Noël

b) Il passe sur la côte
- ❏ une semaine
- ❏ presque trois mois
- ❏ presque toute l'année

3. Quoi ?

Le narrateur désire
- ❏ écouter un morceau de musique.
- ❏ voir un tableau.
- ❏ lire une lettre.

c Compréhension détaillée

1. Dans quel ordre entendez-vous ces phrases ?

a) Mais, oui ! – **b)** C'est entendu – **c)** Très bien – **d)** Tiens, je ne savais pas – **e)** Mais voyons, naturellement – **f)** j'en fais mon affaire

1. … – 2. … – 3. … – 4. … – 5. … – 6. …

2. Dites si ces phrases sont vraies ou fausses.

	Vrai	Faux
a) Le narrateur éprouve de l'admiration pour Elstir.	❏	❏
b) Le narrateur dit tout de suite le nom de la dame à laquelle il s'intéresse.	❏	❏
c) Il désire voir un tableau qui se trouve chez la dame.	❏	❏
d) Le narrateur désire voir le tableau avec son ami Saint-Loup.	❏	❏
e) Le narrateur est ravi parce que Saint-loup va l'aider.	❏	❏

3. Choisissez le bon résumé.

   a) Le narrateur désire rencontrer une femme qu'il aime et prend comme prétexte un tableau qu'elle possède pour tenter de la voir.

   b) L'ami du narrateur a compris que son ami est très gentil avec lui parce qu'il veut rencontrer quelqu'un qu'il aime : il ne veut pas être manipulé et refuse de façon polie.

II. Expression orale

❶ Vous demandez à un ami de vous aider à développer une relation avec l'homme ou la femme dont vous êtes amoureux : il vous propose quelques pistes (vous intéresser à la musique, aller dans une exposition, vous voir au cours d'un dîner, au cinéma, etc.)

❷ Jeu de rôle

Vous n'osez pas demander de vacances à la personne avec qui vous travaillez : vous tournez autour du pot, en utilisant toutes les formules de précautions imaginables. Vous n'allez pas droit au but et finalement n'obtenez pas gain de cause. Jouez la scène.

III. Compréhension écrite

❶ a) Quels sont, dans l'ordre, les prétextes que le narrateur utilise pour arriver à voir la dame de ses rêves ?

b) Quelles est la stratégie qu'il suggère à Saint-Loup ?

❷ Saint-Loup est un véritable ami pour le narrateur et il répond toujours de façon très favorable à ses demandes peu claires :

Relevez, dans le texte, toutes les formules exprimant l'accord de Saint-Loup.

❸ Quel est le caractère du narrateur ? Relevez les phrases qui justifient votre réponse.

❹ Quand on est amoureux, on veut apparaître sous son meilleur jour : soulignez les phrases où le narrateur veut se faire valoir.

❺ Comment comprenez-vous la phrase : « **Robert, comme je vous aime !** » ? Correspond-elle au personnage ?

❻ Quel est le fil conducteur de l'argumentation du Narrateur ?

❼ Quel est le milieu social des personnages mentionnés dans le dialogue ? du Narrateur ? de Saint-Loup ?

IV. Expression écrite

❶ Elstir est un peintre de la veine impressionniste : décrivez un paysage de la côte normande peint par Elstir (vocabulaire des formes, de la couleur, de la sensation) en au moins cent mots.

❷ Vous adorez les romans-photos et les histoires à l'eau de rose : vous recopiez dans votre journal intime un dialogue de la dernière passionnante histoire d'amour que vous avez lue. Utilisez si possible des clichés et des expressions stéréotypées comme : ardent désir, bonheur suprême, époux fidèle, qualités supérieures, précieux trésor, etc.

V. Culture

• Certains livres – la collection Arlequin ou les romans-photos – proposent un monde de rêve où tous les personnages, comme dans les feuilletons télévisuels américains, ont un destin extraordinaire : pauvres, ils finissent par épouser, après d'infinies péripéties, quelqu'un de riche et noble, qui les sauve.

Que pensez-vous de cette littérature et de la presse « people » ?

• Dans ce dialogue, on parle d'une ville imaginaire, **Balbec**, qui est probablement la ville de **Cabourg,** située sur la côte normande, près de **Dauville**, où **Marcel Proust** allait très souvent.

La Normandie a vu beaucoup d'hommes de lettres naître ou mourir sur son terroir.

Connaissez-vous quelques auteurs qui sont nés ou enterrés dans cette région et des œuvres où l'action se situe dans des villes ou villages de Normandie ?

En 1876, un groupe de sept écrivains (dont Frédéric Mistral) fondent une école littéraire pour la défense du provençal : le félibrige.

La littérature « régionale » s'illustre avec des auteurs divers : Giono (Alpes-de-Haute-Provence), qui célèbre surtout la nature, Alexandre Vialatte (chroniqueur au journal de Clermont-Ferrand *La Montagne*), Pierre Jakez Helias (écrivain de la Bretagne qui a traduit *Le Cheval d'orgueil* du breton en français).

Aussi bien le provençal que le basque, le breton, l'alsacien ou le berbère font partie des langues de France.

PHÈDRE

Œnone : – Madame, au nom des pleurs que pour vous j'ai versés,
Par vos faibles genoux que je tiens embrassés,
Délivrez mon esprit de ce funeste doute.

Phèdre : – Tu le veux. Lève-toi.

Œnone : – Parlez, je vous écoute.

Phèdre : – Ciel ! Que lui vais-je dire ? Et par où commencer ?

Œnone : – Par de vaines frayeurs cessez de m'offenser.

Phèdre : – Ô haine de Vénus ! Ô fatale colère !
Dans quels égarements l'amour jeta ma mère !

Œnone : – Oublions-les, madame. Et qu'à tout l'avenir
Un silence éternel cache ce souvenir.

Phèdre : – Ariane, ma sœur, de quel amour blessée
Vous mourûtes aux bords où vous fûtes laissée ?

Œnone : – Que faites-vous, madame ? Et quel mortel ennui
Contre tout votre sang vous anime aujourd'hui ?

Phèdre : – Puisque Vénus le veut, de ce sang déplorable
Je péris la dernière, et la plus misérable.

Œnone : – Aimez-vous ?

Phèdre : – De l'amour j'ai toutes les fureurs.

Œnone : – Pour qui ?

Phèdre : – Tu vas ouïr le comble des horreurs.
J'aime… à ce nom fatal, je tremble, je frissonne.
J'aime…

Œnone : – Qui ?

Phèdre : – Tu connais ce fils de l'amazone,
Ce prince si longtemps par moi-même opprimé.

Œnone : – Hippolyte ! Grands dieux !

Phèdre : – C'est toi qui l'as nommé.

Jean Racine, *Phèdre*, Folio, Gallimard, 1983, p. 290-291.

JEAN RACINE

▶ Jean Racine naît en 1639 dans une petite ville de province française, au sein d'une famille sans éclat où rien ne semble le prédestiner à la littérature. Devenu orphelin assez jeune, il est confié à sa grand-mère qui l'envoie étudier à l'abbaye de Port-Royal, non loin de Paris. Il y fait ce qu'on appelle à l'époque « ses humanités ».

▶ À vingt ans, il s'installe à Paris, où il ne tarde pas à fréquenter l'une des troupes de théâtre officielles, la troupe du Marais. Racine est bientôt présenté à la Cour où il reçoit les gratifications, en distinctions et argent, que le roi accorde aux hommes de lettres.
C'est le début d'une période féconde pendant laquelle Racine écrit dix pièces en une dizaine d'années. Puis il cesse brusquement d'écrire des pièces de théâtre pour entamer une carrière remplie d'honneurs. Il entre à l'Académie française à trente-quatre ans et ne reviendra que tardivement au théâtre pour écrire deux pièces bibliques.

▶ L'œuvre de Racine est singulière. Elle se limite à une comédie, *Les Plaideurs*, et onze tragédies, dont *Britannicus*, *Athalie*, *Esther*, qui ont pour thème majeur les égarements de la passion ou les ravages de la folie. Son écriture, toutefois, est d'une telle densité et d'une si grande perfection qu'elle reste comme un modèle du théâtre tragique classique.

Les pièces de Racine sont toutes inspirées de la littérature ou de l'histoire antiques. Il s'agit de tragédies grecques, romaines ou orientales, soit enfin de tragédies bibliques. À contre-courant des fadeurs romanesques et galantes de son temps, Racine met en scène des conflits impitoyables, des affrontements violents, des meurtres et des crimes inouïs.

Phèdre

■ *Phèdre* est considérée aujourd'hui comme la meilleure pièce tragique du XVIIe siècle. L'intrigue est la suivante : Thésée, roi d'Athènes, a disparu, laissant les siens sans nouvelles. Phèdre, sa deuxième épouse, aime en secret son beau-fils Hippolyte. Profitant de l'absence de son mari, elle lui avoue sa flamme avant de tenter de se suicider. Mais Thésée surgit et, pour se disculper, elle accuse Hippolyte de la harceler. Le roi bannit son fils, et Phèdre, repentante, avoue la vérité et se donne la mort.

■ Les instants d'aveu prennent une importance démesurée dans la tragédie racinienne. Un mot peut tout faire basculer. Ici, Phèdre refuse depuis quelque temps de se nourrir et paraît souffrir d'une maladie mortelle. Sa fidèle nourrice, Œnone, s'efforce de lui arracher le secret qui la ronge. L'action se déroule dans le palais d'Hippolyte.

EXPLICATIONS

Enjoindre

Dans cette scène, Œnone, la nourrice de Phèdre, cherche à savoir ce qui se passe ; elle amène Phèdre à parler. D'abord elle rappelle leur passé commun :

> Madame, **au nom** des pleurs que pour vous j'ai versés,
> ... Délivrez mon esprit de ce funeste doute.

Dans cette situation, l'expression « au nom de » est une sorte d'invocation, un appel à se souvenir :

> « **Au nom de** notre amitié, ne pars pas ! »

Ensuite, bien qu'elle utilise l'impératif, elle tempère ses ordres, parfois par des phrases ou des mots respectueux :

> – **Parlez**, je vous écoute.
>
> **Oublions-les**, madame. Et qu'à tout l'avenir
> Un silence éternel cache ce souvenir.

Parfois par des phrases où elle exprime son inquiétude :

> **Délivrez** mon esprit de ce funeste doute.
> Par de vaines frayeurs **cessez de** m'offenser.

Raconter

Avant d'avouer, Phèdre remonte donc dans le temps, elle fait un bilan des malheurs de sa famille. Elle emploie le passé simple qu'on n'utilise plus beaucoup aujourd'hui :

> Dans quels égarements l'amour **jeta** ma mère !
>
> Ariane, ma sœur, de quel amour blessée
> Vous **mourûtes** aux bords où vous **fûtes laissée** ?

Ce temps est en effet utilisé pour indiquer des faits révolus, spécialement dans le théâtre classique pour la narration. Aujourd'hui, on ne le rencontre plus qu'à l'écrit.

Le passé antérieur « vous fûtes laissée » est, *a fortiori*, en voie de disparition.

Exprimer la douleur, la confusion

Phèdre souffre de cet amour contre-nature qu'elle n'arrive pas à exprimer ni à combattre.

> – Ciel, que vais-je lui dire ? Et par où commencer ?

Ces exclamations montrent sa confusion, son état mental.

Elle évoque un passé douloureux :

> Ariane, ma sœur, de quel amour **blessée**,
> Vous **mourûtes**...

pour mieux s'accuser :

> Puisque Vénus le veut, **de ce sang déplorable**
> Je péris la dernière, et **la plus misérable**.

Puis elle revient au présent, et exprime une souffrance grandissante :

> De l'amour **j'ai toutes les fureurs**.
> Tu vas ouïr **le comble des horreurs**.
> J'aime... à ce nom fatal, **je tremble, je frissonne**.

Le lexique de sens négatif et l'exagération expriment la passion douloureuse de Phèdre. Les superlatifs **le plus / la plus**, les indéfinis **tout**, **tous**, **toutes**, le terme **le comble** sont utilisés pour insister sur une situation, un état extrême.

Hésiter

L'aveu de Phèdre monte lentement. Le nom de l'aimé ne peut encore franchir ses lèvres. Elle ne peut que répéter **j'aime...** et pour enfin désigner l'objet de sa passion, elle utilise des figures de style, deux périphrases :

> ... **ce fils de l'amazone**,

puisque Hippolyte est le fils de Thésée et d'une amazone.

Et :

> **Ce prince**, si longtemps **par moi-même** / opprimé

où elle le définit par rapport à elle, à son attitude injuste, qui s'explique soudain.

La périphrase est un détour : elle consiste à exprimer une notion, qu'un seul mot pourrait désigner, par un groupe de plusieurs mots. On parle par exemple de « l'astre du jour » pour désigner le soleil. Elle évite de nommer directement.

ACTIVITÉS

I. Compréhension orale

ⓐ Repérages

1. On entend :
- ❏ des cris
- ❏ des coups
- ❏ des grincements

2. Qui parle ?
- ❏ une mère et sa fille
- ❏ une suivante et sa maîtresse
- ❏ deux copines

ⓑ Compréhension globale

1. Chassez les intrus. On n'entend pas :
- ❏ Thésée
- ❏ Œdipe
- ❏ Ariane
- ❏ Titus
- ❏ Hippolyte
- ❏ Vénus
- ❏ Mars
- ❏ Bérénice

2. Qui ? Cochez les bonnes phrases.

▶ Dans la famille de Phèdre
- ❏ la mère est folle.
- ❏ la sœur est morte.
- ❏ elle-même est renvoyée par son mari.

3. Quoi ? Quel est le problème de Phèdre ?
- ❏ Elle souffre d'une maladie incurable.
- ❏ Elle est amoureuse.
- ❏ Elle est jalouse.

ⓒ Compréhension détaillée

1. Dites si ces phrases sont vraies ou fausses.

	Vrai	Faux
a) Phèdre aime secrètement quelqu'un.	❏	❏
b) Sa nourrice ne veut pas entendre ce qu'elle va dire.	❏	❏
c) Elle évoque les malheurs de sa famille.	❏	❏
d) Elle veut que son mari la tue.	❏	❏
e) Elle avoue qu'elle aime le mari de sa sœur.	❏	❏

2. Remettez ces phrases dans l'ordre d'écoute.
- **a)** Tu vas ouïr le comble des horreurs
- **b)** Ô haine de Vénus ! Ô fatale colère !
- **c)** Je péris la dernière, et la plus misérable.
- **d)** De l'amour j'ai toutes les fureurs.
- **e)** Ciel ! Que vais-je lui dire ? Et par où commencer ?
- **f)** J'aime… à ce nom fatal, je tremble, je frissonne.

1. … – **2.** … – **3.** …
4. … – **5.** … – **6.** …

3. Combien de fois entend-on le mot amour ?
- ❏ 1
- ❏ 2
- ❏ 3
- ❏ 4

4. Quel est le bon résumé ?

a) Phèdre a du mal à avouer qu'elle veut quitter son mari, Thésée, pour rejoindre son frère.

b) Il est difficile pour Phèdre d'avouer qu'elle est amoureuse de son beau-fils, Hippolyte.

II. Expression orale

❶ Jeu de rôle

a) Transposez ce dialogue aujourd'hui : vous avouez à votre meilleure amie que vous êtes amoureuse de votre beau-fils (ou à votre ami que vous êtes amoureux de votre belle-fille).

b) Phèdre raconte à sa suivante, Œnone, comment c'est Hyppolite qui lui a fait des avances.

❷ Dites le texte de Racine en respectant le rythme, la manière de scander les noms, le ton, et rajoutez des jeux de scène et des mimiques.

III. Compréhension écrite

❶ Comment est composé le dialogue ? Quelle en est la phrase charnière (prononcée par Œnone) ?

❷ a) Montrez comment Œnone pousse Phèdre à l'aveu : quel temps utilise-t-elle pour s'adresser à elle ? Relevez les verbes et les questions clé.

b) Œnone parle avec les mots de la tragédie et du XVIIe ; choisissez le synonyme de :

*Délivrez mon esprit de ce **funeste** doute.*
→ 1) mortel – 2) désolant

*– ... Et quel mortel **ennui***
Contre tout votre sang vous anime aujourd'hui ?
→ 1) fatigue – 2) tourment

c) Vous racontez la même histoire chez un psychanalyste qui vous répond en vous questionnant.

❸ Quels sont les sentiments que Phèdre éprouve ?

a) *Ciel ! Que vais-je lui dire et par où commencer ?* Que nous dit ce vers sur l'état de Phèdre ?

b) Qui évoque-t-elle ensuite ? Pourquoi ? Remarquez le rythme et les exclamations : quel ton donnent-ils à ces vers ?

c) Quels sentiments sont exprimés, dans les deux vers suivants, dont le rythme épouse celui d'un chant ?
Ariane, ma sœur, de quel amour blessée / Vous mourûtes aux bords où vous fûtes laissée ?

d) Et dans ces répliques ?
Tu vas ouïr le comble des horreurs.
  ❑ frayeur
  ❑ culpabilité
  ❑ gêne
C'est toi qui l'a nommé.
  ❑ reproche
  ❑ soulagement
  ❑ tendresse

❹ Relevez tous les mots de sens négatif ou morbide. En quoi traduisent-ils la passion de Phèdre ?

❺ Faites des hypothèses.
À quoi font allusion Œnone, puis Phèdre, en parlant de sang ?
*Contre **tout votre sang** vous anime aujourd'hui ?*
*De ce **sang déplorable**, je péris la dernière.*

IV. Expression écrite

❶ Donnez des titres aux différentes étapes qui précèdent l'aveu dans le dialogue.

❷ Phèdre écrit une lettre à Thésée, son mari, pour lui dire qu'elle le quitte : elle lui reproche d'avoir abandonné sa sœur Ariane, de la tromper et de mépriser les femmes (vous exprimerez des sentiments et des idées très féministes).

❸ Vous aimez en silence depuis des années la femme ou le mari de votre meilleur(e) ami(e) : vous écrivez un journal quotidien où vous racontez au jour le jour vos sentiments contradictoires.

V. Culture

• Racine prend pour écrire ses tragédies des personnages de la mythologie gréco-romaine, comme Corneille et Molière.

Ils s'inspirent des histoires des auteurs grecs anciens (Eschyle, Sophocle, Euripide, environ 500 av. J.-C.).

La mère de Phèdre, Pasiphaé, est restée célèbre pour avoir engendré un monstre, **le Minotaure**, fruit de son union contre nature avec un taureau. C'est Thésée qui tua le Minotaure enfermé dans **un labyrinthe** grâce à la sœur de Phèdre, Ariane (qui déroula un fil qui lui permit de retrouver la sortie). Il enleva la jeune fille et l'abandonna peu après sur une île.
– Quel est le nom de cette famille maudite de la mythologie grecque où tous s'entre-tuent et subissent un destin effroyable de génération en génération ?
– Connaissez-vous l'histoire d'Œdipe ? Pourquoi parle-t-on, en psychanalyse, de « complexe d'Œdipe » ?

• Toutes les pièces de Racine relatent les destins tragiques de ceux et celles qui aiment sans être aimé(e)s. Cette phrase permet de dire dans l'ordre le nom de toutes les pièces écrites par l'auteur : pouvez-vous en retrouver les titres complets ?

Andromaque **p**laide **bri**èvement la **be**auté du **ba**bil dans la **m**aison des **i**nfants du **p**alais (+ Esther et Athalie)

L'ŒUVRE AU NOIR

Henri-Maximilien : – Vos censeurs ne sont pas si bêtes. Ces messieurs à Bâle et le Saint-Office à Rome vous entendent assez pour vous condamner. À leurs yeux, vous n'êtes qu'un athée.

Zénon : – Ce qui n'est pas comme eux leur paraît contre eux.

Henri-Maximilien : – Dieu merci ! Les cagots de toute espèce n'iront pas fourrer leur nez dans mes petits vers d'amour. Je ne me suis jamais exposé qu'à des dangers simples : les coups à la guerre, les fièvres en Italie, la vérole chez les filles, les poux à l'auberge, et partout les créditeurs… J'aime la science comme un autre mais peu me chaut que le sang descende ou remonte la veine cave ; il me suffit de savoir qu'il refroidit quand on meurt. Et si la terre tourne…

Zénon : – Elle tourne.

Henri-Maximilien : – Et si la terre tourne, je ne m'en soucie guère au moment où je marche dessus et m'en soucierai moins encore quand j'y serai couché… Je prends mon Dieu et mon temps comme ils viennent, bien que j'eusse mieux aimé vivre au siècle où l'on adorait Vénus. Je ne voudrais pas me priver à mon lit de mort de me tourner, si le cœur m'en dit, vers Notre Seigneur Jésus-Christ.

Zénon : – Vous êtes comme un homme qui consent volontiers à croire qu'il y a dans le réduit voisin une table et deux bancs, parce que peu lui importe.

Henri-Maximilien : – Frère Zénon, je vous retrouve maigre, harassé, hagard et vêtu d'une souquenille dont mon valet ne voudrait pas. Vaut-il la peine de s'évertuer durant vingt ans pour arriver au doute qui pousse de lui-même dans toutes les têtes bien faites ?

Zénon : – Sans conteste. Vos doutes et votre foi sont des bulles d'air à la surface, mais la vérité qui se dépose en nous, comme le sel dans la cornue au cours d'une distillation hasardeuse, est en deçà de l'explication.

Marguerite Yourcenar, *L'Œuvre au noir*, Folio, Gallimard, 1976, p. 142-143.

MARGUERITE YOURCENAR

▸ Humaniste et solitaire, Marguerite Yourcenar tient une place à part dans la littérature contemporaine, à l'image de son cheminement personnel de fille sans mère et de femme sans enfant.

Elle naît en 1903 dans des circonstances dramatiques puisque sa naissance coûte la vie à sa mère. Son père lui réserve cependant la meilleure éducation et l'initie, dès l'enfance, à la culture gréco-latine et à une vie cosmopolite. Elle décide de consacrer sa vie à l'écriture.

La vie de Marguerite Yourcenar est faite de nombreux voyages et de découvertes de lieux qui vont lui permettre d'approfondir sa connaissance d'elle-même : elle vit entre la propriété de son père, au Mont-Noir, en Belgique, et l'île de Mount Desert, aux États-Unis, où elle s'installe à partir de 1950 avec son amie Grace Frick.

Cet itinéraire personnel trahit l'angoisse qui lui fait écrire : *« Je ne supporte pas bien le bonheur… la seule horreur c'est de ne pas servir. »*

▸ De nombreux prix couronnent son œuvre, et, vers la fin de sa vie, elle reçoit une double consécration : à soixante-dix-sept ans, en effet, elle est la première femme élue à l'Académie française et le premier auteur à voir, de son vivant, ses œuvres éditées dans la très prestigieuse collection de La Pléiade. Elle meurt en 1987, reconnue unanimement comme un écrivain à la fois classique et avant-gardiste, douée d'une pensée forte et d'une grande imagination.

▸ Son œuvre, inspirée par ses voyages, est composée de nombreux volumes d'essais et de critique littéraire et picturale qui témoignent de son immense érudition. Dans les années 30, elle fait connaissance d'intellectuels antifascistes et s'engage dans les mouvements antiracistes aux États-Unis. Elle écrit alors un roman où apparaît pour la première fois Zénon, personnage que l'on retrouve tout au long de ses œuvres.

C'est surtout avec *Les Mémoires d'Hadrien*, en 1951, qu'elle se fait connaître. L'itinéraire d'Hadrien, empereur romain, est le double cheminement d'un homme d'État exemplaire à la recherche de la paix et d'un individu en quête de sérénité personnelle. Marguerite Yourcenar utilise d'ailleurs elle-même une méthode d'écriture qu'elle qualifie de « contemplative » et qui s'inspire de la philosophie zen. De même, dans ses autres romans, Marguerite Yourcenar essaye d'oublier tout savoir pour absorber le monde extérieur. Elle croit que l'écrivain a une mission qui dépasse le champ littéraire. Ses écrits deviennent miroir du monde, poésies.

L'Œuvre au noir

■ Toutes ces tendances se retrouvent dans *L'Œuvre au noir*, publié en 1968. Zénon, médecin philosophe de la renaissance, se fait condamner au bûcher par l'Église pour son amour de la science et sa liberté d'esprit. On lui propose toutefois la vie sauve s'il renonce à ses idées mais il se suicide pour ne pas les renier.

■ Dans cet extrait, Zenon se raconte à Henri-Maximilien, un capitaine flamand de la garde impériale qu'il a rencontré par hasard. La pluie tombe en rafales. Ils s'installent près d'un maigre feu dans la cachette de Zenon et devisent tout en buvant.

EXPLICATIONS

Raconter

Henri-Maximilien joue le rôle de l'anti-héros plein de bon sens. Il défend des idées pragmatiques et utilise un langage vert et prosaïque comme sa vie :

> – *Dieu merci !* **Les cagots** *de toute espèce* **n'iront pas fourrer leur nez** *dans* **mes petits vers d'amour***.*

« Fourrer son nez » équivaut à « fouiller ». Henri-Maximilien désire seulement bien vivre en passant inaperçu.

Il raconte ses aventures, très terre à terre et cocasses, en utilisant l'énumération :

> – *Je ne me suis jamais exposé qu'à des* **dangers simples :** **les coups** *à la guerre,* **les fièvres** *en Italie,* **la vérole** *chez les filles,* **les poux** *à l'auberge, et partout* **les créditeurs***…*

Exprimer et défendre des idées

► Affirmer des goûts.

Henri-Maximilien s'oppose aux conceptions scientifiques de Zénon et montre son désintérêt pour la science :

> – *J'aime la science comme un autre mais* **peu me chaut** *que le sang descende ou remonte la veine cave.* **Il me suffit de** *savoir qu'il refroidit quand on meurt.*

Il s'oppose aussi à la philosophie de Zénon, mais de façon enjouée, avec humour :

> – *Et si la terre tourne, je* **ne m'en soucie guère** *au moment où je marche dessus et* **m'en soucierai moins encore** *quand j'y serai couché…*

Parfois il nuance ses dires :

> – *…* **bien que** *j'eusse aimé vivre au temps où on adorait Vénus.*

« **Bien que + le subjonctif** » exprime une opposition, une restriction.

Ce que regrette Henri-Maximilien, c'est de ne pas profiter suffisamment des plaisirs de l'amour : c'est une façon d'insister sur ses différences avec Zénon. Il se moque de tout et surtout du sérieux de Zénon.

Sa philosophie, son discours, provocateurs, sont ceux d'un jouisseur pragmatique.

► Exprimer une philosophie.

Zénon parle peu mais donne son avis de façon nette. Henri-Maximilien déclare :

> – *Et si la terre tourne…*
> – **Elle tourne***,* l'interrompt Zenon.

Il analyse les paroles de Maximilien et utilise une comparaison pour mieux se faire comprendre :

> – *Vous êtes* **comme un homme qui consent** *volontiers* **à croire** *qu'il y a dans le réduit voisin une table et deux bancs, parce que peu lui importe.*

Il voit qu'Henri-Maximilien n'est pas un homme d'idées ; il ne va pas au fond des choses et n'a que peu d'exigences à ce sujet.

Zénon est irréductible et sa façon de répondre annonce celle dont il mourra, sans jamais renier ses idées. Il feint d'être d'accord :

> – *Sans conteste.*

puis énonce le fond de sa divergence :

> – *Vos doutes et votre foi sont des bulles d'air à la surface, mais* **la vérité** *qui se dépose en nous* **comme le sel dans la cornue au cours d'une distillation hasardeuse** *est en deçà de l'explication.*

Là encore, l'image utilisée fait partie du domaine des sciences. Zénon représente le savoir scientifique dont l'Église ne veut pas.

Expliquer, mettre en garde

► – *Ces messieurs… vous entendent* **assez pour vous condamner***,* dit Henri-Maximilien.

La formule « **verbe + assez + pour + verbe** » ou « **assez + adjectif pour + verbe** »

« Il est assez grand pour se faire la cuisine ! » indique une condition suffisante.

► *À leurs yeux, vous* **n'êtes qu'***un athée.*

« **ne… que** » indique la réstriction. Il met en relief l'athéisme de Zénon. C'est sur ce chef d'accusation qu'il sera condamné à mort.

ACTIVITÉS

I. Compréhension orale

a Repérages

1. On entend :
- ❏ du vent dans les arbres
- ❏ du bois qui brûle
- ❏ de l'eau qui coule

2. Les deux personnages
- ❏ se disputent
- ❏ ne sont pas d'accord
- ❏ ont la même philosophie

b Compréhension globale

1. Qui ?

a) Zenon est
- ❏ un débauché
- ❏ un scientifique
- ❏ un philosophe

b) Henri-Maximilien est
- ❏ un ascète
- ❏ un bon vivant
- ❏ un malade

2. Les deux hommes parlent de :
- ❏ guerre
- ❏ religion
- ❏ voyage
- ❏ amour

3. Dans quel ordre entendez-vous ces noms propres ?

a) Zénon – **b)** le Saint-Office – **c)** Vénus
d) Rome – **e)** Jésus-Christ – **f)** Italie
1. … – **2.** … – **3.** …
4. … – **5.** … – **6.** …

c Compréhension détaillée

1. Dites si ces phrases sont vraies ou fausses.

	Vrai	Faux
a) Zénon est pauvre.	❏	❏
b) Il cherche la vérité.	❏	❏
c) Il se bat contre l'Église.	❏	❏
d) Henri-Maximilien aime beaucoup les sciences.	❏	❏
e) Il croira en Dieu jusqu'à sa mort.	❏	❏
f) Il prend Zénon comme modèle.	❏	❏

2. Reclassez les actions d'Henri-Maximilien et les dangers auxquels il s'est exposé dans l'ordre d'écoute :

a) je prends mon Dieu et mon temps comme ils viennent – **b)** les coups à la guerre – **c)** je marche dessus – **d)** les poux à l'auberge – **e)** et partout les créditeurs – **f)** je ne voudrais pas me priver à mon lit de mort de me tourner… – **g)** la vérole chez les filles – **h)** les fièvres en Italie – **i)** mes petits vers d'amour
1. … – **2.** … – **3.** …
4. … – **5.** … – **6.** …
7. … – **8.** … – **9.** …

3. Complétez les phrases en sélectionnant les mots entendus dans la liste ci-dessous.
– punir – marche – tourne – descende – reparte – remonte – condamner – retourne – refroidit – chauffe – s'échauffe – rebondit – grenier – veine cave – aorte – bulles – guerres – tubes – ballons – dangers – le sel – le sucre – le poivre – la cornue – la pipette – distillation – transformation – fermentation

a) (Ils) vous entendent assez pour vous … .

b) Je ne me suis jamais exposé qu'à des … simples…

c) Et si la terre … .

d) Peu me chaut que le sang … ou … la … .

e) Il me suffit de savoir qu'il … .

f) Vos doutes et votre foi sont des … d'air à la surface.

g) (Elle) se dépose en nous, comme le … dans la … .

h) Au cours d'une … .

II. Expression orale

❶ Vous défendez dur comme fer que la terre va basculer à cause du réchauffement et des cataclysmes : développez vos arguments pour chercher à convaincre.

❷ Variation.

Zenon est dans une condition précaire où tout le monde l'attaque. Transposez la scène aujourd'hui : il parle et sympathise avec un SDF qui pense à peu près comme lui.

III. Compréhension écrite

❶ Quel est le sens des mots et expressions en gras ? Choisissez un équivalent plus moderne.

a) « Les **cagots** (1. imbéciles / 2. dévots) de toute espèce n'iront pas **fourrer leur nez** (1. fouiller / 2. renifler) »

b) « Mais peu me **chaut** (1. dieu me garde / 2. peu m'importe) que le sang descende ou remonte la veine cave. »

c) « Vêtu d'une **souquenille** (1. haillons / 2. blouse longue) dont mon valet ne voudrait pas »

❷ Quelle est la phrase qui montre le plus le pragmatisme de Henri-Maximilien, face à la mort ? Relevez le passage où il exprime ses goûts.

❸ **a)** Qu'est-ce qui est drôle dans la narration de Henri-Maximilien sur les dangers « simples » auxquels il s'est exposé ? Justifiez votre réponse par des citations.

b) Citez encore une phrase du dialogue, pleine d'humour, du même personnage.

❹ **a)** Relevez, dans le texte, tous les mots que Zénon, philosophe médecin alchimiste, emploie ayant trait à l'un ou l'autre domaine.

b) Choisissez une définition pour **la cornue** :
  ❏ un flacon employé pour les expériences chimiques
  ❏ un récipient destiné à contenir un liquide.

IV. Expression écrite

❶ Zénon ne reniera pas ses idées ; il est condamné à mort : l'avocat général accuse. Écrivez le réquisitoire avec tous les griefs que l'on

peut avoir contre un tel homme (trop libre, ne pense pas comme les autres, croit connaître la vérité, croit en la science diabolique, etc.) à cette époque.

❷ Variation.

La scène se passe au XXe siècle et Max explique à son copain Aziz qu'il vaut mieux profiter de la vie plutôt que de trop réfléchir sur un monde qui va mal (développez ses arguments).

V. Culture

• Le roman se déroule au XVIe siècle : Galilée vient de reprendre les hypothèses de Copernic au siècle précédent sur la rondeur de la terre et son mouvement autour du soleil. D'où l'affirmation de Zénon : **elle tourne** (en écho à la dernière parole de Galilée, condamné par l'Inquisition).

Les anciens pensaient que la terre était plate et que « le ciel allait leur tomber sur la tête »

Pensez-vous qu'il existe aujourd'hui encore d'autres systèmes de représentation du monde que celui de notre système solaire ?

Y a-t-il des liens entre ces représentations et les religions ?

• On trouve également des allusions à l'histoire de l'époque, à la religion.

Ces messieurs à Bâle : cette ville de Suisse était gouvernée depuis le Ve siècle par ses évêques et fut au XVIe un des principaux centres du protestantisme. Quant au ***Saint-Office à Rome***, il s'agissait d'une congrégation d'inquisiteurs nommés par le pape pour juger des affaires d'hérésie (faits de sorcellerie, magie, mais aussi athéisme).

Zénon, jeune clerc, rompt avec le savoir dogmatique institué par une Église qui, initialement, le comptait parmi ses membres.

Pensez-vous qu'il est important de s'engager spirituellement ou idéologiquement (dans une Église, un parti politique, une cause humanitaire, etc...) ? Donnez votre avis sur l'athéisme.

Corrigés des activités

1

I.

ⓐ 1. la mer – 2. une femme et un homme

ⓑ 1. d'amour – 2. *allemand* : 2 fois ; *chef d'orchestre* : plus de 3 fois ; *je ne comprends pas* : 3 fois – 3. 1 c – 2 b – 3 d – 4 a – 4. 3

ⓒ 1. a) deux amoureux – b) l'amant de l'héroïne – c) *Nom* : Dietsh, *Prénom* : Serge ; *Profession* : chef d'orchestre ; *Âge* : 30 ans ; *Nationalité* : allemand ; *langues parlées* : français, allemand, russe – 2. a) de la jalousie – b) de tout savoir sur Dietsh et d'en parler comme de quelqu'un d'important – parce que le tutoiement est plus intime.

II.

❶ Son nom ? Wang. – Quelle nationalité ? Chinois (style rapide où l'adjectif s'accorde avec la personne plutôt qu'au mot féminin nationalité). – Son prénom ? Da Shan.

III.

❸ Parce qu'elle semble présenter Dietsh comme un grand homme.

❼ « C'est bien ma chance » → b)
« Tu es au courant de tout » → e)

V.

- Freud (1856-1939) : neurologue et psychiatre. Il est le fondateur de la psychanalyse. Il a écrit de nombreux ouvrages sur l'explication des problèmes et de l'hystérie par la sexualité et sa symbolique vis-à-vis des parents (le complexe d'Œdipe, les rêves).

  Einstein (1879-1955) : grand savant qui a découvert le principe de physique qui a permis d'analyser les données de l'univers autrement.

- Serge est un prénom très marqué d'origine russe, à l'époque (Exemple : Serge Prokofiev, le compositeur russe né en 1891 et mort à Moscou en 1953).

- **Jean** → en anglais **John**, en allemand **Johann**, en espagnol **Juan** (prononcer le « J » comme un « R » raclé, du fond de la gorge).

  Certaines langues non alphabétiques et d'une autre tradition (comme le chinois) proposent des prénoms très laudatifs aux étrangers qui veulent une traduction de leur prénom. (Exemple : Vivien = Wei Wei An = calme bambou d'azur.)

2

I.

ⓐ 1. dans un hall d'hôtel – 2. une interview

ⓑ 1. 12 – 2. 4 – 3. Non – 4. 1 b – 2 d – 3 c – 4 a – 5 e – 5. nom – rien, personne – la vie – poèmes – l'amour – 6. 3 fois – 1 fois.

ⓒ 1. a) ne se connaissent pas – b) Bla Esm
2. a) les berceuses b) voyager

II.

❶ Propositions : La douceur. La paresse. Lire. L'orchidée. Montaigne. *Le Marin de Gilbraltar* de Duras. Mon père. En dansant le rock. Tant qu'il y a de la vie, il y a de l'espoir.

III.

❶ Nombreux tirets et points d'interrogation.

❷ Parce qu'elle n'a pas envie de répondre.

❸ C'est aussi Lalla.

❹ Qu'elle aime ce qui est vivant et naturel.

❺ a V – b F – c F – d F

IV.

❶ *Nom de la mère* : Hawa. – *Pays* : le désert. – *Âge* : hypothèse : 15 ans environ. – *Profession* : voyageuse. – *Goûts* : aime les fruits, la couleur bleue, les cailloux, les berceuses.

❸ J'aime la vie. Qu'est-ce que vous aimez manger ? J'aime les fruits. Quelle est votre couleur préférée ? C'est le bleu. Quelle est votre pierre préférée ? Ce sont les cailloux du chemin. Et quelle est la musique que vous préférez ? Ce sont les berceuses. Est-ce que vous écrivez des poèmes ? Non. Je n'en écris pas.

V.

Définition de « Gens du voyage » : les non-sédentaires. Les gens en ont peur, par ignorance, et réagissent selon le stéréotype que le nomade est chapardeur, agressif et incompréhensible.

- En France, le bleu est attaché à la religion et à l'État.

- En France, les chansons pour les tout petits s'appellent des berceuses, du verbe bercer, qui veut dire balancer doucement pour faire dormir un bébé. Le mot pour désigner le lit du bébé est le berceau. Les berceuses ont un rythme doux et balancé qui doit aider le nourrisson à s'endormir.

3

I.

ⓐ 1. un téléphone – 2. un homme et une femme

ⓑ 1. d'insécurité – 2. 5 – 3. Lulla, Heinz, Marcel, Juliette. – 4. 1 c – 2 e – 3 b – 4 a – 5 d

ⓒ 1. l'amant de Lila. – 2. a) L'endroit, les lieux, la rue, la place. – b) de l'Europe – c) de la Contrescarpe – d) 14, rue Rolin – 3. Tout de suite ; d'un moment à l'autre ; immédiatement ; sans attendre une seconde. – 4. la Gestapo.

II.

a) Pourquoi ? Qu'est-ce qu'il y a ? Georg m'a dit...

b) Mais où veux-tu que j'aille ? Chez mes parents ?

c) Oui, Georg m'en a donné.

d) Mais je ne peux pas partir comme ça, il y a tous mes livres d'art...

e) Rodrigue. Albertine. Ludo...

f) J'ai failli réussir.

g) Je t'aime.

III.

❶ Ne reste pas là où tu es. Pars tout de suite. Répète. Pars.

❷ a) a F – b F – c F – d V

❸ Mais comment... Pourquoi ? Qu'est-ce qu'il y a ! Ludo...

4 – « Je t'enverrai quelqu'un ce soir, il demandera Albertine et tu lui diras son nom, Rodrigue. »

– « L'endroit est repéré... Ils seront là d'un moment à l'autre... Tu laisses tout et tu pars. Je t'aime. »

5 Parce qu'elle veut emporter ces livres « mais je ne peux pas partir comme ça, il y a tous mes livres d'art ».

IV.

1 Je dois : partir tout de suite / laisser toutes mes affaires / louer une chambre à l'hôtel de l'Europe : dire son nom à la personne qui viendra.

2 Il l'appelle. Il lui dit que c'est lui. Elle lui demande comment c'est possible. Il lui demande encore de ne pas rester là où elle est, de partir tout de suite. Elle lui demande pourquoi et ce qu'il y a. Elle lui dit que Georg lui a dit... Il lui demande de partir tout de suite parce que l'endroit est repéré et qu'ils seront là d'un moment à l'autre... Elle lui demande où il veut qu'elle aille, si elle doit aller chez ses parents ?

4 As quitté – as loué – t'ai envoyé – a demandé – tu lui as dit.

V.

- Boris Viau : Vernon Sullivan
  François Rabelais : Alcofrybas Nasier

4

I.

a **1.** 2 – **2.** Dans la nature

b **1.** Oui – **2.** prison : 2 – évasion : 1 – argent : 2 – mouchard : 2 – **3.** prison – hôpital – bidonville.

c **1.** a V – b F – c F – **a)** corrompre les gardiens – **b)** consulter l'arbre – **2.** 1 c – 2 a – 3 d – 4 b – **3.** Les enfants veulent faire sortir Moha de l'hôpital et ils vont demander de l'argent aux habitants.

III.

1 Gamin 2 : Oui je sais, ici on peut tout faire quand on a de l'argent... On va d'abord consulter l'arbre. Ensuite on passe à l'action.

2 Il suffit de corrompre les gardiens. On peut demander aux habitants des bidonvilles de se cotiser.

3 **a)** Parce qu'il a été gentil avec eux. – **b)** Les habitants. – **c)** Il dénonce les gens à la police. – **d)** Maison au toit de tôle sans eau ni électricité à la périphérie des grosses villes industrielles.

4 Non. « Nous avons des objets mais pas d'argent. » « Oui, mais il y a parmi eux des mouchards. »

IV.

1 **Pour moi**, c'est la même chose. Donc c'est plus facile pour organiser l'évasion, **il me semble**. Quel trésor ? Nous avons des objets, mais pas d'argent, **je crois**. Ensuite, on passe à l'action, **c'est sûr.**

2 Nous n'avons rien à craindre / on réussira.

3 Il fallait le sortir de prison... En fait, il n'était pas en prison, mais à l'hôpital des fous, ce qui n'était pas exactement la même chose. C'était même plus facile pour organiser l'évasion : il suffisait de corrompre les gardiens.

4 Il n'est pas là-bas, tu sais. Et alors, cela va être compliqué de le faire sortir ! – Comment corrompre quand on n'a pas un sou ? – On ne va pas toucher au trésor ! – On pourrait vendre les objets, mais ce sont des bijoux de ma grand-mère ! On va demander aux voisins. Ce n'est pas grave, on leur réglera leur compte. – On fera ce que nous conseillera l'arbre.

V.

- Le vocabulaire utilisé fait référence sans doute à un pays pauvre où l'on croit dans le pouvoir des forces de la nature (arbre de la sagesse).
  En général, les **bidonvilles** – ces maisons sans eau ni électricité au toit de tôle – se trouvent à la périphérie des grosses villes industrialisées. Ce sont les gens qui sont dans la plus grande misère qui y habitent.

- Les enfants.

- Robert Louis Balfour Stevenson, écrivain britannique a écrit *L'Île au trésor*, en 1883, et des récits fantastiques.

- Amnesty International : organisation humanitaire, privée et internationale, fondée en 1961 pour la défense des personnes emprisonnées à cause de leurs opinions, de leur race ou de leur religion : elle a reçu le prix Nobel de la paix en 1977.

  – L'ONU : Organisation des Nations unies, internationale, constituée en 1945, en vue de sauvegarder la paix et la sécurité internationales et d'instituer entre les nations une coopération économique, sociale et culturelle.

  – le Conseil de l'Europe : organisation de coopération européenne créée en 1949 : elle doit faire respecter la Déclaration des droits de l'homme et les libertés fondamentales.

- Le chêne. Saint-Louis, roi de France au XIIIᵉ siècle, rendait la justice sous un chêne.

5

I.

a **1.** du jazz – **2.** de Mangemanche et Colin

b **1.** poétique – **2.** 6 – **3.** 2 – **4.** 3 – **5.** 1 d – 2 e – 3 a – 4 b – 5 c – **7.** se voient pour la première fois.

c **1.** **a)** sa femme – **b)** distrait – **c)** Un jeune homme inquiet. – Il aime sa femme, la musique – **2.** **a)** dans l'appartement de Colin et Chloé – **b)** dans sa chambre ronde. **3.** s'intéresse surtout au jazz. – **4.** a F – b F – c F – d V – e F

III.

1 **a)** de jazz – **b)** La musique d'Ellington arrondit les angles, atténue les oppositions.

2 Qu'est-ce qu'elle a ? – Je ne sais pas. Vous allez le savoir ? – Ça se peut (...) /

3 Allons-y (professeur) – Venez / Faites attention (Colin) → impatience de Colin.

4 Il parle comme un savant : exagération qui donne un effet ridicule.

5 L'impatience.
« Mais non, vous êtes idiot. »

IV.

❶ Tout à fait ! – D'accord, voyons ! – Je n'en sais rien. – Peut-être – Voilà ! – Je sais, pas de problème. – Absolument.

❷ **a)** connu. – **b)** pour savoir ce qu'elle a. – **c)** l'examiner – Entrez – **d)** j'arrive – bien sûr – tout de suite – **e)** vous risquez de tomber. – le sol n'est pas droit – **f)** Son ventre est rond. – De combien de mois ?

V.

Tous sont connus pour avoir composé et joué du jazz. Cette musique vient des États-Unis. Elle est issue des genres et styles musicaux profanes des noirs.

6

I.

❶ **1.** un coktail – **2.** un jeune diplomate et une femme

❷ **1.** Monsieur Stretter – **2.** 2 – **3.** Lettre – tristesse – jour – **4.** 1 c – 2 b – 3 d – 4 a

❸ **1. a)** fatiguée – **b)** faire de la musique – **c)** timide – **2. a)** une rencontre amoureuse – **b)** leurs goûts

II.

❶ J'ai essayé d'écrire : je faisais un journal, sur ma vie dans ce pays. J'ai rempli deux carnets. Mais il n'y avait rien de créatif et jamais une véritable histoire, un roman.

❷ **a)** – Alors, tu fais plus signe ? Tu me carna ? – Ça va ! je suis ta meuf, mais avec un bouffon comme toi, faut faire gaffe ! – J't'ai cherchée à ton taf, y avait personne ! On m'a dit que les keufs étaient venus ! – Assez ! Arrête ta zicmu ! T'es un ouf et moi je kiffe pas la caillera ! – mais moi j'te kiffe ! Viens, on va zouker !

c) – Salut ! Tu donnes pas beaucoup de nouvelles, hein ? – Écoute, moi je bosse ! – Non mais, qu'est-ce que ça veut dire ! Qu'est-ce que tu crois que j'fais ? – J'sais pas ! Tu traînes beaucoup avec la racaille, on m'a dit ! – Ça va pas ! Je me tue à faire de la musique, pour avoir un peu de blé, pour toi ! – Alors montre-le ! On va en boîte ce soir ?

III.

❶ On vous l'a dit ? / Et vous ? / Vous trouvez que ce n'est pas la peine n'est-ce pas ? / Pourquoi ? / Dites-le-moi.

❷ L'une des deux montre que le Jeune Attaché n'a pas pu écrire.

❸ Avant – parfois – depuis quelques années – depuis quelque temps. – Ces mots expriment la nostalgie, le désespoir.

❹ Je crois – j'ai cru pouvoir – j'ai abandonné – On vous l'a dit – je l'aurais sans doute – et puis – vous trouvez que – n'est-ce pas – c'est-à-dire – c'est difficile à exprimer – une certaine douleur

❺ Le non-dit.

IV.

❶ Dialogue : ... cette horreur ! – rare, quelque chose d'aussi laid. – tu te moques de moi ! – déception ! Quel goût exécrable ! – à choisir : dans la poubelle ! – une vision désagréable.

V.

- En Inde. Le titre de l'œuvre nous l'indique.
- À l'ambassade. Les diplomates (consul, ambassadeur, attaché culturel, commercial)
- Différence entre expatrié et émigré : un expatrié va travailler temporairement dans un pays et en général dans de très bonnes conditions. Un émigré pense s'installer dans le pays d'accueil : il a quitté son pays souvent pour des raisons politiques ou économiques. Les conditions de vie à l'arrivée sont généralement difficiles.

7

I.

❶ **1.** une musique sidérale – **2.** un homme et un enfant

❷ **1.** 1 d – 2 c – 3 a – 4 e – 5 g – 6 b – 7 f – **2.** de pouvoir – d'amour – d'amitié. – **3.** 1 c – 2 a – 3 b – 4 d – **4.** compte – écrit – possède.

❸ **1. a)** Comment peut-on – **b)** Je ne sais pas. – **c)** Bien sûr. – il est à toi. – **d)** le premier. – **e)** Ça c'est vrai. – **f)** C'est difficile. – **g)** Ça veut dire que – **2.** Quand tu as une idée le premier, tu la fais breveter – **3.** Moi, si je possède un foulard, je puis le mettre autour de mon cou et l'emporter. Mais tu ne peux pas cueillir les étoiles. – **4.** 1 d – 2 b – 3 f – 4 c – 5 a – 6 e

III.

❶ 9 fois (je ou j').

❷ Elles sont à moi, car j'y ai pensé le premier.

❸ **a)** Y penser – les gérer – les compter et les recompter – les placer en banque – écrire leur nombre sur un papier – **b)** À la fin, il enferme juste un papier dans un tiroir.

❹ Les visions du monde du businessman et du Petit Prince sont complètement opposées : le Petit Prince vit dans un monde poétique et affectif, où il communique avec les éléments de la nature, tandis que le businessman vit dans un univers matérialiste, absurde et inhumain, gouverné par l'argent.

❺ Parce qu'il ne s'en occupe pas.

❻ Le Petit Prince au début se renseigne et écoute attentivement ; mais quand le businessman finit de parler, il a compris combien toutes ces actions étaient sans valeur, inutiles et surtout dénuées de tout sentiment.

V.

- *Système D* veut dire système de « débrouille », c'est-à-dire qu'on trouve une idée simple pour résoudre un problème, avec ses propres moyens.
- Planètes du système solaire : Mercure, Vénus, la Terre, Mars, Jupiter, Saturne, Uranus, Neptune et Pluton.

  On ne les a pas toutes explorées. Les plus lointaines sont à des milliers d'années-lumière de la Terre.
- *Planète* : corps céleste du système solaire. – *Comète* : astre brillant comme une étoile lorsqu'elle s'approche du soleil, elle s'échauffe et se transforme en une traînée lumineuse (poussiéreuse, gazeuse). – *Étoile* : astre visible (excepté le Soleil et la lune).
- Le premier homme qui a voyagé dans l'espace est Youri Gagarine (Union soviétique).

8

I.

a **1.** dans un hôtel-restaurant – **2.** deux hommes qui parlent

b **1. a)** médecin – **b)** imprécis – **2.** Pour parler de leur famille – **3.** 9 – **4.** 1 f – 2 b – 3 e – 4 d – 5 a – 6 c – **5.** question : 3 – lettre : 1

c **1.** a V – b F – c On ne sait pas – d V – e F – **2. a)** Je ne fume que le cigare, et encore, seulement après mon repas du soir. – **b)** Voilà en effet une question qui s'impose. – **c)** ce qu'il était advenu de l'individu qui vous a donné votre nom ? – **3. a)** médecin – **b)** à votre sujet – **c)** par exemple – **d)** tout de suite – **e)** auparavant

III.

1 Les formules de politesse : Désirez-vous… Je vous en serais très reconnaissant… Puis-je… Je vous en prie…

2 Des informations sur sa profession et sur son caractère.

3 « Parce que c'est une des questions que je me pose à votre sujet **depuis que j'ai reçu votre lettre** », dit Gaspard. – « Vous êtes-vous demandé ce qu'il était advenu de l'individu qui vous a donné votre nom ? », dit Otto.

4 **a)** vous porte-t-il – **b)** Qu'attendez-vous de moi ? – **c)** la personne.

IV.

1 Je fume le cigare, le soir, après le repas. Donc vous pensez : il est médecin. C'est cela ?
Je me suis posé la question à la / dès réception de votre lettre.
Votre nom de famille, d'où vient-il ? Qu'est devenu votre père ?

2 Vous êtes docteur ? – Pourquoi ? C'est l'histoire du cigare ? – Vous vous posez encore des questions ? - Pas mal, oui. – Quoi, par exemple ? – Qu'est-ce que vous me voulez ? – Bonne question. Vous voulez la réponse de suite ? – Oui, merci ! – Mais je vais vous demander d'abord quelque chose – Allez -y. – Vous savez ce qui s'est passé avec votre père ? – Quoi ?

V.

• À la naissance, en France, si on a ses deux parents, on est déclaré à la Mairie sous le nom du père. Quand aux prénoms, on peut en avoir plusieurs (en avoir trois est courant, dont un sera le prénom usuel).

Toutefois, il devient courant, depuis une quinzaine d'années, de prendre deux noms, celui du père et celui de la mère, et, pour une femme mariée, celui de son père et celui de son mari.

Dans certains pays on a coutume de prendre, dès la naissance, les deux noms (celui de la mère et celui du père).

• Mon amour

Mon âme, ma reine, ma main,

En or

Va

Emmène-moi

Aux rives moirées, aux cimes veinées, aux mers rares

Des vies aimées, avec rires, arias.

9

I.

a **1.** un piano – **2.** un professeur et son élève

b **1.** La connaissance de certaines langues – **2.** 1 e – 2 c – 3 b – 4 b – 5 a – 6 g – **3. a)** 5 – **b)** 6 – **c)** 2 – **4.** 2

c **1.** a V – b F – c F – d F – e V – **2.** 1 e – 2 b – 3 h – 4 a – 5 f – 6 d – 7 c – 8 g – **3. a)** dira – **b)** aussi – **c)** se mettait – **d)** a présent – la même – **e)** ce sera – **f)** l'inverse

III.

1 *Le professeur* :
a) tant pis… Continuons ! / C'est faux. C'est faux. C'est faux. – **b)** En français ? Grand-mère. / Oui, évidemment / Non… qui était a – … C'est cela. / Non c'est faux.

L'élève :
a) En français ? / Euh… que je dise en français : les roses… de ma… comment dit-on grand-mère, en français ? – … jaunes, en français, ça se dit jaunes ?

2 Continuons, continuons / dites / continuons / traduisez. Le professeur n'écoute pas l'élève, il est très autoritaire.

3 Les roses de ma grand-mère sont aussi jaunes que mon grand-père qui était asiatique.

Traduction en espagnol et en néo-espagnol.

4 siatique… j'ai mal aux dents. J'ai mal. / En espagnol ce sera : Les roses de ma grand-mère sont aussi jaunes que mon grand-père qui était asiatique / Et en néo-espagnol : les roses de ma grand-mère sont aussi jaunes que mon grand-père qui était asiatique.

5 de la fatigue pour l'élève / de l'obsession pour le professeur.

6 Non. Il lui reproche de mélanger deux langues.

IV.

1 les roses de ma grand-mère sont… **aussi jaunes que mon grand-père qui etait asiatique.**

2 Je vous prie de continuer. Vous pouvez le dire. En français, on dira grand-mère. C'est cela, bien. Bravo ! – Vous avez mal aux dents ? Je suis désolé. Encore un petit effort et nous arrêtons. – Ha ! ce n'est pas exactement cela ! Allez ; essayez encore une fois. – Ce n'est pas cela ; mais vous êtes trop fatiguée ; reposez-vous, nous continuerons demain.

V.

• L'*Espéranto* est une langue internationale conventionnelle fondée vers 1887 par Zamenhof, dont les mots sont construits à partir des racines courantes des langues occidentales les plus répandues.

10

I.

a **1.** plusieurs coups – **2.** un mari et sa femme – **3.** de maladie

b **1.**
– Mon ami 2
– Mon cœur 2
– Coquine 2
2. 1 b – 2 d – 3 c – 4 a – **3.** 7

c 1. a) A 3 / B 2 – **b)** B 1 – **c)** A 3 / B 2 – **d)** B 2 – **e)** A 3 / B 1 – **f)** B 2 – **g)** A 3 / B 2 – **h)** B 1 – **2.** parce que sa servante lui a dit qu'il n'était pas malade. – **3.** parce qu'elle veut son argent. – **4.** 1 b – 2 e – 3 d – 4 a – 5 c – **5.** a F – b On ne sait pas – c V

II.

Expressions qui peuvent être employés dans le jeu de rôle :

❶ Oh, là là, je n'en peux plus ! J'ai tellement mal dormi. J'ai mal au dos. Je ne peux pas me lever. Je suis tellement fatigué ! Je me sens mal.

❷ Proposition : Qu'est-ce que tu as encore ? J'en ai assez de ces jérémiades ! Tu es pénible ! Encore une fois, tu n'es pas content(e) ! Arrête de te plaindre ! Tu ne peux pas penser un peu aux autres ?
Tu te prends toujours pour un(e) martyr(e) ! Ça suffit ! Tu es en pleine forme !

III.

❶ « Ne vous passionnez donc point. – Doucement, mon fils. – Là, là, tout doux ! – C'est une impertinente. – Oui, mon cœur, elle a eu tort. – Éh, là ! Éh, là ! – Ne vous fâchez point tant. »

❷ Accuser

❸ **a)** Aidez-moi – **b)** Que se passe-t-il ? – qu'est- ce -qu'il y a ? – **c)** Elle s'est opposée aux... – pendant une heure.

IV.

❶ **a)** mon petit enfant – **b)** ma chérie – **c)** mon lapin – **d)** mon oiseau des îles – **e)** ma poulette – **f)** mon chou – **g)** mon amour.

❷ Toinette est une servante insolente qui n'a aucun respect pour ses maîtres. Elle s'oppose à eux, se permet de leur dire qu'ils ont tort et met leur vie en danger.

V.

- Molière est mort en scène en 1673 en jouant « Le Malade imaginaire ».
- Une **bonne** (ou **domestique**). La **gouvernante** s'occupe de la garde et d'une partie de l'éducation des enfants. La **nurse** s'occupe de la garde des enfants.
- La guerre de sécession de 1861 à 1865 aux Etats-Unis, fut une guerre civile ayant pour cause essentielle le problème de l'esclavage des Noirs : le Sud cultivait le coton en employant comme main-d'œuvre les esclaves noirs. L'élection à la présidence de l'antiesclavagiste Lincoln précipita les événements ; en 1860, la Caroline du Sud fit sécession, suivie de nombreux états du Sud. Ceux-ci perdirent la guerre.

11

I.

a 1. Une musique de manège – **2.** assez rudement
b 1. dans la rue – **2.** son patron – **3.** forain – **4. a)** 3 – **b)** 3.
c 1. bande – homme – famille – jeune-homme – **2.** a F – b F – c V – d V – e F – **3.** 1 b – 2 d – 3 a – 4 c – **4. a)** je sache – **b)** chercher – **c)** sang – **d)** compte – **e)** remercie – **5.** ironique

III.

❶ **a)** sûr de lui – **b)** méfiant

❷ « Pas la famille du sang, mais l'autre. Parfois ça compte beaucoup plus. On peut la choisir. »

❸ Un homme qui aime son manège, je n'ai pas besoin de savoir d'où il vient. / Pas la famille du sang, mais l'autre. Parfois ça compte beaucoup plus. / Je te choisis.
Omar-Jo est très raisonnable et inverse les rôles : c'est lui qui fait confiance à son employeur alors que d'habitude c'est l'employé qui se plie aux demandes de l'employeur.

❹ **a)** Parce que cet homme aime son travail et les enfants. – **b)** pour se moquer de lui.

❺ b.

V.

Le droit du sang est celui qui fait de la personne qui naît dans un pays un citoyen du pays si ses parents sont eux-mêmes citoyens de ce pays. Le droit du sol est celui qui fait automatiquement de la personne qui naît dans un pays un citoyen de ce pays, même si ses parents n'ont pas la nationalité de ce pays.
La France a une tradition de droit du sol, même si aujourd'hui on note une évolution de ce droit (demande de nationalité à 18 ans : démarche volontaire). L'Allemagne a une tradition de droit du sang.

12

I.

a 1. un roman policier – **2.** dans une maison – **3.** 1 b – 2 f – 3 d – 4 c – 5 e – 6 a
b 1. a 2 – b 1 – c 5 – d 4 – e 3
2. 1 c – 2 b – 3 e – 4 d – 5 a
c 1. a) parce qu'il est un Français moyen – **b)** il ne sait pas pourquoi – **c)** parce qu'il a peur – **d)** parce qu'il tombe d'un train – **e)** parce qu'une balle les lui a brûlés – **2. a)** jusqu'à l'été dernier – **b)** à deux reprises – **c)** à ce moment-là – **d)** au lieu de prévenir la police – **e)** c'est pour ça que je boite – **3. a)** disais – **b)** êtes – **c)** comprenez – **d)** voulez – **e)** voulais

III.

❶ une narration

❷ il s'agit surtout du récit de l'histoire de Gerfaut.

❸ m'assassiner – prévenir la police – je me suis enfui – m'a assommé – à coups de marteau – jeté du train – je me suis cassé le pied – m'a recueilli et soigné – trace de balle – aventure

❹ étranger – je suis arrivé / j'ai échoué – une entreprise – prenez – un verre – homme / mec / quelqu'un

❺ **a)** aventure : inattendu, événement imprévisible – **b)** une liaison, un flirt.

❻ J'ai pris – ont essayé de m'assassiner – j'ai abandonné – je me suis enfui – je me suis retrouvé – m'a assommé – jeté – je me suis cassé le pied – m'a recueilli et soigné.

❼ Essayez toujours – Buvez encore un pot. – Oui, oui, vous êtes un aventurier.

V.

- l'accent
- Un cadre moyen gagne entre 2 000 et 3 000 euros par mois.

13

I.

a **1.** étrange – **2.** d'un dialogue entre deux étrangers – **3.** 1 d – 2 e – 3 f – 4 b – 5 c – 6 a

b **1.** de science-fiction – **2.** on ne sait pas – **3. a)** l'homme qui parle à la femme – **b)** le fils de l'homme qui parle – **4. a)** 3 – **b)** 2

c **1.** dans quelque temps – dans un an – la nostalgie – mon futur – ma carrière – bientôt – demain – le mois prochain – hier – il y a deux jours – la semaine dernière. – **2.** a V – b V – c F – d V – e F – f V – **3. a)** je viendrai – **b)** ramènerez – **c)** sera – **d)** aurez – **e)** s'appellera – **f)** auriez connu

III.

1 A 2 – 4 – 7 – 9 – 11 – B 1 – 3 – 5 – 6 – 8 – 10 – 12

2 dans quelques années – mon avenir – je viendrai – dans quelques jours – vous ramènerez – il sera – vous aurez – s'appellera – la semaine prochaine

3 le destin

4 Djinn raconte à Simon Lecœur ce qui va lui arriver ; elle voit dans l'avenir et le temps est accéléré.

5 a)

IV.

1 **a)** bien sûr – **b)** c'est cela / vrai – **c)** incompréhensibles – **d)** assurément / certes – **e)** du reste – **f)** toutefois – **g)** complètement / totalement

2 si elle fait partie... et de son avenir – si elle non plus – ce qu'il viendrait faire là – si Jean est son fils.

3 je suis venu – vous avez ramené – a été – avez eu – s'est appelée

V.

- Descartes, philosophe français du XVIIe siècle qui a écrit le *Discours de la méthode* et à qui l'on doit le célèbre « Je pense donc je suis ».
- Intuitif – analytique – confus

14

I.

a **1.** la nature – **2.** un sorcier et une consultante

b **1.** 1 c – 2 d – 3 a – 4 e – 5 b – **2.** eau : 3 – coq : 3 – mouton : 3 – **3.** connaître son avenir

c **1.** a V – b F – c F – d V – e V – **2.** Fort – Hé ! Hé ! – Vraiment ! – Bien ainsi ! – **3. a)** et un bélier noir – **b)** maintenant il est – **c)** on voit apparaître – **d)** de clown – **e)** des rivages – **4.** c)

III.

1 **a)** Ces signes marquent des sentiments d'étonnement, de frayeur. Ils marquent aussi l'injonction. – **b)** un coq, un gros coq battant des ailes – Des visages, des visages grimaçants ! Des masques de diable. Le noir, le rouge, la boue des marigots, le sable fin et doux. Rien. De l'eau, rien que de l'eau... demain dans le sac ou après le marigot.

Les phrases nominales indiquent la présence, la réalité de l'apparition.

2 **a)** mouton blanc, c'est un bélier – des visages grimaçants – Des masques de diable – Le noir, le rouge – **b)** qui chante, chante – la boue des marigots, le sable fin et doux.

3 Parce qu'il veut convaincre Salimata que sa vision a un sens immédiat.

4 *La calebasse* : gros fruit vidé et séché dont on fait un récipient. – *Un sacrifice* : désigne à la fois la chose sacrifiée (ici un animal que l'on va tuer) et l'acte de le faire.

5 Ils servent à décrire
a) chantant – **b)** qui bat – **c)** qui est gros, qui est blanc, qui sont grimaçants.

6 Dis-moi – Regarde – Regarde toujours, regarde plus fort ! – Regarde toujours.

Les impératifs marquent l'autorité, médicale et religieuse.

V.

- Par exemple, dans la culture antique grecque : on allait voir le célèbre oracle de Delphes, la Pythie, avant d'entreprendre des guerres ; les prêtres interprétaient ses cris et rédigeaient les réponses du dieu.

- Ici, on vient consulter le marabout, une sorte de « sorcier -guérisseur », réputé pour ses pouvoirs magiques. C'est lui qui indique ensuite les sacrifices à faire aux divinités ou aux esprits. Il est censé avoir des pouvoirs médicaux et religieux.

- Dans les rituels de certains pays, on cache son visage avec un masque. Certains, selon le rôle que l'on joue dans la société, sont particulièrement décorés. C'est le cas pour les personnages importants comme les marabouts ou les sorciers.

- Ces mots évoquent un paysage tropical africain : le mot *marigot* désigne le bras mort d'un fleuve ou d'une rivière ou bien une mare d'eau.

15

I.

a **1.** des bruits de pas – **2.** deux amoureux

b **1.** 1 b – 2 c – 3 a – **2.** dans une prison – **3.** promettre de s'évader – **4.** 5 – **5.** 4

c **1.** a F – b V – c F – d V – **2.** l'impératif – **3.** Pour se faire obéir – **4.** la passion – **5.** a 3 – b 4 – c 1 – d 2

III.

1 Promettez – Je jure

2 Vous sauver

3 il va être très malheureux – il adore Clélia – Il est jaloux.

4 **a)** il risque de mourir empoisonné – **b)** Clelia se sent responsable de l'emprisonnement de Fabrice.

V.

- Roman de Stendhal : *Le Rouge et le Noir*

16

I.

a 1. des insectes – 2. Elles parlent calmement

b 1. a – c – f – h – l – 2. a) 1 – 3 – 5 – 6 – b) 2 – 4 – 9 – c) 2 – 8 – d) 6 – e) 7 – 3. a) la fille de Wangrin – b) Le père adoptif de Tenin – 4. *père* : 2 fois – *fille* : 2 fois – *amis* : 2 fois – *commandant* : 3 fois.

c 1. a F – b V – c V – d V – e F – 2. a) père, commandant – b) vaut mieux – c) boy, avons reçu la consigne, fréquenter – d) se moque – e) continues, aimer – 3. a)

III.

❶ « Il est formidablement protégé par des forces invisibles. »

❷ a) généreux – b) le dérangent – c) on nous a ordonné

❸ « Mon père n'est ni aimé de Romo ni de ton comandant (…) il est dur, et même très dur avec les gens qui se mettent en travers de son chemin. »

❹ a – c – b

❺ « Continues-tu à m'aimer malgré ma filiation ? – Oui Tenin, je t'aimerais même si tu étais la fille du plus grand vampire ou criminel du monde. »

17

I.

a 1. dans un jardin – 2. deux amis

b 1. 8 – 2. la colère – 3. 1 d – 2 c – 3 a – 4 b – 4. château – temple – tableau – peinture

c 1. a 2 – b 4 – c 3 – d 5 – e 4 – 2. a F – b F – c V – d V – 3. a) Patience – b) À peine – c) Est-ce qu'on a pas le droit – d) même – e) quand ; que diable

III.

❷ a) *un goujat* : un rustre, un malotru – *une intrigante* : quelqu'un qui essaye de vous embrouiller – *un ricanement* : rire méprisant (sarcastique) – b) Attendez un peu ! – Vous allez voir ! – Vous saurez tout bientôt !

❸ Les verbes sont à l'infinitif, essentiellement.

❹ L'observation.

❺ a) de condition – b) Chez des amis. / Chez quelqu'un. – c) Sens d'obligation, de politesse. On doit respecter.

IV.

❶ Si on décide de dîner / on doit respecter.

❷ Ils ont dit que l'eau manquait dans la bassine et qu'avec de la patience on y verrait jusqu'à un cigne et des poissons.

18

I.

a 1. un espace inquiétant – 2. un homme qui fait la leçon à une femme.

b 1. 1 e – 2 b – 3 d – 4 a – 5 c – 2. de guerre – 3. violent – 4. le père spirituel de Bérénice.

c 1. a 3 – b 1 – c 4 – d 2 – e 2 – f 4 – 2. a F – b V – c V – d V – e V – f F – 3. a) idéaliste – apache – une proie – b) autochtone – un héros – c) de beaux cheveux

III.

❶ a) Bellérophon, Achille d'Oïlée : le premier est un héros de l'antiquité grecque, fils de Poséidon, le dieu de la mer. Il dompta un cheval ailé, tua un monstre et vainquit des femmes guerrières. Il montra ainsi qu'il était d'origine divine. Quant à Achille d'Oïlée, l'auteur le confond ici avec Ajax qui fut tué par Poséidon pour avoir enlevé la prêtresse Cassandre. Bérénice, en se comparant à ces êtres de légende, sous-entend que, malgré son jeune âge, elle a de grands pouvoirs cachés. Elle a reçu une éducation classique et n'a cessé de lire les langues anciennes durant son enfance : le grec et le latin.

b) C'est un héros qui a piloté des avions et s'est illustré par ses attaques. Le Major dit « tu n'es pas un héros » (sous-entendu, comme lui).

c) Gloria est une femme possessive et marginale, qui est montrée du doigt : « une proie facile pour elle », « t'afficher avec cette ordure ».

❷ Je meurs d'apprendre à voler – que vous m'appreniez à le faire.

❸ a) Bérénice n'est pas du pays – b) Bérénice n'a pas fait d'action d'éclat – c) c'est une personne trop autoritaire – d) il estime que c'est quelqu'un sans valeur – e) il la trouve déraisonnable

❹ Être sage et réfléchi.

IV.

❶ dire… implique que… Pardon… je ne désire pas… Vous m'attaquez… vous me désapointez… te montrer… personne peu recommandable…
Peut-être, mais de mon côté je vous demande de ne pas oublier… lorsque tu seras plus raisonnable

V.

• Au Panthéon se trouvent les tombeaux de grands hommes : aussi bien de grands écrivains que d'hommes qui se sont particulièrement illustrés à la guerre ou ont joué un rôle patriotique (on y trouve par exemple Victor Hugo et Jean Moulin…).

• Sous l'arc de Triomphe, il y a la tombe du soldat inconnu : c'est un hommage aux militaires non identifiés, morts à la guerre pour leur patrie.

19

I.

a 1. deux amis – 2. 1 b – 2 a – 3 c – 4 d – 3. oui.

b 1. 4 – 2. un problème d'intonation sur une expression – 3. a)

c 1. a) rien – b) ça – c) possible – d) ça – suspens – 2. a) répète-le – b) vraiment – c) si – rêve – d) m'aurais – e) t'aurais dit – 3. H1 : e – g – h – j ; H2 : a – f – i – h

III.

❷ « Ah, on y arrive… » et « Eh bien… tu m'as dit »

❸ C'est une personne tout en nuances. / « C'est bien ça. » Le ton était méprisant. H2 est sérieux : « Très sérieusement. » - « ce n'est pas sans importance ».

❹ Il est très étonné, reste sans voix : « Tu parles sérieusement ? » ; « Écoute, dis-moi si je rêve… Et alors je t'aurais dit : "C'est bien, ça ?"… » « Le "ça" précédé d'un suspens t'a poussé à rompre. »

Ⅴ.

- Par exemple : le monologue d'Hamlet : « To be or not to be, that is the question » ; le monologue de Phèdre à la fin de la pièce ; les monologues des personnages de Samuel Beckett…

20

Ⅰ.

ⓐ **1.** sirènes de police – **2.** deux policiers

ⓑ **1.** policier – **2.** Charlemagne – Louis-le-Grand – Maupertuis – Arsène – Catherine – Judith Colet Henry – Camille – Clarisse – Trang – **3.** 1 d – 2 b – 3 e – 4 a – 5 c

ⓒ **1.** a 7 – b 6 – c 5 – d 3 – e 2 – f 1 – g 4 – **2.** a V – b F – c F – d V – e V – **3. a)** a dû rester longtemps sous la pluie – **b)** une revendeuse – **c)** Carrega – **d)** Thian va venir en aide à l'autre personnage.

Ⅲ.

❶ **a)** « et Toi gamin… service ? »
b) « … copine d'école… soir ? » « C'est ça les couples prévoyants. »
c) « Discrètement ? »
d) « résultat »
e) « une seringueuse… Malaussène. »
• a) et b)

❸ **a)** la brigade qui s'occupe de la drogue et de stupéfiants – **b)** trouver – suivre – **c)** une femme qui vend de la drogue – une personne qui aide les jeunes à s'injecter de la drogue.

Ⅴ.

- *Le Chien des Baskerville* : Conan Doyle. – *Le Chien jaune* : Georges Simenon. – *Moloch* : Thierry Jonquet. – *Mort sur le Nil* : Agatha Christie. – *Le Mystère de la chambre jaune* : Gaston Leroux. – *Brouillard au pont de Tolbiac* : Léo Malet. – *Pars vite et reviens tard* : Fred Vargas

- *Le Parrain – Al Capone – La Schnouff*

21

Ⅰ.

ⓐ **1.** Deux hommes – **2.** avec ironie

ⓑ **1.** 2 – **2.** 1 b – 2 d – 3 a – 4 e – 5 c – **3.** rouge – gris – pointu – affreux – monstrueux – bizarre

ⓒ **1.** 1 c – 2 a – 3 e – 4 b – 5 d – **2. a)** promène – **b)** phénomène – **c)** me garder – **d)** dénigrant – **e)** grand – **f)** minuscule – **g)** d'un pareil ridicule – **3. a)** Je… – **b)** Votre Grâce se trompe… – **c)** Je n'ai pas… – **d)** Je… – **e)** Mais… – **f)** J'avais… – **g)** Monsieur… – **h)** Monsieur ! – **i)** Mais pas du tout !

Ⅲ.

❶ Le Fâcheux : le gêneur / l'importun – J'ai évité de le regarder – Monsieur – mou et remuant / qui remue

❷ Rimes féminines : se trompe / comme une trompe – Rimes masculines : hibou / au bout. Alexandrin : Est-il mol et ballant, monsieur, comme une trompe ? / Je le trouve petit, tout petit, minuscule.

❸ Exagération.

❹ Le Fâcheux minimise l'aspect du nez de Cyrano. « Je le trouve petit, tout petit, minuscule / Mais d'y porter les yeux, j'avais su me garder. »

Ⅴ.

- *Haïku* : poème classique japonais de trois vers dont le premier et le troisième ont cinq syllabes et le deuxième sept. *Ballade* : petit poème de forme régulière, composé de trois couplets ou plus, avec un refrain (*La Ballade des pendus* et *La Ballade des dames du temps jadis* de François Villon au xvᵉ siècle. Ce peut être aussi un poème de forme libre d'un genre familier ou populaire : les ballades de Schiller.
  Sonnet : poème de quatorze vers en deux quatrains et deux tercets. Ronsard, Baudelaire, Mallarmé ont beaucoup écrit sous cette forme.

- Dans l'Ancien Régime, la société était constituée par le clergé, la noblesse et le tiers état.

- Les professions d'avocat, d'enseignant. La démagogie est une des dérives de la rhétorique. La publicité l'utilise ; les dictateurs aussi et en général les hommes politiques. Il s'agit de flâter le peuple.

22

Ⅰ.

ⓐ **1.** Des rumeurs – **2.** une marchande et sa cliente

ⓑ **1.** au marché – **2.** des tomates farcies – **3.** aime marchander – **4. a** 3 – **b** 6 – **c** 4 – **5** b

ⓒ **1.** a V – b V – c F – d V – e F – f F – **2. a)** 1 – 3 – 5 – **b)** 2 – 4 – 6 – **3. a)** j'aurai – **b)** sont – **c)** tu es – je vais prendre – **d)** ai dit – **e)** donne-moi – **f)** tu veux – **g)** je vais essayer

Ⅲ.

❶ **a)** Elles sont très bonnes – **b)** Il faut prendre son temps avant la mort. – **c)** on ne sait pas ce qui va se passer demain – **d)** Ces féculents ne sont pas bons cette année – **e)** Une salade avec une sorte de navets.

❷ *Ma Doudou* et *Petit sirop* sont des expressions des Antilles. En France on s'adresse ainsi sans connaître les gens surtout dans le milieu artistique : on s'appelle : *ma chérie, ma douce…*

Ⅴ.

- Dans le dialogue de Patrick Chamoiseau, on remarque certains mots désignant des légumes que l'on ne trouve qu'aux Antilles ou sous les tropiques comme *les dachines*, féculents ressemblant à de grosses pommes de terre à la peau grisâtre.

- On parle aussi de salade de *christophines*, ces dernières ressemblant à nos navets, avec une chair blanche, et pouvant être mangées crues ou cuites.

23

I.

a 1. Rien – **2.** Dans une relation d'amour

b 1. *cœur* : 3 – *amitié* : 2 – *amour* : 1 – *aimer* : 3 – *se marier* : 3 – **2.** b)

c 1. 1 f – 2 b – 3 i – 4 g – 5 c – 6 e – 7 a – 8 h – 9 d. – Je m'étais trompée – **2. a)** Parce qu'elle va être séparée d'Arlequin. – **b)** Parce qu'il est libre pour Flaminia. – **3.** a F – b F – c V – d V – e) on ne sait pas – f F

III.

1 « Vous vous seriez mépris / laissez-moi aller, que ferons-nous ?
Ils sont émus à cause de leur sentiments d'amour.
– Le temps me presse, je suis forcée de vous quitter / adieu / je m'enfuis /
Non. Il la retient.

2 b) Ces conditionnels expriment de fausses interrogations. Flaminia joue le jeu de la coquetterie.

3 a) Je suis accablé – **b)** trompé – **c)** sans le vouloir – **d)** nous adapterons – **e)** pareillement

V.

Phèdre de Racine. *La princesse de Clèves* de Madame de Lafayette (où la femme avoue à son mari qu'elle en aime un autre).

24

I.

a 1. dans la nature – **2.** 7

b 1. 1 g – 2 b – 3 c – 4 f – 5 h – 6 e – 7 a – 8 d – **2. a)** un révolutionnaire – **b)** croit en Manuel – est jeune – **c)** d'eau – **3. a)**

c 1. remède, adversité, bénédiction, bras, recours, malheur, fatalité, consolation, richesse, pauvreté – **2. a)** recours – remède – le malheur – **b)** la fatalité – **c)** la consolation – **d)** la bénédiction – **e)** la pauvreté – **3.** peinturée à neuf (verte) – haute – en crue – dans la fraîcheur – pillards – en grappes / en épis – bananiers

III.

1 b) la savane (végétation sans arbre ni fleurs, peuplée par de nombreux animaux) – l'herbe de Guinée (dans les prairies tropicales) – rivières en crue : allusion au climat et au débordement des rivières. Les sources sont taries. La survie de l'homme est liée aux éléments.

2 La répétition de l'impératif exprime l'exaltation ; les deux projets qui deviennent si présents sont liés entre eux : découvrir l'eau et l'amener jusque dans la plaine et faire pousser les cultures.

3 La pauvreté.

4 Évoque des bras enlevés comme des branches – comme une couche de vert posée sur la plaine – petite pluie, fine comme un saupoudrage de farine.

V.

- Le Bostwana – le Mali – la Mongolie – La Namibie – le Sahel

- Fidel Castro – Le communisme. Zoé Valdes : certains vivent en France comme elle.

25

I.

a 1. du bois qui crépite dans une cheminée – **2.** Evoquent des événements douloureux mais restent polis – **3.** La femme

b 1. a) malade – **b)** indifférent – **2. a)**

c 2. 1 c – 2 e – 3 a – 4 d – 5 b – **1. a)** une haine, une rage – **b)** et son désarroi – **c)** infectée – **d)** de s'hébéter – **e)** un bien énorme – **4.** c – d – e – f

III.

1 a) contaminée (idée d'imprégnation malsaine, de souillure) – **b)** il s'est rendu stupide à force de travailler.

2 Il s'est marié et a beaucoup travaillé.

3 « L'autre jour, en voyant que vous étiez un homme comme les autres. Cela lui a fait un bien énorme. »

4 Elles sont une invite à poursuivre la conversation.

6 Une amertume, une haine, une rage, une jalousie. Son silence, son désaroi. Son travail l'ennuie.

IV.

1 « J'ai conçu pour toi... une amertume que tu n'imagines pas... une envie de t'écraser qui ont nourri ma carrière... à chacun de tes succès, et puis je me suis effondré. J'ai suivi une analyse... Je ne sais si elle m'a apaisé ou accru mon silence et mon désarroi. Mais je me suis transformé. J'ai mis quatre ans à me décider à apaiser Meine... Et ensuite, j'ai cessé de parler de toi. Mais ma vie... Comprends-moi : je n'ai cessé de me réfugier... je continue de m'étourdir, de m'hébéter de travail qui m'ennuie de plus en plus... en voyant que tu étais un homme comme les autres, cela m'a fait un bien... »

V.

- Freud. *L'interprétation des rêves. Cinq leçons de psychanalyses. Psychopathologie de la vie quotidienne* – Trois essais sur la théorie de la sexualité.
Lacan

- Le prix Goncourt, décerné en novembre, doit couronner, en principe, un jeune auteur talentueux. Ce prix a été créé en 1903.

Novembre est le mois des prix littéraires : les principaux autres prix sont le *Fémina* (qui couronne un roman français ou étranger : c'est Dai Sijie qui fut couronné pour son livre – écrit en français – *Le complexe de Di* en 2003) et le *Médicis*, le plus prestigieux après le *Goncourt* (Georges Perec l'obtint pour *La Vie mode d'emploi*, en 1978.)

C'est devenu aujourd'hui un événement surtout commercial, mais qui reconnaît aussi de vrais auteurs (d'autres tombent très vite dans l'oubli).

26

I.

a 1. des bruits de sabots – **2.** naïf

b 1. 8 – **2. a)** 4 – **b)** 3

c 1. a V – b F – c F – d F – e V – **2. a)** dans une forêt – **b)** à chasser – **c)** attaquer son ennemi de près – **3. 1)** épée – lame – coutelas – glaive – cimeterre – **2)** bouclier – casque – cuirasse – caparaçon – écu – cotte

III.

3 À un professeur. Il explique calmement en utilisant des comparaisons pour être bien compris.

4 Perceval fait penser à un enfant.

6 a)

V.

* Le cycle des *Chevaliers de la table ronde du roi Arthur*, *Ivanhoé*, de Walter Scott. Cervantés a écrit *Don Quichotte*, en langue espagnole.
* *La Princesse de Clèves*, de Madame de La Fayette
* *Bilbot le Hobbit*, *Le Seigneur des anneaux*, de Tolkien.

27

I.

a 1. des bruits d'oiseaux et d'eau – **2.** 4

b 1. **a)** injuste – **b)** ignorant – **2.** au bord d'une rivière – **3.** le loup dévorera l'agneau – **4. a)**

c 1. mère, frère, berger, sire, majesté – **2.** 1 c – 2 e – 3 a – 4 d – 5 b – **3.** a F – b F – c V – d V – e F

III.

1 Rimes : colère / considère ; désalterant / courant ; façon / boisson ; passé / né ; mère / frère ; tiens / chien
Pas de rime : breuvage / témérité ; d'elle / troubles ; point / guère ; venge.

2 À culpabiliser l'agneau.

3 hardi, témérité, tu médis, vous ne m'épargnez.
Ils sont faux. L'agneau est jeune et timide.

5 a) sire, majesté, qu'elle considère
b) L'agneau boit plus de vingt pas au-dessous du loup, donc il ne peut troubler son eau. L'an passé il n'était pas né et n'a pu médire du loup. Ce n'est pas son frère qui a médi, il n'en a pas.

6 a) 1. tu m'as critiqué / débiné – 2. tu seras puni / corrigé. Le loup incarne la justice – **b)** 1. pas du tout / des clous – 2. ne... pas – 3. je vais me désaltérer.

V.

* *Un froid de loup* : un très grand froid.

   À pas de loup : doucement, sans faire de bruit.

   Entre chien et loup : au crépuscule.

   Se jeter dans la gueule du loup : se mettre volontairement, mais par ignorance de la situation, en danger.

   Hurler avec les loups : se mettre du côté du plus fort.

   Être connu comme le loup blanc : être très connu.

Avoir vu le loup : se dit d'une jeune fille qui n'est plus novice.

Quand on parle du loup on en voit la queue : pour quelqu'un dont on vient de parler qui apparaît soudain.

Les jeunes loups : de jeunes gens très ambitieux (on peut dire aussi qu'ils ont « les dents longues »).

28

I.

a 1. des mouettes – la mer – un piano – du vent – **2.** 1 a – 2 c – 3 d – 4 b

b 1. **a)** un peintre – **b)** la tante de Saint-Loup – **2. a)** à Pâques – **b)** presque toute l'année – **3.** voir un tableau.

c 1. 1 e – 2 c – 3 a – 4 d – 5 b – 6 f – **2.** a V – b F – c V – d F – e V – **3. a)**

III.

1 a) Il a dit qu'il admire le peintre Elstir. Il veut voir une dame qui possède un de ses tableaux. Il veut voir le tableau chez cette dame avant de revoir ce peintre.
b) Il lui suggère de le présenter comme quelqu'un d'intéressant et de lui obtenir un rendez-vous en tête à tête malgré leur manque d'intimité.

2 Cet employé vient demander des vacances à son patron mais il n'ose demander directement :

– Vous voulez me voir Alain ? – Oui Monsieur. – C'est à quel sujet ? – Éh bien, rien de spécial, juste, heu, pour savoir ce que vous pensiez de mon dernier rapport.

– Excellent vraiment, je vois que vous vous investissez dans votre travail !

– Merci ! Vous... vous serez là en août ?

– En août, certainement pas, je prends des vacances en Andorre, avec ma famille. Et vous ? Vous partez quand ?

– Heu, justement, je ne sais pas encore !

– Alors partez en septembre mon vieux, on sera tous revenus et c'est la bonne saison !

3 Il est complexe et très sensible. Il prend de nombreuses précautions dans le discours.

5 Il est ravi d'avoir obtenu sont rendez-vous.

6 Voir le tableau d'un peintre qu'il admire le plus tôt possible.

7 La tante et Saint-Loup sont issus de la noblesse. Le Narrateur appartient à la grande bourgeoise. Elstir est un artiste.

IV.

2 On trouve dans la collection « Arlequin » des histoires à l'eau de rose dont voici un exemple :

Franz : Mademoiselle, je viens de voir vos parents et ils m'ont autorisé à venir pour vous dire mon désir... mon très ardent désir. Voulez-vous m'accorder le bonheur d'être pour toute la vie votre compagnon, votre époux fidèle et très aimant ?

Gwennola : Si mes parents le veulent bien, monsieur... moi, je serai très heureuse. J'ai en vous la plus grande confiance...

F : Cela ne vous déplaira pas trop de vous appeler seulement Madame Rune, vous qui êtes une de Lalande ?

G : Oh ! Non ! Vous possédez tant de qualités supérieures qui sont tellement au-dessus de tous les quartiers de noblesse ! Et puis...

F : Et puis vous m'aimez un peu, Gwennola ? Vous aimez Franz Rune, tout simplement ?

G : Tout simplement, oui.

F : Moi, je suis tout à vous, Gwennola, précieux trésor que Dieu a mis sur ma route. Mais je ne m'appelle pas Franz Rune, je suis le vicomte de Vurderon, descendant d'une famille qui autrefois régnait sur toute la région.

V.

- Guy de Maupassant a écrit des nouvelles qui se déroulent en Normandie (*Boule de suif* par exemple, en 1880). Il est convié à des soirées à Médan (en Normandie) où se retrouvent Huysmans, Zola et d'autres écrivains. Avant lui, Flaubert nous a fait découvrir cette région avec *Madame Bovary*.

André Gide est enterré dans un petit village, près de Fécamp, dans le domaine qui appartenait à sa mère.

29

I.

a) 1. des coups – **2.** une suivante et sa maîtresse

b) 1. Thésée – Œdipe – Titus – Mars – Bérénice – **2.** la sœur est morte – **3.** Elle est amoureuse.

c) 1. a V – b F – c V – d F – e F – **2.** 1 e – 2 b – 3 c – 4 d – 5 a – 6 f – **3.** 3 – **4.** b.

II.

a) – **Françoise :** Depuis le temps qu'on se connaît, dis-moi ce qui ne va pas. J'ai l'impression que tu en as gros sur le cœur. – **Jocelyne :** Puisque tu insistes ! Je vais tout te dire. – **F :** Parle. Je t'écoute. – **J :** Oh là là, je n'arrive pas à commencer. – **F :** Mais tu me fais peur ! Qu'est-ce qu'il y a ? – **J :** Ça ne pouvait tomber que sur moi ! C'est comme pour ma mère ! – **F :** Oublie ta mère. Le temps a passé. – **J :** Et ce qui est arrivé à ma sœur ? Il faut l'oublier aussi ? Comment elle a été quittée ? À peine épousée ? – **F :** Mais arrête de te ronger les sangs. – **J :** Il n'empêche que ça ne pouvait arriver qu'à moi ! – **F :** Alors, tu es amoureuse ? – **J :** C'est pire que ça. J'en suis folle. – **F :** Folle de qui ? – **J :** Tu tiens vraiment à savoir ? Je te préviens, c'est l'horreur totale. J'aime... ah, je ne peux pas le dire. – **F :** Mais qui ? – **J :** Tu le connais ; le fils de l'autre que je ne voulais pas voir à la maison. – **F :** Quoi ? Jean-Sébastien, ton beau-fils ! Grands dieux ! – **J :** C'est toi qui l'as dit.

III.

1 « Aimez-vous ? »

2 a) des impératifs : Délivrez, Parlez, cessez. Les questions-clé : Aimez-vous ? / Pour qui ? / Qui ? – **b)** mortel / tourment

3 a) Elle est dans un état de confusion extrême. – **b)** Elle évoque sa famille. Les vers sont brisés (coupure au milieu

du vers) le ton tragique. – **c)** la tristesse / l'évocation d'un destin malheureux et l'affection pour sa sœur. – **d)** culpabilité – soulagement

4 funeste, fatale, égarement, blessé, mourûtes, mortel, déplorable, misérable / honneur.

5 La famille, la descendance.

V.

- La famille des Atrides. Œdipe, sans le savoir tua son père et épousa sa mère ; quand il découvrit son crime, il se creva les yeux et abandonna le royaume. Le complexe d'Œdipe, depuis Freud et la psychanalyse, désigne l'attirance amoureuse éprouvée par l'enfant pour le parent du sexe qui lui est opposé.

- *Andromaque – Les Plaideurs – Britannicus – Bérénice – Bajazet – Mithridate – Iphigénie – Phèdre.*

30

I.

a) 1. du bois qui brûle – **2.** ne sont pas d'accord

b) 1. a) un philosophe – **b)** un bon vivant – **2.** religion – **3.** 1 b – 2 d – 3 f – 4 c – 5 e – 6 a

c) 1. a V – b V – c V – d F – e F – f F – **2.** 1 i – 2 b – 3 h – 4 g – 5 d – 6 e – 7 c – 8 a – 9 f – **3. a)** condamner – **b)** dangers – **c)** tourne – **d)** descende / remonte / la veine cave – **e)** refroidit – **f)** bulles – **g)** sel / cornue – **h)** distillation

III.

1 a) cagots → 1 ; fourrer leur nez → 1 – **b)** 2 – **c)** 2

2 « il me suffit de savoir qu'il refroidit quand on meurt. » « Les cagots de toute espèce... les créditeurs. »

3 a) Il passe de dangers réels et importants « la guerre » à de petits ennuis comme « les poux ». *Il me suffit de savoir qu'il* (le sang) *refroidit quand on meurt.*

b) « Je ne voudrais pas me priver à mon lit de mort de me tourner, si le cœur m'en dit, vers notre seigneur Jésus-Christ. »

4 a) *Philosophe* : ce qui n'est pas comme eux, leur paraît contre eux. *Alchimiste* : des bulles d'air – ce qui se dépose en nous – le sel dans la cornue – au cours d'une distillation hasardeuse – en deçà de l'explication – **b)** un flacon employé pour les expériences chimiques.

V.

- D'autres représentations du monde existent ; pour les Dogons, le soleil est au-dessus de la terre dont il n'éclaire qu'une partie comme une lampe. Dans l'est de la Malaisie, l'univers des Ma'Betisek flotte sur l'eau. En Bolivie, pour les Chamanes, les esprits règnent sur un monde horizontal ; pour les Mayas, le ciel est soutenu par quatre frères géants : le monde souterrain – l'inframonde, source mystérieuse des potentialités de la vie et lieu où vont les âmes – joue un rôle prépondérant dans cette cosmogonie ; quant au bouddhisme, il considère que la terre est une poussière perdue dans une infinité d'autres mondes.